말문이 확 트이게 하는 핵심정리
김 동 환 표 역리서 014

어찌 알리요?
神의 한 수 108제

김 동 환 편저

여산서숙

108제시리즈 넷째 권을 펴내면서

 신의 한 수 ! 역술인이 되려면 한 수를 잘 두어야 한다. 한 수를 잘 두면 일이 잘 풀리지만 만약 그 한 수가 잘 못된 수라면 망쳐버리고 말기 때문이다. 그런데 그 한 수를 어떻게 둔 단 말인가? 알아야 면장을 한다는 말이 있듯이 알아야 그 한 수를 둘 수가 있다. 그래서 이 책에서는 그 한 수를 두기위해 "어찌 알리오," 라는 문제108제를 앞에 두고 새로운 공부 방법을 택하여 보기로 했다. 이 어찌 알리오, 108제만 잘 활용해도 한 수를 잘 둘 수 있기에 본서를 학인들 스스로 정독하면서 그 지식을 내 것으로 만들기만 한다면 어떤 사주팔자라도 자신감 있게 풀어 갈 수 있을 것이라 확신한다. 우리가 그 방법을 알지 못하여 사주 여덟 글자를 놓고 무슨 말을 먼저 할까 하고 망설이고 고민하게 된다.
사주팔자를 앞에 놓으면 할 말이 많아야 한다, 그런데 할 말이 많은 사주가 있고 할 말이 적은 사주가 반드시 있다. 합이나 충 형파해가 많으면 그나마 할 말이 많을 수 있는데 대체적으로 깨끗한 사주 즉 청격(淸格)을 만나면 할 말이 적어질 수 있다. 그럴 때는 단점보다 장점을 찾아 말해야 한다. 그런데 술사들은 단점 찾아 말하기를 즐긴다. 그렇기 때문에 장점을 발견할 수가 없다. 장점을 찾아 말을 잘 만 해주면 누이 좋고 매부 좋고 란 말이 여기에 딱 맞는 말이다. 상담을 의뢰한 사람들은 무엇인가 꼬이고 답답한 일 들을 어떻게라도 풀고 싶은 심정에서 역술인들을 찾는 것이다. 그러므로 꼬이고 답답한 일이 무엇이고 이 문제는 이렇게 풀 수 있다고만 말해준다면 입이 찢어지게 될 것인데 그 한수를 알 수 없으니 지금부터 차분하게 108제에서 그 답을 찾으시기 바란다.

저자 김 동 환 배

목 차

제1장 신의 한수 / 8
제001제 어찌 결혼 못했음을 알 수 있었나요? / 12
제002제 어찌 부귀가문출신으로 상속재산 많음을 알 수 있었나요? / 15
제003제 어찌 빈한한 가문출신임을 알 수 있었나요? / 19
제004제 어찌 배우자 덕이 있고 없음을 알 수 있었나요? / 22
제005제 어찌 결혼성사 잘 안 되는 사주인 것을 알 수 있었나요? / 26
제006제 어찌 고부갈등 있는 사주인 것을 알 수 있었나요? / 32
제007제 어찌 처가 바람나는 사주인 것을 알 수 있었나요? / 33
제008제 어찌 남편과 해로 못하는 사주인 것을 알 수 있었나요? / 36
제009제 어찌 재혼할 팔자인 것을 알 수 있었나요? / 40
제010제 어찌 재가 삼가 할 팔자인 것을 알 수 있었나요? /42
제011제 어찌 연하남편과 사는 팔자인 것을 알 수 있었나요? / 44
제012제 어찌 백두노랑남편과 사는 팔자인 것을 알 수 있었나요? / 46
제013제 어찌 음란한 여자인 것을 알 수 있었나요? / 48
제014제 어찌 난폭한 남편인 것을 알 수 있었나요? / 53
제015제 어찌 아내가 악처인 것을 알 수 있었나요? / 55
제016제 어찌 교통사고 당하는 것을 알 수 있었나요? / 57
제017제 어찌 교도소 수감되는 것을 알 수 있었나요? / 60
제018제 어찌 음독 등 자살하는 것을 알 수 있었나요? / 63
제019제 어찌 수액이나 물에 빠져죽는 것을 알 수 있었나요? / 66
제020제 어찌 고관으로 출세하는 사주인 것을 알 수 있었나요? / 70
제021제 어찌 평생 동안 백수건달 인 것을 알 수 있었나요? / 73
제022제 어찌 파재나 파산하는 것을 알 수 있었나요? / 76
제023제 어찌 도박이나 투기꾼인 것을 알 수 있었나요? / 79
제024제 어찌 도적질 사기 잘하는 것을 알 수 있었나요? / 83
제025제 어찌 재벌이나 부자인 것을 알 수 있었나요? / 86
제2장 질병 편 / 90
제026제 간장병인 것을 어찌 알 수 있었나요? / 92
제027제 심장병인 것을 어찌 알 수 있었나요? / 95
제028제 눈에 문제 있는 것을 어찌 알 수 있었나요? / 99
제029제 위장에 문제 있는 것을 어찌 알 수 있었나요? / 103
제030제 피부병이 있는 것을 어찌 알 수 있었나요? / 109

제031제 폐에 질병이 있는 것을 어찌 알 수 있었나요? / 111
제032제 대장에 질병이 있는 것을 어찌 알 수 있었나요? / 116
제033제 코에 질병이 있는 것을 어찌 알 수 있었나요? / 119
제034제 신장에 질병이 있는 것을 어찌 알 수 있었나요? / 122
제035제 귀에 질병이 있는 것을 어찌 알 수 있었나요? / 125
제036제 천식이 있는 것을 어찌 알 수 있었나요? / 128
제037제 당뇨병이 있는 것을 어찌 알 수 있었나요? / 131
제038제 중풍의 증상이 있는 것을 어찌 알 수 있었나요? / 134
제039제 자궁에 질병이 있는 것을 어찌 알 수 있었나요? / 139
제040제 자궁이 부실한 것을 어찌 것을 알 수 있었나요? / 142
제041제 유방에 질병이 있는 것을 어찌 알 수 있었나요? / 145
제042제 척추에 이상이 있는 것을 어찌 알 수 있었나요? / 148
제043제 백혈병의 증상이 있는 것을 어찌 알 수 있었나요 / 152
제044제 신기 무당 정신병인 것을 어찌 알 수 있었나요? / 155
제045제 정신이상인 것을 어찌 알 수 있었나요? / 161
제3장 직업편 / 164
제046제 역술인 인 것을 어찌 알 수 있었나요? / 165
제047제 음식점 업인 것을 어찌 알 수 있었나요? / 169
제048제 음식점도 종류별로 구분할 수 있다. / 174
쉬어갑시다 / 182
제049제 이 미용 업인 것을 어찌 알 수 있었나요? / 191
제050제 피부 관리 업인 것을 어찌 알 수 있었나요? / 195
제051제 화장품업인 것을 어찌 알 수 있었나요? / 198
제052제 운수업인 것을 어찌 알 수 있었나요? / 200
제053제 차량 정비판매 등 인 것을 어찌 알 수 있었나요? / 203
제054제 바다 해양선박 등 관련업인 것을 어찌 알 수 있었나요? / 208
제055제 항공업 등에 종사하는 것을 어찌 알 수 있었나요? / 211
제056제 국가 공무원인 것을 어찌 알 수 있었나요? / 213
제057제 경찰공무원인 것을 어찌 알 수 있었나요? / 220
제058제 법관 판사인 것을 어찌 알 수 있었나요? / 225
제060제 변호사인 것을 어찌 알 수 있었나요? / 233

제061제 은행원인 것을 어찌 알 수 있었나요? / 235
제062제 증권회사원 인 것을 어찌 알 수 있었나요? / 240
제063제 보험회사원인 것을 어찌 알 수 있었나요? / 243
제064제 의류업인 것을 어찌 알 수 있었나요? / 245
제065제 의상디자이너인 것을 어찌 알 수 있었나요? / 248
제066제 군출신인 것을 어찌 알 수 있었나요? / 249
제067제 한의사인 것을 어찌 알 수 있었나요? / 252
제068제 양의사인 것을 어찌 알 수 있었나요? / 254
제069제 약사인 것을 어찌 알 수 있었나요? / 258
제070제 간호사인 것을 어찌 알 수 있었나요? / 259
제071제 언론방송인인 것을 어찌 알 수 있었나요? / 262
제072제 문인 작가인 것을 어찌 알 수 있었나요? / 265
제073제 교육자인 것을 어찌 알 수 있었나요? / 267
제074제 연예인인 것을 어찌 알 수 있었나요? / 274
제075제 가수인 것을 어찌 알 수 있었나요? / 276
제076제 개그맨인 것을 어찌 알 수 있었나요? / 278
제077제 화가인 것을 어찌 알 수 있었나요? / 279
제078제 무용가인 것을 어찌 알 수 있었나요? / 282
제079제 부동산업인 것을 어찌 알 수 있었나요? / 284
제080제 건축토목업인 것을 어찌 알 수 있었나요? / 286
제081제 금은보석업인 것을 어찌 알 수 있었나요? / 288
제082제 사금융업 것을 어찌 알 수 있었나요? / 290
제083제 신발업인 것을 어찌 알 수 있었나요? / 292
제084제 목욕업인 것을 어찌 알 수 있었나요? / 294
제085제 화원업인 것을 어찌 알 수 있었나요? / 296
제086제 목욕업인 것을 어찌 알 수 있었나요? / 297
제087제 숙박업인 것을 어찌 알 수 있었나요? / 298
제088제 승려인 것을 어찌 알 수 있었나요? / 300
제089제 신부 수녀목사인 것을 어찌 알 수 있었나요? / 302
제090제 윤락녀인 것을 어찌 알 수 있었나요? / 303

제091제 여명귀천팔법이란무엇인가? / 305
제093제 여명귀천팔법이란무엇인가? (1) / 307
제094제 여명귀천팔법이란무엇인가? (2) / 308
제095제 여명귀천팔법이란무엇인가? (3) / 309
제096제 여명귀천팔법이란무엇인가? (4) / 310
제097제 여명귀천팔법이란무엇인가? (5) / 311
제098제 여명귀천팔법이란무엇인가? (6) / 312
제099제 합격 승진 취업 관운 바로보기 / 317
제100제 합격 승진 취업 관운 바로보기 / 317
제101제 합격 승진 취업 관운 바로보기(1)현직사무관 / 323
제102제 합격 승진 취업 관운 바로보기(2)현직사무관 / 323
제103제 합격 승진 취업 관운 바로보기(3)고시낙방 운 / 325
제104제 합격 승진 취업 관운 바로보기(4)고시낙방 운 / 325
제105제 합격 승진 취업 관운 바로보기(5)문서 운 / 327
제106제 합격 승진 취업 관운 바로보기(6)문서 운 / 327
제107제 합격 승진 취업 관운 바로보기(7)고시합격 운 / 328
제108제 합격 승진 취업 관운 바로보기(8)고시탈락 운 / 328

神의 한 수

> 역술인들도 신의 한 수를 잘 두면 대박이 터진다.
> 그 한 수를 어떻게 두어야 할지에 대하여 연구 하는
> 시간을 가져보기로 하자.

　몇 일전 강남에서 설렁탕집을 운영하는 나사장이란 분에게서 전화가 걸려왔는데 함께일 할 여자 분인데 사주가 어떠냐? 나에게 피해는 안 주겠나? 등을 물어 와서 생각과 성향이 같은 분이라서 좋다는 말만 남겨주고 전화를 끊었는데 일요일쯤 함께 들릴 터이니 그때 자세히 이야기해달라는 부탁을 받아서 사전에 자세하게 풀어보았다.
　나사장이란 분은 몇 번 만난 분이라 사주도 알고 그의 성품도 잘 알고 있는 터라 별 문제 없지만 이 희 애 라는 여자 분은 처음 보는 사주이기도 하지만 직접 마주보고 간명하는 것도 아니고 사주 여덟 글자만 보고 이야기하는 것이라서 이런 때는 신의 한수를 잘 두어야 한다.
신의 한 수를 잘 두어야만 기선을 잡을 수 있어서 하는 말이다. 역술인들은 기선을 먼저 잡지 못하면 실패로 돌아간다. 예를 들어 술사가 한마디 던진 말이 적중하면 그 다음부터는 잘 풀리는데 첫 마디 던진 것이 불발 되듯 아닌데요, 라는 말이 나오면 그 때부터 허 매이게 된다. 고수들은 그럴 경우 돌려막기를 잘하지만 초보 때는 돌려막기는 커 녕 당황해서 아애 사주가 안보이게 된다. 그래서 그 첫마디 한 수가 중요한 것이다. 이 시간에는 그 한 수를 찾는 법을 함께 연구하고 정리하여 사주보는 방법 중에 첫 마디를 던지는 연습을 해 보기로 하자.

사주를 볼 때에는 없는 오행과 많은 오행을 집중적으로 볼 필요성이 있다. 문제는 바로 거기에 있고 정답도 역시 그곳에서 나오기 때문이다. 다자무자(多者無者)란 것도 있다 많은 것은 오히려 없는 것일 수도 있다는 말도 된다.

아래에 기록한 사주풀이는 본인들을 만나기전에 사주를 풀어 놓고 고객과 함께 문답형식으로 풀어간 것으로 사주를 배우는 분들의 이해를 돕기 위해 더 자세히 설명하기로 하였다. <참고: 김동환표 역리서는 명조를 좌에서 우로 갑니다.>

강남 나사장님과 이희애 님 사주와 운세 이야기

강남 -나사장님

1964년02월11일 辰시생			
乾命	甲辰	丁卯	壬申	甲辰

수	4	14	24	34	44	54	64
대운	戊辰	己巳	庚午	辛未	壬申	癸酉	甲戌

3	목	2
1	화	1
2	토	0
1	금	2
1	수	3

이희애

1971년05월24일04시생			
坤命	辛亥	甲午	壬申	壬寅

수	7	17	27	37	47	57	67
대운	乙未	丙申	丁酉	戊戌	己亥	庚子	辛丑

강남 나사장님은 머리로 승부하는 팔자입니다. 번뜩이는 지혜, 예리한 판단, 너그러운 대인 관계가 장점이지만 어떤 것에 심취하면 단순해서 푹 빠져버리는 경향도 있습니다. 현재 53세로 44세에서 53세까지의 대운은(壬申)역동적인 면에서부터 활발한 움직임이었다면 54세 부터 63세까지의 운은 (癸酉) 실리적인 운으로 정상적인 움직임이 좋아 보입니다. 안정과 평화가 정상적으로 움직이는 운세입니다.

2016년 丙申년 원숭이 띠 해의 운세는 왕성한 활동으로 빛이 나는 운입니다. 노력의 대가로 노력한 만큼의 소득도 보장 되고 귀인의 도움으로 의외의 소득도 있는 역동적인 해로 보여 집니다.

[문] 머리로 승부, 번뜩이는 지혜, 예리한 판단, 이란? 어디에서 나온 말 인가요?

머리로 승부-식신성인 甲목이 잘 발달 된 것에서 한 말 임,

번뜩이는 지혜-水는 지혜로 壬수를 智로보고 甲목 식신을 번뜩임 으로,

예리한 판단,-식상관이 많은 자는 판단을 잘 한다.

단순해서 푹 빠져버리는 경향도-월지에 상관성을 놓았거나 식상관이 많은 자는 단순한 성격으로 어디에 꽂이면 푹 빠져버린다.

[문] 壬申대운은 왜? 역동적 활발한 음직임으로 보았나요?

壬申은 인비로 돕고 역마성이어서 역동적이고 활발한 시기로 본 것이다.

[문] 癸酉대운은 왜? 안정 실리 정상적임으로 보았나요?

癸酉는 겁재와 정인 운으로 정인은 정상적이고 겁재는 음양의 조화로움으로 壬申 운같이 역동적이지 못하고 소극적일 것이다.

[문] 당년 丙申년 운세를 왕성한 활동으로 빛이 나는 운, 노력한 만큼의 소득도 보장 되고 귀인의 도움으로 의외의 소득도 있는 역동적인 해로 본 이유는?

申金은 편인으로 扶助, 역마 성으로 왕성한 활동, 丙화는 태양으로 빛남과 財星으로 소득, 申금은 편인으로 귀인의 도움으로 본 것이다.

이 희 애 님 사주는 역마가 충을 하고 있어 바쁘게 활동적으로 살아가야 하는 팔자입니다. 대체적으로 준수한 성품에 대인관계도 원만하고 재물 운도 무난합니다. 다만 문제성이 있는 것이 보입니다. 역술용어로 무관사주라 그럽니다. 無官이란 없을 무자에 벼슬관자입니다. 한마디로 벼슬의 별

이 없다는 말이니 공직이나 회사생활은 잘 안 된다는 말도 되고 공직에 있다면 무관이니 정년은 안 된다 그리고 월급자로 살아 갈 여면 기술이나 면허 자격증이 있어야 하는 팔자지요, 다만 이런 성격의 소유자는 서비스업에 종사해도 좋습니다. 장사나 사업수완도 좋습니다. 다시 무관에 대한 보충설명을 하자면 官은 벼슬관자로 직업 작장도 되지만 여자사주에서는 夫星으로 夫는 지아비부자이니 남편의 별이 없다는 말도 됩니다. 그렇다면 결혼도 못한다는 말이냐고 물으시겠지만 결혼은 할 수도 있지만 덕이 적다거나 해로하지 못한 다거나 정 없이 살아가게 된다고 말하지요, 이 희 애님 사주구성으로 보아 배우자 궁이 깨진 상태라 더욱 그런 기운이 역력합니다. 지금까지 결혼을 못했을 수도 있다.

[설명] 寅申충이 일시에 있고 역마충이라서 바쁘게 활동하며 살 팔자라 말 한 것이고 준수하고 대인 관계 원만하다함은 음양 조화인 생 극 제 화가 잘 된 것으로 보아 한말이고, 재물운도 무난 하다함은 식신생재로 이어지는 사주라서 한 말이다.

[문] 왜 면허나 자격증으로 살아가야 한다고 했나요?
사주에 식신이나 상관이 많고 잘 발달된 사주는 한마디로 기술자의 사주로서 자격증 면허증 등 전문 직종을 가져야 한다는 것이다. 그 이유는 식상은 관성을 극하는 관계로 식상이 많은 사람은 관성이 약하게 되어 일반직장에서는 밀려나 버틸 수가 없다는 것이다. 그래서 기술이나 자격증으로 살아가야 잘리지 않고 대접 받으며 살 수 있다는 말이다.

어찌 알리오? - <001>

어찌 결혼을 못했음을 알 수 있었나요?
무관사주에 배우자궁이 깨졌음을
보고 알았다.

<전 쪽 이 희 애 사주에서>

사주에는 별과 집이 있는데 별은 별 성(星)자를 써서 배우자의 星 자손의 성 등으로 구분하고 궁은 집 궁자(宮)를 써서 배우자궁, 자손의 궁, 부모의 궁, 등으로 쓰이는데 본 사주에는 無官이므로 배우자의 별이 없고 배우자궁은 깨져 있는 상황인데(寅申沖)여기서 잘 살펴야 할 것이 있다. 寅中에는 戊丙甲이라는 지장간이 있고 申中에는 戊壬庚이라는 지장간이 있어 이 지장간 들은 沖이 되면 튀어나와 행세를 하게 되지요, 그때 가장 센 놈이 투출 된 오행으로 여기서는 甲목입니다. 甲목이 가장 큰 힘을 발휘하여 관성인 土를 못 들어오게(木극土) 방해하는 관계로 결혼 못 했음을 점칠 수 있고, 만약 대운이 남방火운으로 흘렀다면 배우자 궁이 깨지고 木이 투출 되어 유력해도 火生土로 관성이 들어올 가능성이 있었지만 대운이 서방 金(부성이 허약하여 결혼 못했음을 알게 된다.

사람에게는 누구에게나 운이 따르게 마련인데 10년 주기로 운이 바뀝니다. 이 희 애님은 37세에 바뀐 운이 46세까지 10년 살고 47세에 운이 바뀌면 56세까지 살아가게 됩니다. 현재의 운이 戊戌이라는 관운이 와서 열심히 일하면서 살아갈 팔자입니다. 물은 흘러가야 하는데 戊戌이라는 철옹성 같은 산더미가 앞을 막아 힘겹고 어려운 일도 있었을 것이고 때로는 절망적인 상태에서 다시 시작하자는 생각이 들 때도 있었을 것이나 내가 누구인가? 라는 물음 앞에 비록 여자지만 내유외강의 여성으로 다시 일어설 수 있었을 운입니다. 그러나 47세에서부터 시작 되는 10년간의 운은 己亥 라고 하는 북방 水운이 나를 도우니 무난하고 안정 된 삶을 살아갈 수 있을 것입니다.

 2016년도 丙申년운세는 지원자가 생기고 귀인이 도와주는 운세라 나 壬수의 할 일이 많아졌습니다. 일 한 만큼 소득도 올리고 노력한 만큼 빛이 날 운세입니다. 역마가 집중되어 할 일이 많아 바빠지고 그러다보면 부닥침도 인내해야 하고 때론 구설에 시달릴 수도 있으나 지혜로운 壬수는 잘 빠져 나 갈 것입니다.

 살아있는 생물들에겐 궁합이란 것이 있습니다. 식물들도 궁합이 있고 음식들도 궁합이 맞는 음식이 있듯이 인간들에게는 절대적인 궁합이 존재합니다. 이성간의 궁합, 부부간의 궁합, 친구관계에서의 궁합, 또는 사업관계에서의 궁합이란 것이 존재합니다. 친구도 속을 털어놓고 이야기할 친구가 있는가 하면 적당히 관계 유지하는 친구, 만나면 원수 같은 친구도 있습니다. 그렇다면 나사장님과 이 희 애 님과의 인간관계궁합은 어떨는지 궁금합니다.

위 도표와 사주팔자를 들여다보고 있노라면 어딘지 모르게 같아 보이는 동질감을 느낄 수 있습니다. 이 말은 성향과 생각이 같은 과, 라는 말도 됩니다. 여기서 약간 다른 성향은 사주 학 상으로 나사장님은 순진 단순한 성격이어서 내 맘에 들면 서슴없이 오케이를 할 수 있는 성향이라면 이 희 애 님은 좋은 감정이긴 하지만 생각을 좀 더 구체적으로 하고 답 할 수 있는 성향이란 다른 점도 보입니다. 그러니 같은 생각과 같은 성향으로서 합하여진다면 더욱 구체적일 수 있습니다. 두 분이 같은 일을 함께 한다고 칩시다. 나사장님은, 이 희 애님! 이것 이렇게 합시다, 라고 말하면 이 희 애님은 사장님 생각이 맞습니다. 그러나 낼 쯤 실행하면 어떨까요? 라고 시간을 좀 벌은 다음에 다시 생각 하고 심사숙고하면 미처 몰랐던 것들도 발견할 수 있고 찰떡궁합이 될 것 같은 감이 옵니다.

사주에는 육친(六親)이 있어 조상이나 부모 형제 배우자 자손 등의 음덕의 유무를 가리게 되고, 궁(宮-집궁)이라는 집이 있어 조상 궁, 부모 형제 궁, 배우자 궁, 자손 궁, 등으로 나누어 부귀가문출신인지, 망한 집안인지, 아니면 빈천 했었는지를 구별 할 수 있다.

| 乾命 | 乙卯 | 辛巳 | 丙寅 | 壬辰 |

위 사주는 巳월 丙화가 년일지에 卯와 寅을 놓고 乙목까지 투간(透干)신왕(身旺)한 팔자이다, 억부(抑扶)로 보나 조후(調喉)로 보나 시상 壬수 편관이 용신(用神)이고 월상 辛금이 희신(喜神)이다. 여기서 주의 깊게 살필 점은 辛금 재성과 일간이 합(丙辛)하여 나에게로 들어온 다는 것이다. 그런가하면 巳中丙화와 암합화출(暗合化出)로 용신 水를 만들어 내고 있다. 그러므로 위 사주의 주인공은 부귀가문출신이며 유산이 자신에게 넘어옴을 알 수 있다. 실제로 본 명조의 주인공은 큰 병원 이사장의 아들이다. 그러나 寅巳 형으로 배우자 궁이 깨졌고 丙辛 합으로 재성이 없어졌으며 목다금결(木多金缺)과 木火가 강하여 金이 약하고 巳中丙火와 암합(暗合)등의 사유로 조강지처와 해로 하지 못한다.

어찌 알리오? - <002>

어찌 부귀가문 출신으로 상속 재산 많음을 알 수 있었나요?

년 월주 희 용신으로
알 수 있다.

  年月柱에 희용신이 있거나 타주(他柱)의 희용신과 합으로 연결 되어 있으면 부귀가문출신이다. 월주를 주로 보고 연주는 참고정도로 보며 연 월주에 재관인식(財官印食)이 있으면 부귀가문이고 편인 겁재 상관(偏印 劫財 傷官)이 있으면 빈천하다고 하지만 근거는 이론상 성립되지 않으므로 참고용이고 명조의 구성과 짜임새를 보고 판단해야 한다.

| 乾命 | 戊戌 | 己未 | 戊申 | 己未 |

  위 사주는 7土 1金의 사주로서 종왕격(從旺格)이다. 사주에서 대단히 왕한 오행으로 뭉치면 그 왕한 신을 좇아 간다하여 종왕격 그러는데 이 사주의 경우는 종왕격 이면서 土金 식신격으로 더욱 빛이 나는 사주이다. 처 궁에 설기신인 申金 식신을 놓았으므로 처가 현숙하고 申未 우합(偶合-짝 우)으로 유정하고 년지와 申戌로 方合이니 조상대에서 부모대로 이어져 자식의 대 까지 영화를 누리게 된다.

- 15 -

일산 땅 부자 아들 이 씨의 명조

1968년05월02일未시생							
乾命	戊申	丁巳	戊戌	己未			
수	3	13	23	33	43	53	63
대운	戊午	己未	庚申	辛酉	壬戌	癸亥	甲子

위에 소개한 7土 1金의 사주와 비슷하지만 본 명조는 火土金 3神의 사주이면서 年支의 申金이 용신이고 용신 申金이 월지 인수와 巳申合水로 재성을 만듭니다. 더 좋은 것은 대운이 서방金운으로 용신 운으로 흐른다는 점입니다.

丙申년에 丙화 문서가 申金 용신을 달고 들어와서 巳申合水로 큰돈을 만듭니다. 이런 때 부모유산 넘어온다 말 할 수 있는 운인데요, 이사람 아버지의 유산 일산 금싸라기 땅 50억원 고양시에서 인수하고 보상받는 답니다. 형제가 3남매인데 과거에도 두 딸에게는 50억원 아들에겐 100억원씩 상속한 일 있답니다. 금년에 받는 50억원 중 15억 정도는 세금으로 나가고 35억원이 이 사람에게 넘어온다는데요, 아래에 기록하는 명조는 이 사람 큰누님의 팔자입니다.

혹자들은 이 사주를 놓고 財官이 부실해서 별로야 이렇게 말할 수도 있다. 財는 재물 재자로 재물 복을 말하는 것이고 官은 벼슬관자로 직장이나 직업을 의미하는 것인데 재관이 사주에 없다고 돈도 직업도 없는 백수건달로 보면 안된다는 것이다. 이 사주는 위에서 언급했듯이 三神相生格으로 좋은 사주로 보아야한다.

일산 땅 부자 큰딸 이 여사 의 명조

坤命	1958년2월22일午시생			
	戊戌	丙辰	丁巳	丙午

수	2	12	22	32	42	52	62
대운	乙卯	甲寅	癸丑	壬子	辛亥	庚戌	己酉

　　위 사주는 이 O 기의 누님 사주이다. 火土로만 구성 된 팔자이다. 이팔자도 부모 궁에 설기신인 辰土 상관이 앉아있어 부모님의 덕으로 살아가지만 자신의 역할은 잘 안 되고 부모덕으로 잘 먹고 잘 살아가는 팔자로서 火土사주에 대운이 水 金운으로 잘 흘러 잘 살아가긴 하지만 부족한 부분이 참으로 많습니다. 부덕(夫德)이 없어 해로하지 못하고 조화를 이루지 못한 사주라서 건강에 항상 신경을 써야 할 팔자입니다. 乙未년운세는 식신 未土가 戌未형살을 합니다. 많은 식상 土가 발동하면 신방 水가 당합니다. 乙未년에 자궁 들어내는 수술했답니다. 그런가하면 무관(無官)사주이므로 남편의 사랑도 못 받지만 평생 직업이나 직장 갖기가 힘들게 되는데 이사람 평생 직업 가져 본적 없이 부모님 덕으로 잘 먹고 잘 살아갑니다.

　　사주가 좋다고 다 좋을 수는 없다. 위 사주는 양신성상격인 사주로 좋게 보지만 다 좋게 볼 수는 없다. 대운이 木운과 水운 金 운으로 흘러 사주에 없는 오행 운으로 흘러 좋은 것이다. 만약 남방火운으로 흘러갔다면 문제성이 많았을 것이다.

양주 땅 부자 아들 윤 씨의 명조

1963년06월14일11/30분생				
乾命	癸卯	己未	戊寅	戊午
수	9	19	29	39	49	59	69
대운	戊午	丁巳	丙辰	乙卯	甲寅	癸丑	壬子

이 사주의 주인공은 양주 땅 부자의 아들 사주입니다. 그동안 부모유산 많이 날려먹고 현재는 아버지 건물에서 부동산중개업과 아내는 식당을 운영하고 있습니다. 이 사주는 비겁중중에 관성인 寅목이 용신인 명조이다. 조상궁의 癸수와 戊癸합하여 부모유산은 받지만 부모 유산 잘 못하면 지키지 못하는 사주이고 대운흐름이 일하는 관운이어서 일하면서 돈 까먹는 팔자로군요, 월주에 겁재가 강해서 부모유산 먼저 보는 놈이 임자인 팔자지요, 명조 구성상으로 보아 이 사람은 부모유산 지키기가 어렵고 때로는 군겁쟁재(群劫爭財)로 손재수 달고 다닙니다.

이 사주는 좀 답답한 팔자죠. 그 이유는 金인 설기신이 없어서 가끔 막히고 답답한 일들이 발생하는 것이며 사주는 生剋制和가 잘 이루어진 사주를 좋은 사주로 보는 것이다.

어찌 알리오? -<003>

> ### 어찌 빈한가문(貧寒家門) 출신임을 알 수 있었나요?
> 년 월주 기신(忌神)으로
> 알 수 있다.

年과 월주에 희용신(月柱에 喜用神)이면 부모유덕하고 기신(忌神)이 년과 월주에 모여 있으면 부모무덕(父母無德)도 되지만 빈한(貧寒)한 가문출신이고, 만약 희용신이 월주에 있는 경우라도 파극(破剋)하여 깨진 경우는 부모무덕으로 본다.

| 乾命 | 丙戌 | 辛卯 | 庚寅 | 庚辰 |

위 사주는 3金 1土로 신강해 보이지만 인묘진 목방국(寅卯辰 木方局)이 형성된 사주로서 辛금 겁재를 丙화가 合去 시키고 또한 金과 木이 서로 싸우는 형상인데 이런 경우 水가 원국에 있어 金生水 水生木으로 통기시키면 좋으련만 水 또한 사주에 없는 것이 흠이다. 그러므로 용신을 비견인 金으로 用하게 된다. 이 사주의 주인공은 부모덕이 작아 초년은 고생하였으나 중년이후 사업성공 했다는데 그 이유는 중년 서방金운으로 용신 운을 만난 경우이다. 남방火운은 칠살 운이라서 용신비견을 극한 경우로 힘든 삶이었다면 서방금운은 용신 비견 운으로 득세한 것이니 이런 경우를 인인성사(人因成事)의 사주다 그러는 것이다.

乾命	丁	壬	戊	丙
	酉	子	寅	辰

 위 사주는 모친을 어려서 여의고 고아원에서 소년기를 보냈다고 한다. 부모궁에 壬子 기신이 앉아 있다. 子월 戊토라 丙화를 용신해야 할 사주에 인수 丙화를 월주에서 극 충하고 대운 亥수를 만나서 용신이 상하여 모친을 조별한 것이다. 수목재관이 기신(水木 財官이 忌神)이 이다.

乾命	甲	甲	乙	戊
	戌	戌	未	寅

 위 사주는 木과 土로만 구성 된 사주이다. 일점의 인성인 水도 없고 통기시킬 火도 없으니 인성이 없는 것도 부모덕이 작은 것이고 인성이 없으면 공부 덕도 없는 것으로 인하여 이 사주의 주인공은 평생을 문맹으로 살았다고 한다. 목토상전(木土 相戰)의 사주이다.

乾命	丙	己	丁	己
	戌	亥	未	酉

 위 사주는 亥월 丁火가 월시간과 일지에 己未식신토가 둘러싸고 있어 허약한 사주이기도 하지만 인성이 전무한 팔자이다. 해중갑목(亥中甲木)을 用하고자하나 월상 己토기 묶어버린다.(暗合) 그러므로 공부도 못했고 부모덕도 작았다고 한다. 작았다함은 덕이 없는 것도 되지만 유산이 넘어와도 지키지 못한 다는 경우도 된다. 월주에 기신이 앉아 있음이 큰 원인이다.

乾	己	丙	壬	己
命	卯	寅	午	酉

위 사주는 壬午일주가 월주에 丙寅을 놓아 寅午합 火局까지 이루니 재다신약(財多身弱)의 사주로 재성이 기신이다. 희용신은 인비(印比)로 인비 운에 발복하게 된다. 본명조의 주인공도 초년은 죽을 고생을 하다가 癸亥대운에 발복하여 큰 부자가 되었다고 한다. 甲子대운은 子午가 상충하여 변화가 많았고 癸亥대운은 亥수가 寅목 기신을 묶어 좋았던 것이다.

〈쉬어갑시다.〉

오행에 미쳐야 사주가 보인다.

이 말을 잘 이해하면 사주공부에 큰 도움이 될 것이다. 필자도 한 때 사주공부에 미쳐본 적이 있었다. 사주에 미칠 정도도 빠져버렸었는데 사주는 안 보이고 말문이 안 열려 고생한 시기가 있었다. 옛말에 미쳐도 곱게 미치라는 말이 있다. 미쳐도 잘 미쳐야 하는데 잘 못 미쳤던 것이다. 오행에 미쳐야 사주가 보이는데 오행은 건성이고 사주팔자 보는 데만 미쳤던 것이다. 오행을 잘 알고 이해해야 사주가 잘 보인다는 말이다. 급한 마음에 음양오행 공부를 대충하면 말문이 잘 안 열려 고생 할 수 가있다. 이 말을 바꿔 말하면 기초를 튼튼히 해야 한다는 말일 수 도 있다.

어찌 알리오? -<004>

> **어찌 배우자 (配偶者)덕이 있고 없음을 알 수 있었나요?**
> 일지와 재관의 희용신(喜用神)으로 알 수 있다.

일지는 배우자궁이고 재관(財官)은 배우자의 별이다.
財官이 희용신이거나 배우자궁에 희용신이 앉아있다면 내외조가 잘 되는 것으로 보기 때문에 일지를 중시(重視)해야 하는 것이다. 만약에 일지가 기신이라도 타주와 합하여 희용신이 되면 배우자 덕이 있는 것으로 보고 주로 일지는 배우자궁이므로 배우자의 근본심성과 자질의 선악 을 보는 것이고 재관은 배우자의 동태 또는 성재(成財)능력 성관(成官)능력을 가늠하는 잣대로 보면 된다.

乾命	丙戌	戊戌	甲申	癸酉

위 사주는 甲목이 재관의 극성으로 신약한 사주지만 관인상생(官印相生)하는 癸수를 용신하니 일지가 결과적으로 돕는 형상이고 배우자 덕 이 있는 것으로 보아야 한다. 본 명조의 주인공은 배우자가 직접적인 도움보다는 현숙한 아내로 내조를 잘 하여 일생동안 평안 하게 보냈다고 한다. 여기서 중요하게 봐야 할 것은 인성의 역할이다. 만약 인성인 癸水가 사주에 없었다면 申酉戌 方合 까지 이룬 金 관살의 등살에 고생을 한다고 보아야 하지만 인성인 水가 통기시켜 결과적으로 배우자 궁의 기신이 희 신으로 바뀐다는 사실이다. 이사주의 오행흐름을 살펴보자면 年干의 丙화는 재성 戌토

를 돕고 戌토는 방국을 이룬 金을 돕고 금은 자신의 이수를 돕고 인수가 자신을 돕는 형상으로 식재관인 모두가 내편으로 돕는 형국이다. 이런 경우를 생생불식(生生不熄)으로 살아 있는 사주로 보아 기묘한 사주가 된 것이다. 인체나 팔자나 흐름이 이와 같이 좋으면 상팔자로서 배우자유덕으로 본다.

| 乾命 | 己卯 | 乙亥 | 丙子 | 戊戌 |

위 사주는 무재사주로서 재를 다스릴 능력이 부족하여 실패를 거듭하면서 곤란지경에 도달하기도 했으나 배우자의 도움으로 가정을 이루고 성재도하였다고 한다. 무재사주에는 식상을 재성으로 보아야 한다. 월일시지 모두에 식상과 관성으로 구성된 사주라서 신약한 명조인데 引水生火하고 旺水를 식상이 제압하고 乙목이 있어 자신을 도우니 비록 처성(妻星)인 배우자의덕이 있었던 것이다. 財는 없다하더라도 일지에 희신이 앉아있는 관계였음으로 무재라고 하여 무조건 덕이 없다고 하면 안 된다.

| 乾命 | 己卯 | 丙子 | 癸卯 | 癸丑 |

위 사주는 子월의 癸수로 득령하여 신강해 보이지만 신약사주다. 재관이 기신인 사주로 백수인생에 처덕으로 살았으나 하는 짓마다 처자식에게 고통만 주었다고 한다, 그 이유는 財는 처요 官은 자식인데 財官이 기신이었으므로 처자식에 도움 안 되는 남편이요, 아버지였지만 부인의 덕으로 살았다함은 재성인 丙화가 조후용신으로 따뜻하게 癸수를 녹여주었기에 아내의 덕으로 살았던 것이다.

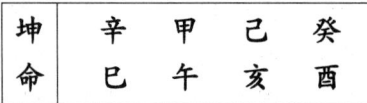

　위 사주는 癸卯일주 남자의 아내 사주인데 火용신이고 木은 희신이지만 甲己로 묶여있는 상태이다. 남편의 외도로 평생 마음고생하며 살았다는데요, 배우자 궁은 기신이 앉아있고 관은 없어졌으므로 있어도 없는 듯이 살아야 했고 기신이기는 하지만 재성이 유력하여 재물걱정은 없이 살았다고 한다. 甲申년 사망은 巳申형살 때문이다.

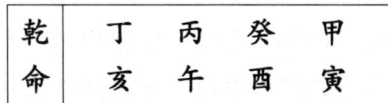

　위 사주는 처덕이 없는 사주이다. 재왕(財旺)하니 공처가의 命이며 식상이나 재성이 모두 기신 역할만 하게 되어 처덕이 없는 사주로 보는 것인데 본명의 주인공은 아내가 장사한다고 빚더미위에 올라 망신도 당하고 그로인하여 직장도 잃었다는데 상관이 강하면 관성을 극하는 연유로 직업성이 약한 이유였던 것이다.

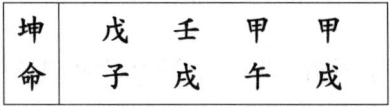

　위 사주는 남편과 자식이 잘 안 되는 명조이다. 본명은 배우자 궁에 상관을 놓고 월일시지와 재성이 연결되는 식상생재 형으로 사업가의 사주이긴 한데 甲목이 무근(無根)하여 신약한 관계로 財를 감당하기 어려운 사주이다.

乾	乙	戊	壬	壬
命	酉	子	戌	寅

위 사주는 子월의 壬수가 酉금이 돕고 壬수비견까지 투출되어 왕 水가 되었다. 戊토로 제수(制水)해야 하므로 戊토를 용신 할 것인데 戌토에 뿌리 한 戊토이므로 유력한 용신이 된다. 배우자궁에 용신이 앉아있고 寅戌반합火국을 이루어 용신을 돕는 희신 역할 을하고 戌中丁화가 튀어나와 용신을 돕고 조후까지 하게 되어 배우자의 덕이 있다고 본다. 본 명은 무재 사주라도 식신이 발달 되어 재산을 이루기는 할 수 있지만 지키기가 곤란하다. IMF 때 사업부도로 수백억을 날렸지만 아내가 몰래 모아 두었던 10억의 종자돈으로 재기 했다고 한다. 처궁에 용신이 앉아 처덕이 있었던 것이다.

〈쉬어갑시다.〉

　　　　　제사 날 손자가 할아버지께 이렇게 물었다.

　할아버지 왜 ? 제사 때 두 번씩 절하는 거야 세배 할 때는 한번밖에 안하는데 라고 말이다. 이때 말문이 막혀 제사는 옛날부터 두 번씩 했어요, 애들은 어른들이 하는 대로 따라하면 되는 거야, 라고 말했다면 이 할아버지는 무식한 할아버지가 된다. 그러나 유식한 할아버지라면 이렇게 말 했을 것이다. 오냐! 우리 손자 큰 인물 되겠네, 음양의 조화로 그렇게 한단다.

"사람이 살아있는 세계를(生-陽) 양이라 하고 죽어 저 세상 사람이 된 것을(死-陰) 음으로 보아 양은 1의 숫자이고 음은 2라는 숫자를 쓰게 됨으로 두 재자를 써서 죽은 사람에게는 재배를 하게 된단다." 이렇게 조리 있게 손자 에게 정답을 말해준다면 와! 우리 할아버지는 모르는 것이 없는 박사라고 우러러 보게 될 것이다.

어찌 알리오? -<005>

어찌 결혼성사 잘 안 되는 사주인 것을 알 수 있었나요?

일지와 재관의 미약으로 알 수 있다.

여명은 관성이 미약하거나 관성이 약하지 않더라도 일지나 관성이 망신살, 겁살, 이 되거나 공 망됨을 보고 알 수 있다. 남명은 재성이 미약하거나 일지나 재성이 공 망됨을 보고 안다. 재성이 미약하거나 재성이 공 망 되거나 재성이 일지를 공망 시켜도 결혼 못한다. 재성이 약하지 않더라도 일지나 재성이 망신 겁살이 되는 경우도 결혼 못한다. 공망이란 ? 허망한 것이고 채울 수 없는 것이고 이룰 수없는 것이니 배우자인연이 없는 것이다.

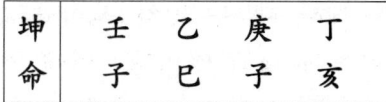

| 坤命 | 壬子 | 乙巳 | 庚子 | 丁亥 |

위 사주는 배우자궁에 상관 기신을 놓고 巳화 정관은 시지 亥수와 巳亥 충하고 시간 丁화 정관은 년 간 壬수와 丁壬합을 하고 亥中壬水와 암합(暗合)으로 丁壬 합을 한다. 이와 같이 관성이 沖去 合去로 없어지고 배우자궁의 子수가 관살인 火를 거부하는 형상으로 결혼 불가한 사주이다.

坤命	丁	壬	壬	癸
	未	寅	寅	卯

　위 사주는 식상이 태왕한 명조로 정관 未土가 맥을 못 추는 사주이다. 식상생재로 결혼보다는 돈 버는 재미로 사는 팔자이다. 丁壬 합으로 財를 추구하고 시지卯목이 年支未土 정관을 合去시킴 큰 원인이다. 50이 되어도 시집 갈 생각은 없고 돈 버는 재미로 산다.

乾命	乙	乙	癸	丁
	未	酉	巳	巳

　위 사주는 丁巳재성이 강한 팔자이다. 일간 癸수는 시간 丁화와 沖 去하고 일지 巳화는 월지 酉금과 합거(合去) 하고 있는 상태이다, 이와 같이 재성이 많고 강해도 다자무자(多者無者)의 원칙으로 비춰 볼 때 결혼이 잘 안 되는 팔자에 속한다. 巳酉丑 三合局을 불러 도충(導沖-丑未 충)하여 충거(沖去) 시켰다.

乾命	辛	甲	己	己
	亥	午	卯	巳

　위 사주는 일간이 투합을 했고 일지에 년주 공망인 卯목을 놓고 재성 亥수는 巳亥충하고, 또 일지와 亥卯 合去 되어 미혼인데요, 결혼 생각이 없답니다. 그동안 동방木운이어서 財星水가 약해서였지만 46대운인 己丑대운부터 북방 水운으로 흘러 결혼 가능한 사주입니다.

이 사주는 壬子일주가 丙午재를 만나서 재성이 강하지만 식상 木이 없어 丙壬 충 子午 충으로 재성을 강하게 沖하게 된다. 또한 군겁쟁재(群劫爭財)로 財를 탐하여 극히 약하다. 丙午 財는 년지 亥수에 겁살을 놓고 있다. 그런가하면 丙午 양인과 壬子 양인이 충돌하는 경우로 결혼해도 극처파재(剋妻 破財)패가망신할 사주이다.

50대 초반인 미혼여의 사주입니다.

합과 충이 많은 사주는 불안정하여 불리한사주로 간주해야하고, 역마가 많은 사주는 한군데 오래 머물지 못하는 특성을 가지고 있고, 인수가 없으면 끈기가 없다. 50대 초반인 미혼여의 사주입니다. 미혼녀라고 까지는 볼 수 없지만 상관성이 강하고 일지 배우자궁에 상관을 놓아 남편복은 없는 팔자로 보아야 합니다.

1961년03월23일신시생							
坤命	辛丑	癸巳	庚子	甲申			
수	10	20	30	40	50	60	70
대운	甲午	乙未	丙申	丁酉	戊戌	己亥	庚子

위 사주는 庚子일주 여자로 배우자궁에 子수 상관을 놓아서 남편 덕이 적다, 그러는데 시지 申금과 합을 하고 월상에

癸수까지 투출하여 상관성이 강하다. 甲庚 상충에 巳丑이 酉금을 협공시켜 합을 하고 巳申형 등 안 걸리는 것이 없는 사주다. 이렇게 합 충 형이 많으면 일단 팔자가 사납고, 기복이 심하며, 이런 경우 일부종사 어렵고, 조강지처 되기도 힘겨우며, 첩살이로 숨어사는 팔자이거나, 재혼 삼혼을 하게 된다. 그뿐이 아니라 건강도 문제가 분명 있다. 어디가 문제일까? 오행을 다 갖추었음에도 木이 문제 될 것 같다. 甲목이 코너에 몰려 고립된 상태로 보아 머리로 뇌 쪽이다. <뇌경색 환자랍니다>잘못 하면 癸巳년에 수술 수 보인다. (癸水상관 운에 巳申형을 함)그런가하면 巳화 편관이 형을 하고 상관성이 강하게 오는 해 이므로 있는 남자도 멀어지는 형국이다.

성격 면에서도 문제가 있다. 이렇게 상관성이 강하고 월지에 편관을 놓은 여자는 보통 여자가 아니다. 더욱이 사주구성이 이와 같이 상관 편관성이 강하고 합 충 형이 잘 연결되는 팔자는 기복이 매우 심하여 일생동안 안정 된 삶을 기대하기 어렵다.

[요점정리]

위 사주는 오행을 다 갖추고 있어 좋아 보이는데 왜 이렇게 팔자가 사나운지요?

항상 사주를 접하면 오행이 고르게 분포되어있는지도 중요하지만 그 오행들이 안정된 상태인가 아니면 불안한 상태인가를 살펴야합니다. 네 기둥이 뿌리가 단단하면 좋지만 위 여자의 사주처럼 합 충 형으로 변하여 깨지고 묶이면 불안한 것이지요. 이 사주는 오행전구(五行全具)사주지만 천간은 甲庚이 상충하고, 지지는 申子 합에 巳申형합이고, 巳丑이 반합이니 안 걸리는 오행이 없을 정도로 불안 요소가 큰데다가 월간 상관에 일지상관을 놓았으니 상관성이 하늘을 찌른다(지지에 있는 육신이 천간에 뜨면 투간 투출 이라 하여 그 힘이 배가 된다)그런가하면 월지에 편관을 놓아 성격 또한 보통사람이 아니다. 나쁘게 말하자면 50이 넘도록 시집도 못 갔다면 가정사정도 물론 있었겠지만 본인에게도 분명히 성격적인 문제가 있다고 보아야 한다.

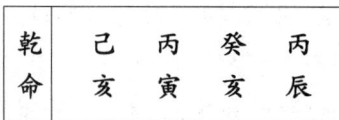

이 사주는 위 庚子일주 동거남의 사주이다. 이 사람도 상관성이 강한 사람으로 역마성이 강하여 오래 머물지 못하는 팔자이고 상관성은 이공계요, 기술자, 자격증으로 살아야 할 팔자인데, 의복 제조기술자란다. 일 년 전에 만나 동거중인데 금년에(癸巳) 공장을 시작하고 싶어 한단다. 그 이유는 역마가 상충을 하니(巳亥충)변화를 가져보고 싶은 것이다. 이 남자도 조강지처와 인연이 적고 두세 번 결혼해야 할 팔자이고 어찌 보면 그런 사람들의 만남으로 일시적인 동거일 뿐 해로하기 어려운 팔자들로 보아야 한다.

[요점정리]
왜! 조강지처와 인연이 적고 두세 번 결혼할 팔자인가요?
癸亥일주는 간여지동(干如支同)으로 일단 부부불목이란 단어가 붙어 다니지만 간여지동이라고 다 그런 것은 아니고 이 사람은 정재 丙화를 좌우 양 어깨에 차고 있는 형상으로 양다리 걸쳤다, 라는 말도 되지만 월간 丙화는 지지寅목이 寅亥 合去로 불안하고 시간 丙화는 辰土에 설기당하는 형상으로 조강지처와 살아가기 어렵고, 양병화(兩丙火)가 허약하고 역마성이 강해 변화를 추구하는 것도 문제일 수 있다.

| 坤命 | 丙辰 | 戊戌 | 甲寅 | 甲戌 |

위 사주의 주인공은 갑목(甲木)이라는 큰 나무로 태어났습니다. 나무도 두 가지가 있는데요, 甲木은 거목(巨木)으로 기둥이니 대들보로 쓰여야 할 나무이고, 을 목(乙木)이라는 작은 나무는 화초 목으로 향기나 꽃으로의 아름다움을 보여주어야 하는데요, 본명은 甲목 이니 큰 인물이 되어야 할 팔자를 타고 나기는 했는데 꼭 필요한 거목을 다듬을 연장인 쇠가 사주에 없는 거예요, 그래서 큰 나무로 크게 출세는 못하게 되는 것이고 불 때는 나무 즉 내 몸을 불살라 세상을 밝히는 촛불 같은 인생을 살아가야 합니다.

여자든 남자든 결혼이 매우 중요한데 이 사주에는 남자의 별이 없습니다. 역술용어로 무관사주 그러는데요, 무관(無官)이란? 관성이 없다는 말입니다. 관성이 여자 사주에서는 지아비 부자를 써서 남편의 별(夫星)인데 그 별이 없어서 남편의 복이 적을 수도 있고 있어도 없는 듯이 살 수도 있는데요, 이 사주는 아예 들어오기를 거부하는 팔자입니다. 사주에는 배우자 궁(宮-배우자의집)과 성(星-배우자의별)이 있습니다. 그런데 이 사주의 배우자궁에 배우자의 별이 아주 싫어하는 오행이 놓여있으면서 못 들어오도록 거부하는 형상이고 그래도 운이 좋으면 억지로라도 들어올 수 있는데요, 운에서 배우자의 별을 또 거부하고 있습니다. <남방火운으로 官인 金을 거부>

어찌 알리오? - <006>

> ### 어찌 고부갈등 있는 사주인 것을
> ### 알 수 있었나요?
> 財旺 身弱 이거나 身旺 財弱으로 알 수 있다.

시어머니는(媤母-시모)재성(財星)이니 신왕(身旺)이면 財가 극이 심하고 재왕(財旺)이면 살(殺-관성)을 생하여 극신(克身-나를 극함)하니 서로 상극되어 이런 경우 중화가 안 된다면 불화(不和)로 본다.

| 坤命 | 丙辰 | 戊戌 | 辛丑 | 戊戌 |

위 사주는 인성이 土가 많아 매금(埋金)되는 경우지만 신왕으로 봐야하고 辰中乙木이 시어머니인데 극약(極弱-土多木折)에 辰戌 충에 丑戌형까지 하고 있어 고부간에 갈등이 심하게 된다.

| 坤命 | 戊午 | 甲寅 | 庚戌 | 丁丑 |

위 사주는 甲寅 편재(시어머니가)가 용신 인수를 극하고 살을 생하여 자신을 극하게 되니 이는 분명 시어머니와의 불화다. 그러므로 고부갈등으로 보는데 이 사주에서는 재생살하는 것으로 보아 남편과 시어머니 사이는 좋을 것이다.

어찌 알리오? - <007>

**어찌 처가 바람나는(情夫)사주인 것을
알 수 있었나요?**

財가 合하여 기신됨을 보고 알 수 있다.

 재성이 비겁과 합하거나 재가 합하여 기신으로 변하면(化) 처가 바람나거나 간통하게 되는데 비겁이 왕하고 재성이 도하에 목욕이 된 사주도 간통으로 본다. 특히 천간이 간합(干合)하여 비겁이 화출(化出)되어도 대부분 간부(姦夫)가 있다.

乾命	丁	戊	壬	辛
	亥	申	申	亥

 위 사주는 비견이 왕한 사주로 정재 丁화는 비견 亥中壬수와 암합(暗合)하고 있는 상황인데 아내가 癸亥년에 바람났단다. 비겁이 왕해지면서 亥中壬水와 정재가 다시 암합한다.

乾命	庚	戊	丙	癸
	辰	子	午	巳

 위 사주는 지지에 비겁이 있고 戊癸合 火로 비겁으로 형성 되어 처가 바람날 사주인데 辛酉년에 아내가 바람났단다. 辛酉년의 酉도화가 비견과 巳酉합하여 기신으로 변하고 酉금이 다시 庚금 재성 앉은자리 辰토에 辰酉합하여 들어온 이유로 바람난 것이다. <원국 子午충 배우자궁이 깨졌다>

坤命	丁	壬	丙	甲
	亥	子	子	午

위 사주는 丙午일주 아내의 사주로 관살 혼잡에 丁壬 합으로 관살과 합을 하여 목으로 化出 된 경우의 사주이다. 배우자궁도 깨졌고 관살 子수가 비겁 午화와 충을 하는 것도 문제이다.

1948.7.05.(양8/9)辰시생						
乾命	戊	庚	丙	壬		
	子	申	寅	辰		
수	10	20	30	40	50	60	70
대운	辛酉	壬戌	癸亥	甲子	乙丑	丙寅	丁卯

위 사주의 주인공은 행자부 공무원으로 정년한 사람으로 훈장도 타고 모범적인 사람으로 정년 후 낙향하여 고향에서 농사짓고 소일하는 사람인데 아내가 평생 바람 피워도 아는지 모르는지 해로하고 있다. 본 명조는 재성이 합을 하여(申子辰合)水 기신으로 변한 사주이다. 본 명조는 官印相生하는 팔자로 공직에서 정년 했을 것이고 부모 궁에 재성이 申子辰합으로 合水가 인성寅목을 도우는 형국으로 부모 유산도 받는 사주이다. 아래에 아내의 사주를 기록합니다.

| 坤命 | 壬辰 | 丁未 | 丁巳 | 壬子 |

　이 사주는 일간 丁화가 丁壬합을 하고 있으면서 연간의 비견이 다시 월간 丁화와 丁壬합을한다. 비겁과 관살이 중중한 사주로서 火土水 3신만 가진 명조이다. 丁壬합은 음란지합 이라 말하는데 官합을 쌍으로 하니 평생 바람 피워야 하는 것도 팔자소관으로 보아야할 것이다. 61세부터 庚子운인데 다시 관살이 요동치므로 이제는 나이도 있고 하여 관살은 나를 치는 殺로 건강관리 잘해야 할 것이다. 水가 기신인데 살이 왕하니 신체부위로는 자궁이고 자궁에 분명 문제가 발생할 운이다. 丙申년에 丙壬 충을 하면 자유스러워진 양 壬수가 살로서의 작용을 할 것이고 巳申이 刑하므로 수술수도 보인다.

쉬어갑시다.
　처 궁(妻宮)에 문제가 있는 팔자이거나 재성이 도화와 합을 한자는 대체적으로 아내가 바람났다. 위 丙寅일주도 재성 申금이 子도화와 申子 합을 했다. 그런가하면 丁巳일주 아내도 官성과 干合도 하고 子수 官도화가 辰토와 子辰 합을 한다. 丁壬합을 보통 음란지합(淫亂之合)이라고 하며 水가 사주에 많아도 음란성이 있게 된다.

어찌 알리오? - <008>

어찌 남편과 해로 못하는(喪夫)사주인 것을 알 수 있었나요?

관살이 미약하고 식상이 왕 함을 보고 알 수 있다.

상관이 왕하고 관살과 일지가 형 충 하면 상부(喪夫)하는 것이지만 관살이 왕 하여도 상부할 가능성이 높다. 식상이 왕 하면 관살이 制剋 당하는데 재성이 그 氣를 引化하여 生官하면 무사 하지만 그렇지 못할 경우 식상 왕운에 남편이 죽는다.

坤命	己	丙	庚	丙
	丑	寅	辰	戌

위 사주는 배우자궁이 충을 하고 있는 상태다. 편관 칠살이 월 시간에 투출한 丙화가 자고(自庫)인 관고(官庫)를 놓고 있어 일명 상부살을 차고 있는 사주이다. 상관이 왕하면 관살이 극을 당해 무력하여 문제가 발생하지만 水관살이나 火관살이 태왕해도 폭발하여 관살이 사라진다. 본명조도 庚午대운을 만나 火局(寅午戌)을 이룬 상태에서 壬戌년을 만났는데 丙화 칠살이 丙壬 충을 하고 辰토지지도 辰戌 충을 하여 火氣가 폭발했다. 그러므로 壬戌년에 남편이 위암 수술을 하고 癸亥년에 세상을 떴다고 한다. 이렇게 사주원국에서도 문제성이 있는 사주가 관살이 당하는 해에 발동하게 된다.

坤命	壬子	戊申	辛巳	壬辰

　위 사주는 연속상부를 세 번씩이나 한 명조이다. 사주 원국을 살펴보자면 상관성이 강한 팔자다. 지지는 申子辰 三合 水局을 이루고 년과 시상에 壬水상관 까지 투출하여 일지巳火 정관이 맥을 못 추는 형상이다. 더욱이 배우자궁의 巳火는 申金과 형살 까지 한다. 丙午대운 辛未년에 일지 巳火와 대운 세운의 午未가 방국인 火局을 이루어 20세 어린나이에 초혼이 성사 되는데 그 이듬해 壬申년에 상관壬水가 申金을 차고 들어와 사신 형살까지 하여 요지부동으로 남편과 사별한다. 26세 丁丑년 丁火 편관이 상관 壬水와 합거(丁壬合去)하고 일지 巳火 정관은 巳丑반합으로 합去하여 두 번째 남편과 사별한다. 41세 되는 壬辰 상관 년에 남편이 발병 癸巳년에 다시 상부한다. 이와 같이 세 번씩이나 상부함은 예사롭지 않기도 하지만 세 번씩이나 결혼 할 수 있었던 것도 한 번 쯤은 짚어봐야 할 것이다. 그 가장 큰 원인은 辛巳라는 일주는 巳中丙화와 暗合 한다는 것이다. 이와 같이 지지와 암합하는 자들은 일부종사도 힘들지만 그렇다고 독신으로 살지도 않고 애인이라도 반드시 있어야 허전함을 달랜다고 한다.

1960년09월03일寅시생							
坤命	庚子	丙戌	癸未	甲寅			
수	5	15	25	35	45	55	65
대운	乙酉	甲申	癸未	壬午	辛巳	庚辰	己卯

위 사주는 辛巳대운 癸巳년 丙辰월 丁巳일에 남편이 물에 빠져죽었다. 월일지의 관살이 형살을 하고 있음도 문제지만 시주 甲寅목 상관이 있음을 주목해야 한다. 辛巳대운 癸巳년 丁巳일은 3巳화가 寅목과 형살을 하여 발동하게 된다. 丙辰월은 辰戌 충으로 관살이 강하게 충을 하는 달이다. 충이나 형은 발동하게 만드는 것이니 상관과 관살이 발동하여 발생한 것이다.

乾命	己亥	庚午	乙亥	戊寅

위 사주는 癸未일주 남편의 사주로 망자의 팔자이다. 癸巳년은 巳亥충 寅巳형을 하는 해이고 丙辰월은 상관 달이고 丁巳일은 상관이 형살을 먹은 달로 연약한 乙목이 감당하기 어려운 시기였다.

坤命	辛未	辛丑	戊辰	丙辰

위 사주를 구성부터 살펴보기로 하자, 戊辰이라는 간여지동에 월지 겁재를 놓고, 土가 4개나 되고, 丙화까지 생토(生土)하니, 화토중탁(火土重濁)의 팔자로 보아야 한다.

그런가하면 여명에 상관성까지 강하여 예사롭지 않은 팔자다. 애(자식)낳고 부부간에 정이 돈독해지는 경우도 있지만 애 낳고 부부이별 하는 경우도 허다하다. 本命은 자손 낳고 남편과 사별한 경우로 재가(再嫁) 아닌 삼가(三嫁)까지 하였는데 그때마다 자식 낳고 남편이 급사했다니 어디에 무슨 별이 있기에 그랬는지 살펴보기로 하자, 辛금상관이 극왕한 상황에서 未中乙木과 辰中乙木이 모두 刑沖을 하고 있다는 것이다. 지장간에 있는 정관 乙목을 말하는 것이다. 지장간에 숨어있는 乙목 정관이 형 충을 당하면 바람 앞에 등불같이 위험한데요, 乙未 戊辰으로 백호살이 되고, 더욱 꺼리는 것은 상관성인 辛금이 투간 되어 丑未충 하면서 튀어나온 乙목을 辛금이 싹둑 잘라버린 형상에다가 여자사주에 아들의 별이 상관인지라 아들 낳으면 상관성이 강해지는 이유로 남편의 별이 당한다는 것이다. 그런 연유로 상관성이 강한 여자에게 자식 많이 낳지 말아야 한다는 것이 바로 이런 이유에서 하는 말이다.

| 坤命 | 壬午 | 壬子 | 辛亥 | 癸巳 |

위 사주는 초혼은 실패하고 재혼하였으나 상부당한 사주이다. 사주의 대부분이 상관성이다. 이렇게 상관성이 강한여자에 남자가 붙어있을 수 없다 제수(制水)할 인성은 보이지 않고 일지상관은 巳亥 충까지 하고 있는 실정으로 보아 일부종사는 글러먹었고 여자성격이 마구잡이로 질러대는 성격이라서 공자맹자도 이여자의 비위를 못 맞출 것이다. 독신으로 살아야 할 팔자다.

어찌 알리오? - <009>

> ### 어찌 재혼(再婚)할 팔자인 것을
> ### 알 수 있었나요?
> 재가 연좌하고 공 망 형 충 됨을 보고 알 수 있다.

여기서 연좌(連坐)한 財라는 것은 다처(多妻)를 말하는 것이고 공망(空亡) 또는 충극 합거 극설(沖剋 合去 剋洩)로 미약하면서 일지 배우자궁이 극이나 충을 당하면 재혼이 확실하다. 그런가하면 간합(干合)으로 재성이 화출(財星이 化出) 되면 재혼하게 되고, 일지에 재성이 천간에 나타나고 干合하여 合去하면 새로운 여자가 들어오고, 지지에 비견으로 局이형성 되어도 극처로 재혼한다.

| 乾命 | 甲申 | 戊辰 | 戊子 | 丙辰 |

위 사주는 財가 三合局을 이루면서 지지전국이 財로 변했다. 만국(滿局)이라는 표현이 적절하다. 종재(從財)는 안 되는 팔자다.<印比가 있음이다> 壬申대운 壬戌년 壬辰월에 아내가 가출 했다니 가출은 살려고 도망간 것이다. 아마도 숨 막혀 도망가지 않았으면 돌아버렸을 것이다. 이와 같이 財가 연좌 내지 만국으로 형성되면 처가 많은 것이니 재혼 삼혼 가능하고 재가 기신이라서 현모양처 기대하기 어렵다.

乾	辛	乙	乙	壬
命	亥	未	卯	午

　위 사주는 지지에 비견으로 局이형성 되어있고 乙목 비견이 투출되어 있으며 간여지동이고, 배우자궁의 卯목 도화가 三合局을 이루어 조강지처와 해로 못한다. 이와 같이 비견국을 이루어도 財는 허약하여 재혼할 수밖에 별 도리가 없다. 사주에서 배우자궁에 도화인 왕지가 있고 합 충으로 연결된 사주는 배우자 궁이 이미 깨졌으므로 재혼 할 준비를 해야 한다.

乾	庚	丙	丙	己
命	辰	戌	戌	丑

　위 사주는 庚금이 본처였는데 辰戌 충으로 흔들려 이혼하고 친구의 처와 눈이 맞아 재혼 하였다고한다. 자세히 살펴보자면 戌中辛金이 정재로 비견 丙火친구의 처였는데 동합(同合)으로 일주와 합을 하였다. 서로 뺏고 빼앗기는 팔자라 말하는데 명조에서 비견이 병출(竝出-나란히 나타남)하면 친구 만나러 갈 때 애인과 함께 가면 친구에게 애인 빼앗기는 팔자라고 말하는 것이 바로 이런 경우를 두고 하는 말이다. 본 명조의 구성을 자세히 들여다보면 火土金 3신으로만 구성 된 팔자로 식신생재(食神生財)하는 명조여서 여자가 끊임없이 붙는다 말해야 되고 천방지축으로 자신의 뜻대로 행동하는 브레이크 없는 자동차와 같아 실속이 적다고 해야 한다. 그런가하면 배우자궁이 축술 형살까지 하고 있어 조강지처와 해로 못할 팔자요, 辰戌 충으로 개고(開庫-창고문이 열림) 되어 戌中辛금과 暗合으로 친구아내 빼앗아 재혼한 것이다.

어찌 알리오? - <010>

> ## 어찌 재가 삼가(再嫁 三嫁)할 팔자인 것을
> ## 알 수 있었나요?
> 관살(官殺)이 병립(竝立)하고 일지 관살(官殺)과
> 암합(暗合)함을 보고 알 수 있다.

竝立官殺, 空亡, 刑沖, 合去, 干合하여 官殺 化出, 地支傷官局
<병립관살, 공망, 형충, 합거, 간합하여 관살 화출, 지지상관국>

관살이 나란히 나타나 있으면서 공 망 또는 충이나 合去 되고 아니면 극루(克漏)로 힘이 없거나 일지가 충이되면 더욱 그러하다. 천간이 干合 되어 관살을 화출(化出)시키면 재혼하거나 숨겨둔 남자있게 된다. 일지의 관살과 암합 된 경우와 일지에 합이 되어 들어와도 재결합으로 보아 재가가능성이 높다. 일지가 형 충 되고 관살 혼잡 되거나 관살과 암합 또는 편관이 투출 되어도 재가가능성이 높다.

坤命	壬午	癸卯	己卯	乙亥

위 사주는 편관 병립(竝立-나란히 나타남)에 亥卯未 三合木局 하여 편관칠살(偏官七殺)이 연좌(連坐-이어서 앉아있음)한 셈이다. 거기다가 壬午 암합(暗合-午中丁火와 丁壬합)에 관성이 화출(官星이化出-丁壬合木으로 변해 천간에 나타남)되고 있어 재혼하고서도 모자라 애인을 두고 있는 팔자이다. 더욱 꺼리는 것은 재생관(財生官-재성이 관성을 생함으로 수시로 남자가 붙는다.) 한다는 것이다. 본 명조의 편관 卯木도화가 합을 하는 것도 문제다.

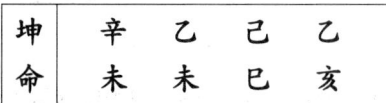

위 사주는 오행전구(五行全具)에 관살이 월 시간에 양투(兩透)하여 재가(再嫁)의 명(命)이다. 초혼에 실패하고 연하의 남자를 만나 살고 있단다. 조열한 사주로 초혼남자는 乙未백호에 남자로 무능한 남편이라면 亥수위에 편관 乙木 남편은 좋은 남자로 보아야 한다. 배우자궁이 깨진 것도 초혼실패의 원인이었고 乙未 첫 남자는 乙辛 충에 조토(燥土)위의 남자라 별 볼일 없는 남자로 보아야 한다. 조열한 명조에 밤 장사한다니(여관업) 딱 이다. 만약 이런 여명이 낮 장사는 잘 안 된다고 한다.

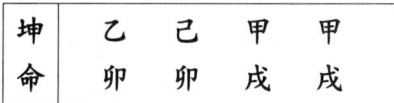

위 사주는 卯월 甲목에 비견 甲목이 병출되고 乙목겁재가 지 천간에 뜬 상태에서 양인 卯목이 둘이나 나타났으니 팔자가 대단히 센 명조이다. 초혼은 자식 낳고 바로 헤어졌고 두 번째 남편도 자손하나 낳고 둘째 임신 중인 丙戌년에 이혼하였다. 아무리 팔자가 드세다고 해도 그렇지 임신 중에 헤어진다니 해도 너무한 것이다. 도대체 본명이 두세 번 시집가야 하는 이유부터 알아보자, 명조에서 甲己合이 투합 되고 지지에는 卯戌합이 투합 된 상태다. 합이 많으면 정조관렴이 적다. 그리고 卯中乙木과 戌中辛金 남편이 乙辛 충거 된 것도 원인이다. 이 여자분 또 시집간다면 남자 또 하나 죽어나간다 말해야 한다. 癸未대운에 戌未 형살로 생리사별(生離死別)을 면치 못할 것이다.

어찌 알리오? - <011>

> 어찌 연하(年下)남편과 사는 것을
> 알 수 있었나요?
> 시지 官殺이 木과 합이 되었음을 보고 알 수 있다.

時柱官星 또는 官星과 合, 官星이 甲乙寅卯辰 또는 甲乙寅卯辰에 合될 때 <시주관성 또는 관성과 합, 관성이 甲乙 寅卯辰 또는 甲乙 寅卯辰에 합될 때>

시주는 자손 궁이니 시주 관성이거나 관살이 시주에 합이 되어 들어오면 자식 같은 연하남과 살게 되고 木은 푸르고 젊음을 나타내므로 청춘으로 보고 甲乙木과 寅卯辰 亥未로 시주 관성과 합으로 들어오면 젊은 남자와 인연 있게 된다. 관성이 년주에 있으면 노랑(老郎)과 사는 경우도 있듯이 시주에 합됨을 보고 안다.

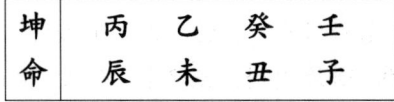

| 坤命 | 丙辰 | 乙未 | 癸丑 | 壬子 |

위 사주는 癸丑 白虎 일주가 乙未 白虎와 丑未 충을 한다. 그러므로 초혼실패는 분명하고, 辰관이 시지子수 비견과 합으로 들어온다. 그러므로 연하남인데 15세 연하남과 산다니 기이한 팔자다. 만약 이런 여자가 정상적인 남녀해로는 힘들다, 백호와 괴강이 3柱에 있고 백호에 관살이 동주하므로 일부종사 못함은 물론이거니와 비정상적인 삶을 살아야 겨우 상쇄된다.

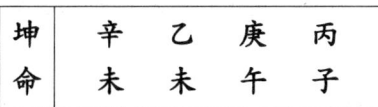

　위 사주는 일지 정관이 시지상관과 子午相沖으로 결혼하여 자식까지 낳고 살다가 헤어지고, 5세 연하남과 살고 있다는데 그 이유는 시상 丙화가 辛금과 丙辛합한 것이고 木은 청춘이라 하였으니 乙未목이 지지 未未同合 하므로 청춘과 합한 것이므로 연하남과 살게 된 것이다.

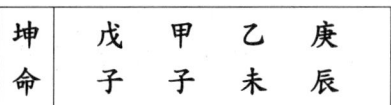

　위 사주는 자손궁인 시간에 己토 정관이 나타관살이 혼잡되고 났고 辰中乙목이 시지 酉中 庚金과 암합 또 辰酉합이 되어 연하의 남자와 살고 있다.

坤命	戊	甲	乙	庚
	子	子	未	辰

　위 사주의 주인공은 본남편과 이혼하고 11세 연하남과 재혼하여 살고 있다. 시간 庚금과 합을 하고 있고 자진이 합을 하는 명조로 子中癸水와 辰中戊土가 암합하고 未中己土가 월간 甲목과 합하고 戊土는 子中癸水와 암합을 하는 명조로 암합이 많으면 일부종사 어렵고 재혼 삼혼도 하게 된다.
현재 살고 있는 남편의 사주는 己亥 丙寅 甲戌 戊辰으로 재다신약(財多身弱)에 식신생재(食神生財)하는 命으로 이 남자도 조강지처와 해로하지 못하며 연상이나 연하의 여자 살아야 한다.

어찌 알리오? -<012>

> ### 어찌 백두노랑(白頭老郞)남편과 사는 것을
> ### 알 수 있었나요?
> 년주 관살이 金星임을 보고 알 수 있다.

　年柱官殺또는 官殺이 年柱에 合인 경우. 官殺이 庚辛申酉戌이거나 또는 庚辛申酉戌과 合 된 경우 官殺인 남편이 백색인 金오행 또는 金오행과 합하거나 同柱함은 대체적으로 백두노랑과 인연 있다. 年柱 官星이면 노랑과 인연 있고, 관성이 金이거나 金과 합 또는 암합이 되거나 동주하면 노랑이 확실하다.

坤命	乙	戊	戊	庚
	未	寅	戌	申

　위 사주는 年上 乙木 정관이 시간 庚金에 합으로 들어와 백두노랑을 만난 경우이다. 사주 원국이 토다목절(土多木折)에 식신성이 강해서 관살이 허약 한 것도 이유이므로 이런 경우 연상 또는 연하가 아니면 함께 살 수가 없는 팔자이다.

坤命	丁	丁	癸	壬
	酉	未	卯	戌

　위 사주는 戌土 官星이 이사주의 용신인 酉금과 申酉戌 金국으로 夫星과 합하고 있다. 본 명조를 더 깊이 분석해 보자면 배우자궁의 卯목 식신이 관성인 戌토와 육합을 하고 未토와 삼합인 반합을 합니다. 그뿐이 아닙니다, 지지에서는 卯酉충 천간에서는 丁癸충 丁壬합으로 사주 여덟 글자가 안 걸린 것 없이 다 걸립니다. < 25세 연상 노랑과 살고 있다>

22살 차이나는 부부가 사주 보러 왔다면 정상적인 초혼의 부부로 보기는 어려울 것입니다. 아래 사주의 주인공은 22세연상의 남편과 재혼하여 살고 있다. 아무리 사주팔자가 좋지 않다 하더라도 말이다. 그이유와 원인을 분석해 보기로 하자.

1963년윤4월26일卯시생				
坤命	癸卯	戊午	辛卯	辛卯
수	7	17	27	37	47	57	67
대운	己未	庚申	辛酉	壬戌	癸亥	甲子	乙丑

지지전국이 왕지인 도화로만 구성된 특수한 팔자랍니다. 성격이 깔끔하고 각이 진 것이 오히려 흠이 되는 사주입니다. 운이 불리했다면 무속인의 길을 걸어가야 할 팔자이지만 운의 작용으로 그 길은 면했지만 파란 만장한 삶의 파도를 타고 살아야 합니다. 다만 노랑과 살아감이 그 상쇄되기도 합니다. 午中丙화가 辛금에 합한 경우군요, 암합이 투합 된 경우입니다. 정관인 丙화가 비견과 암합으로 비정상적인 합을 이루고 있으니 정상적인 남녀의 만남이라고 할 수 있을까요. 일지에 연주도화(聯珠桃花)인 것도 문제가 된다.

乾命	辛巳	甲午	己亥	己巳

위 사주는 22세 연상인 辛卯일주 남편의 사주입니다. 여기서 특별한 경우를 찾아 볼 수 있습니다. 년 월 일주가 동시에 暗合을 이룬 명조에 己토가 甲목과 투합을 하는 팔자입니다. 특이한 팔자지요,

어찌 알리오? - <013>

어찌 음란(淫亂)한 여자인 것을 알 수 있었나요?
식상과 인성이 합됨을 보고 알 수 있다.

食傷과 印星이合, 干合, 暗合으로 官殺 化出,
<식상과 인성이합, 간합, 암합으로 관살 화출>,
聯珠桃花, 合多, 水多.
<연주도화, 합다, 수다.>

　식상이 성욕(性慾)이요, 성기(性器)가 되니 일지의 식상과 관살의 인성이 합이 되면 음란한 마음이 한량없이 생기고, 또한 干合 이나 暗合으로 관성이 형성 되면 간부(姦夫)가 있는 것이다. 관살 혼잡에 도화가 도화를 생하는 년주도화(聯珠桃花)가 되거나 羊刃 桃花나 合이 많으면 음란지명 (淫亂之命)인데 특히 水氣가 과다(過多)해도 음란 끼가 많다.

| 坤命 | 壬辰 | 庚戌 | 壬辰 | 壬寅 |

　위 사주는 壬수가 3개가 뜨고 칠살이 3개나 되며 水庫를 2개나 차고 있고, 官庫인 戌土 까지 놓은 팔자로서 양팔통에 괴강살 3주인 팔자로 음탕하기도 하지만 팔자가 드세어 일부종사 못하고 고독하게 살아가는 팔자이다.

| 坤命 | 丁卯 | 癸丑 | 壬子 | 庚子 |

 위 사주는 양인이 둘이고, 양인 도화가 둘인 셈이고, 합이 셋이고, 곤랑도화(丁壬合 子卯형으로 滾浪桃花)되고, 水氣가 태왕하여 음란하기 짝이 없고 부끄러운 줄도 모르는 팔자이다. 이와 같이 水氣 태왕한데 木火가 약하면 삶이 고달프다. 水路인 木은 보이지 않고 동수(凍水)인 물을 녹여줄 丙화는 없고 丁화는 깨졌으므로 고단하고 외로운 팔자였으나 다행인 것은 木火운으로 흘러 무난하다.

| 坤命 | 壬午 | 癸卯 | 己卯 | 乙亥 |

 위 사주는 연주도화(聯珠桃花)요, 편관도화가 쌍으로 있고 壬午가 암합(暗合)을 하여 관살을 화출(官殺 化出) 시키니 음란한 명조이다. 음란을 지나 색여(色女)로 보아야 할 것이다. 이런 명조를 가진 자는 본남편을 두고도 한두 명 애인을 두어야 성이 찬다. 이 여인도 간부를 두 명이나 두었다고 한다.

| 坤命 | 辛亥 | 庚子 | 丙子 | 辛卯 |

 위 사주는 지지에 亥子水方局을 이루고 丙辛이 합수하여 관살까지 化出시켰고 곤랑도화로 음란 끼가 줄줄 흐르는 명조이다. 관살 혼잡에 金水태왕하니 木火가 희용신인데 다행이도 청년기부터 木火로 운행 되어 많은 남자와 사귀면서 살아간단다.

1972년12월22일辰시생				
坤命	壬子	癸丑	壬戌	甲辰
수	7	17	27	37	47	57	67
대운		壬子	辛亥	庚戌	己酉	戊申	丁未	丙午

　위 사주는 네 기둥(四柱)이 괴강살, 백호살 로만 구성 된 팔자로 음란한 명조지요, 이런 경우 도 아니면 모라해서 무관(武官)으로 대성하는 팔자일 수도 있고 나락으로 떨어져 형편없는 삶을 살 아 갈 수도 있습니다. 그것은 사주구성도 좋아야 하지만 흐르는 운세가 좋아야 하는데요, 초년 운을 보아서 진로선택이 잘 되고 못 됨을 알게 됩니다. 그렇다면 이 사주의 주인공은 어떻게 살았을까 궁금하시지요, 정답부터 내어놓고 시작합시다.
　이름은 "경주"라고 하고 일본에서 75세 된 돈 많은 아저씨 현지처노릇하며 살고 있었으나 하는 일도 없고 하루 종일 혼자 있는 시간이 많다보니 지겹고 그런 생활하기 싫어 탈출하는 마음으로 한국으로 건너왔답니다.
　이 말을 듣고 팔자는 못 속인다는 말이 딱 맞구나 생각했습니다. 관살 혼잡에 음습한 사주인데 운마저 음습하게 흘렀으니 용빼는 재주 있나요, 창녀같이 살 수밖에요, 원래 이런 사주는 창녀 팔자라 그럽니다. 너무 심했나요, 공부차원에서 하는 말이니 이해하고 듣기 바랍니다. 간명하다 보면 가끔 이런 사주 만나게 됩니다.
만약 운이 동남방운인 木火운으로 흘렀다면 상황이 달라 질 수도 있습니다. 그래서 이런 사주 만났다고 모두 나쁜 팔자로 보면 곤란합니다. 운세가 중요하니 운세를 보고 길흉을 애기하기 바랍니다. 그러나 무조건 이런 명조만나면 특수한 팔자를 타고 났군요, 직업을 먼저 물어보세요, 이런 사람은 군경 검 판사 요리사 재단사 정육점 디자이너 등 자르고 꿰매는 일을 하면 좋고, 라고 못을 박아놓고 시작해야 합니다. 만약 그 길이 아니라면 불리한 삶 쪽으로 간명해야 할 것이기 때문에 직업부터 물어보라고 한 것입니다.

　壬子는 양인살이고, 癸丑은 백호살이며 壬戌은 괴강살이고 甲辰은 백호살 입니다. 만약에 이런 팔자가 검 판사라면 정년하고 변호사 개업해라 그래야 하고, 의사라면 수술의사 개업의는 못할 것이고 늦게 개업해야 하고 라고 말해야 하는데요, 그 이유는 사주에 재성이 약해서 한 말이고 늦은 나이에 재성인 火운이 들어오기에 늦은 나이에 변호사나. 병원개업 하라 그럽니다. 수술의사라는 말은 丑戌형 辰戌충이 된 팔자라서 한 말이고, 월급자라야 하고 오직 출세만을 생각해야지 이런 사주가진 공직자가 뇌물 받으면 쇠고랑 차기 십상이지요,

[문] 만약 결혼을 했다면 한두 번은 헤어졌을 사주인가요?
[답] 그렇습니다. 관살 혼잡에다가 음기가 강한 명조에 운까지 읍 습하게 흐르고 배우자궁이 형 충을 쌍으로 먹은 것을 보면 딱 그랬을 것입니다. 그러니까 이런 팔자는 숨어사는 팔자지요.

<참고> 원국에서 子丑합일 경우 亥子丑의 기운으로 凍水로 봅니다. 子丑합 토라는 것은 육합의 원리로 한 말뿐 실전에서는 水로 보아야하고 형 충을 쌍으로 맞았다는 말은 丑戌형 辰戌 충으로 배우자궁의 戌土 칠살이 두 번 얻어터진 형상이라서 이런 경우는 매우 심한 이유로 한 말이다, 그런데

미혼인 것도 이런 영향이 미칠 수 있느냐를 물어본다면 약간의 영향은 있을 수 있지만 결정정적인 것은 아니라고 보고 다자무자(多者無者-많은 것은 없는 것이다) 원칙에서 미혼일 것이고, 水는 음기로 보아 음란행위로도 볼 수 있으나 월지가 정관을 차서 나름대로 정확하고 의리 있고, 창녀같이 행동은 못할 것이다.

[문] 이런 사주를 가진 주인공은 크게 성공 할 수도 있고, 아니면 숨어서 살아야 하는 팔자일 수도 있습니다. 라고 한 것은 무었을 보고 한 말인가요?

[답] 성공할 수 있다는 것은 괴강 백호격 이기에 한 말이고 다만 그런 일을 하고 있을 때에 해당되는 것이고, 숨어서 살아야한다는 말은 子丑合水에 壬癸水가 투출되어 음습하여 한 말로 이런 경우 水는 감춘다, 밤이다, 어둡다는 원리로 들어 내놓지 못하는 일로 보는 것이다.

[문] 己酉운은 나름대로 살아가기는 형편은 좋아 보이나 진흙탕 물에서 놀고 있는 형상이니 크게 빛은 보지 못할 운세지만 나이가 들수록 좋아집니다. 라고 한 것에 대하여 설명해 주세요?

[답] 일간 壬수가 己토를 만나면 기토탁임(己土濁壬-壬수가 己토를 운에서 만나면 흐려진 물로 봄) 되어 한 말이고, 그러나 酉금은 정인으로서 金生水로 도와준다는 의미로 형편은 좋아 보인다고 한 것이고, 나이가 들수록 좋아진다는 말은 용기를 준다는 차원도 되지만 57대운부터 남방火운이라서 하는 말입니다.

어찌 알리오? -<014>

어찌 난폭한 남편(暴夫)을 만나는 것을 알 수 있었나요?

신약사주에 殺왕하고 인성이 없음을 보고 고 알 수 있다.

身弱 殺旺 無印, 官星 鬼門

난폭한 남편이 되는 경우는 대체적으로 관살이 태왕하여 내 몸을 극하는 경우가 되는데 인성까지 없다면 관살이 바로 극하지만 인성이 있다면 살 왕 해도 의사소통으로 풀어 나갈 수 있는 명조로 본다. 난폭한 남편들은 대체적으로 술을 좋아하고 주사가 심한 사람들로 관성에 귀문관살이 있으면 의처증까지 있게 된다.

坤命	丁酉	己酉	甲午	乙丑

위 사주는 食財官이 강하여 극도로 신약한 팔자에 일지 상관까지 놓아 도움 안 되는 남편인데 일시지 귀문관살에 정관이 합을 한다. 폭군 남편에 의처증까지 발동하게 된다. 인성까지 없으니 남편은 폭군이고 酉酉가 自刑하므로 술주정뱅이 폭군이 된다. 더군다나 丑午 탕화살에 귀문관살이니 남편은 술주정뱅이다. 이여자의 남편 사주는 乙未 丁亥 癸未 癸丑인데 편관 칠살 丑未 3土가 乙목과 丁화로부터 관인상생(官印相生)받아 세력이 막강한데 癸수가 肩劫까지 태왕하니 제 맘대로 두들겨 팬다. 남편이 주벽이 심하고 구타까지 일삼으니 견디기가 힘들었단다.

| 坤命 | 庚寅 | 己丑 | 丙辰 | 壬辰 |

위 사주는 식상관이 많아 신약하며 극관(剋官)하는 관계로 남편이 폭군이다. 辰辰이 自刑하고 인성인 寅木이 木生火해야 하는데 개두(蓋頭)된 庚금에 기진맥진한 寅목이라 힘이 없고 丙일주가 시상에 壬수가 떠서 극하므로 폭군 남편이고, 대운이 丙戌로 천극지충(天克地冲)이고, 세운 壬戌년에 다시 천극 지충하여 난폭한 남편 때문에 가출하고 말았단다.

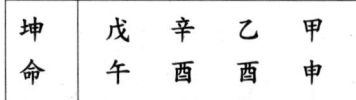

| 坤命 | 戊午 | 辛酉 | 乙酉 | 甲申 |

위 사주는 관살혼잡 된 命으로 남편의덕이 없는 팔자이다. 차라리 종관을 했더라면 좋았을 걸 원수 같은 午화가 있어 관을 극하니 종관도 안 되고 신약한 명조에 관살이 태왕하니 죽을 맛이다. 신혼 초부터 상습폭행을 당했고 오랜 세월 정신적 고통이 많아 돌아버릴 지경이란다.

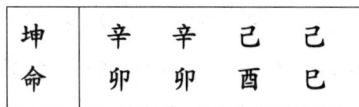

| 坤命 | 辛卯 | 辛卯 | 己酉 | 己巳 |

위 사주는 식신 辛酉3금이 태왕한데 巳화 인성이 역할 을 못하여(巳酉합金) 식신이 극성한데 卯목 칠살이 卯酉 충까지 하여 일부종사가 어렵겠는데 乙酉년을 만나 이혼 소송으로 파경에 이르렀단다. 乙酉를 보면 乙辛충 卯酉충 이런 험악한 운을 넘기기 어려웠을 것이다.

어찌 알리오? -<015>

> **어찌 아내가 악처(惡妻)인 것을 알 수 있었나요?**
> 신약사주에 일주 편관이고 일지가 기신임을 보고
> 알 수 있다.

身弱 財生殺, 日支偏官忌神, 日支亡身忌神.
신약한 일주에 재성이 생살하거나 처궁이 기신이 앉았거나 용신을 破剋하면 악처를 만나게 되고 신약이면 칠살에 겁을 먹게 되는데 인수가 미약하고 일지에 칠살이면 처의 횡포를 견딜 수 없게 된다. 또 고진 과숙이 형을 하면 극처 아니면 고집불통이고 처로 인한 화(禍)를 당한다.

乾命	戊	癸	戊	癸
	戌	亥	申	亥

위 사주는 재다신약(財多身弱)의 명조로 財가 기신이 된다. 처궁의 일지 辛금은 내 힘을 빼서 기신인 처성인 財를 돕고 있다. 월주의 재가 겁살이고 일지에서 癸亥 재가 망신살이다. 亥수 고신이 자형을 하고 있다. 위와 같은 여러 가지로 볼 때 악처인 것이 분명하다.

乾命	癸	甲	丁	丁
	巳	子	酉	未

위 사주는 子월에 年上 癸水가 투출되어 殺旺한데 일지 재성酉금이 生殺한다, 이와 같이 財生殺 하는 사주는 악처로 봐야한다. 庚申財星대운에 甲목이 용신인데 용신을 충하여 더욱 포악해지더니 己未 운에 用神木이 입묘(入墓)되면서 더

욱 발악을 했단다. 다만 사주가 생생불식(生生不熄) 하여 좋은 직장에서 의식주걱정 없이 살았다니 천만 다행이다.

| 乾命 | 甲申 | 壬申 | 己巳 | 甲戌 |

위 사주는 상관성과 관성이 강한 사주로 일지 巳화가 용신인데 巳申 刑에 巳戌 원진에 귀문관살이 되어 배우자가악처가 된다. 그 이유는 배우자궁에 용신이 앉아 있기는 한데 형상이안 좋으니 자연히 그 역할이 미미 할 수박에 없다. 또한 재성이 용신을 극한다면 여자가 즉 아내가 악처가 되는 것이다.

| 乾命 | 癸巳 | 己未 | 戊子 | 甲寅 |

위 사주는 인비와 재관이 4 : 4 로 동등해 보이지만 未월 己토 라서 반드시 물인 水재성의 역할이 중요하다. 그러므로 여자 없인 못 살아가는 팔자이다. 항상 여자를 그리워 할 수 밖에 별 도리가 없다. 그런데 재성이 강하면 財生官으로 관성의 힘을 키우게 된다. 관성은 나를 괴롭히는 신이어서 어쩌면 여자가 미워진다. 특히 이 사주에서는 子未원진까지 붙어 배우자가 악처가 되는 것이다. 위 주인공 아내의 命이 丙申 丙申 甲戌 丙寅으로 양 팔 통에 관살이 기신으로 극성이어서 이 여자도 역시 남편 덕이 없다. 이 두 부부는 평생 원수같이 패고 맞고를 거듭하면서 악처 폭부로 살다가 60대초에 폐암으로 남자가 죽게 되면서 남편의 그리움에 눈물로 세월을 보내는 것을 보면서 서로 원수지만 반드시 필요한 사람들이었구나 하는 것을 느낄 수 있었다.

어찌 알리오? - <016>

> ### 어찌 교통사고(交通事故) 당하는 것을 알 수 있었나요?
> 역마가 생살 형 충 됨을 보고 알 수 있다.

亡身 劫殺, 驛馬 地殺이 七殺을 生하거나 用神을 克 破
用神 驛馬 地殺이 刑沖 또는 忌神化

망신살, 겁살의 역마, 지살이 용신을 극 파, 칠살을 생하거나 용신 역마 지살이 형 충으로 파 극하거나 삼형살이 원국에 있고 충 형 상관 또는 상관이局을 형성할 때 교통사고의 해를 입는다.

| 乾命 | 庚辰 | 壬午 | 丙午 | 壬辰 |

위 사주는 역마나 지살은 없지만 水火가 상전하는 형상의 사주인데요, 이런 경우 木이 있어 통기시키면 좋으련만 木이 없어 운이 나쁠 때는 반드시 대형 사고로 이어질 가능성이 매우 높은 사주이다. 본명조의 주인공은 丙戌대운 庚申년에 申금은 申辰합 水되어 壬수까지 투간(透干)되어 강해진 水와 旺火가 상전(相戰)하여 대형사고가 나서 반신불수가 되었다는데, 사주에 양인이 둘이상이면 벙어리 아니면 귀먹어리, 반신불수, 가능하다 했는데 이 사주에도 양인 午火가 둘이나 있는 사주이다.

| 坤命 | 庚午 | 甲申 | 庚申 | 戊寅 |

위 사주는 申월의 庚申일주가 시지와 寅申 상충하는 명조이다. 강금(强金)에 甲寅목도 만만치 않다. 金木이 상전하는 양 팔 통사주로서 언제 어떤 사고를 당할지 모르는 상황인데 통기(通氣)시킬 水가 없다. 己卯대운 癸亥년을 만나서 대형사고로 크게 다쳤다는데 癸水는 戊癸合火火出하고 亥水는 寅亥 합하여 水의 역할이 전무한 상황이다.

| 乾命 | 癸巳 | 庚申 | 戊戌 | 甲寅 |

위 사주는 역마 지살 寅巳申 三刑殺을 걸어놓은 사주로 巳와 申이 年日 망신살이다. 丁巳대운을 만나 다시 재형(再刑)을 한다. 辛酉년 교통사고로 죽었다는데 辛酉년은 상관(傷官)의해로 다시 酉金이 상관이 局을 이룬 해다. 용신은 巳火지만 申金이 合去 시키고 있어 용신역할이 안 된다. 본 명조도 사고를 달고 다니는 사주이다. 대체적으로 寅巳申 삼형을 놓은 자는 사고수를 달고 다닌다, 로 봐야 한다.

| 乾命 | 丙寅 | 癸巳 | 丙申 | 辛卯 |

위 사주도 역마가 寅巳申 삼형을 형성하고 있는 사주로 己亥대운을 만나서 역마가 四刑 四沖을 먹었다, 巳亥가 망신살이고 이런 운에 사고가 날 가능성이 많은데 壬戌년에 대형사고로 오래 동안 병원신세를 지었다고 한다. 壬水칠살이

旺火를 극 충하고 戌토에 입묘(入墓)된 丙화라서 꼼짝없이 당할 수밖에 별 도리가 없다.

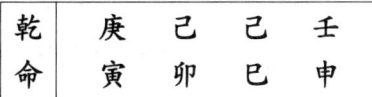

위 사주도 상관성이 강한데 寅巳申 삼형을 형성하고 있다. 이런 사람은 칼자루를 잡는 즉 형권을 잡지 않으면 불리한 사주인데 이사주의 주인공은 목수로 인테리어 업자로 평생을 살아오면서 여러 번 사고를 당했다고 하는데 乙未년에도 공사 일을 하다가 난간에 긴사다리가 넘어지면서 발목이 작살나서 일 년여를 고생하고 있다. 乙목 칠살이 극 충 하면서 未토는 卯未합으로 칠살 局을 형성하여 약한 己토가 당한 것이다. 辛巳월에 사고를 당하였다. 이런 관점에서 볼 때 칠살이 극 충 하거나 상관 운일 때 형살이 발동한다.

어찌 알리오? -<017>

어찌 교도소(矯導所)수감 되는 하는 것을 알 수 있었나요?
관살 기신 수옥 살을 보고 알 수 있다.

官殺 忌神 囚獄殺 官災關殺 撞命官殺

인생을 살아가면서 수감 생활을 해야 하는 命은 관살 기신으로 나를 극하거나 형 합 생은 좋은 사주라도 일생 중에 감금이나 형옥 을 치르게 되며 2重형이나 2重 원진 이 더하면 형옥을 면할 길이 없고 수옥살은 재살(災殺)로서 년이나 일을 보지만 대운에서 들어오는 살도 작용이 강하다. 수옥살(囚獄殺)과 함께 관재관살(官災關殺)당명관살 (撞命官殺)의 경우도 적중률이 높다.

囚獄殺이란? 일명 災殺이다.
年支나 日支를 삼합해서 神殺을 돌리는데(끝 자 다음자)劫煞 다음이災殺이다. 寅午戌이면<子>가되고 申子辰이면<午>가되며 巳酉丑이면<卯>가 되고 亥卯未면 <酉>가 된다.

官災關殺이란? 일명 天殺이다.
年支나 日支를 기준해서 십二神殺로 돌리면 되는데 천살을 관재관살 이라한다.

撞命關殺이란? 일명 허약한 살이다.
子-巳, 丑-未, 寅-巳, 卯-子, 辰-午, 巳-午, 午-丑, 未-丑, 申-午, 酉-亥, 戌-未, 亥-亥,
<어릴 때부터 허약한 체질이고, 세운에서 만나도 허약으로 고생함>

乾命	己	辛	庚	辛
	未	未	申	巳

위 사주는 매우 조열한 사주이면서 편고 된 상황에 형살까지 하고 있다. 巳화가 용신이지만 용신역할이 잘 안 된다. 丁卯대운에 <卯>목이 수옥살(囚獄殺) 이다. 癸亥년에 年干은 상관이고 亥수가 巳亥충 하면 상관 운에 큰 문제가 발생하게 되어 대형인사 사고로 옥살이를 했다고 한다.

乾命	丙	辛	丁	庚
	午	卯	卯	子

위 사주는 丙辛합 子卯형이 되면서 刑合生 되고 子卯午로 연주도화(聯珠桃花)까지 이루어진 명조이다. 지지에 왕지도화로만 구성 되어 색난(色難)이 예상 되는 사주이다. 辛酉년에 강간사건으로 감옥행 6개월 형을 살고 나왔단다. 酉금도화가 4沖을하게 되는데 午가 관재관살이고 대운 壬辰의 辰토에서 午가 수옥살로 꼼짝 못하게 묶이는 운이었다.

乾命	庚	戊	庚	甲
	戌	寅	辰	申

위 사주는 살인마 강호순의 팔자인데 庚辰 庚戌 괴강 백호에 합 충이 많고 양 팔 통 에 관성이 전무하고 식상까지 없으니 앞뒤가 꽉 막힌 사주이다. 土生金 받았으면 金生水를 하던지 火가 있어 制金해야 되는데 관성과 식상이 보이지 않는 사주로 관성이 없으니 준법정신이 약하고 자신을 통제하지 못하는 형국이다.

| 乾命 | 庚戌 | 庚辰 | 戊辰 | 辛酉 |

 위 사주는 살인마 유영철의 사주이다. 三柱가 괴강 백호이고 상관성이 강한 팔자이다. 상관성이 강하고 비견으로 태강하면 좋은 사주로 보이지만 사주에 인수도 없고 관성도 없고 재성까지 없으니 인정머리도 통제할 능력도 없고 여자도 돈도 없는 팔자가 아닌가 말이다.

| 乾命 | 乙未 | 己丑 | 癸未 | 甲寅 |

 위 사주는 칠살(편관)이 4개나 되고 상관이 강한 팔자로 경찰관이 적성에 맞을 것 같은데 직업이 경찰관이었다. 의령 우 순경사건으로 56명을 사살한 장본인의 팔자이다. 칠살이 충을 하면 더욱 포악해진다. 상관은 편관을 제지해야 하는데 甲목은 己토가 묶어 무력하여 상관 역할이 잘 안 된다. 당시 대운이 丙戌 대운이었으니 丑戌未 삼형살로 대형 살인사건이 벌어졌던 것이다.

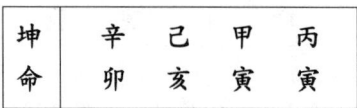

 위 사주는 甲午년에 투옥 되어 6개월간 영어의 몸이 되었던 여명의 사주입니다. 午화가 상관이고 관재관살(官災關殺)인 해였습니다. 본명은 비겁 과다사주에 甲己합으로 재물욕심이 대단한 분입니다. 간여지동해서 일부종사 어렵고 목다금결(木多金缺)로 남편의 덕 또는 남자 복이 없다.

어찌 알리오? -<018>

어찌 음독 등 자살(飮毒等自殺)하는 것을 알 수 있었나요?

탕화살 기문관살 식신칠살 동주를 보고 알 수 있다.
湯火殺 鬼門關殺 結項官殺 七殺食神同柱

음독하는 것은 탕화살로 기인함인데 자살하는 것은 귀문관살이 있어 갈등과 망상을 고취시켜 인생을 포기하게 만드는 것이다. 음독이란 독약을 마시는 것으로 칠살이 식신과 합이나 동주하게 된다. 결항관살은 목을 맨다는 악살로 모든 자살자에게 적용되는 것이고 음독자살자는 칠살과 식상이 동주해야 하는 것으로 칠살이란 독약이고 식상은 먹는 것이기에 칠살과 식상이 동주는 음독으로 보는 것이다.<연탄가스 중독이나 감전사도 탕화살로 적용한다.>

結項關殺이란? 목을 매죽는 살이다. 년과 일지를 기준해서
申子辰 :壬子, 巳酉丑 :辛酉,   寅午戌 :庚午, 亥卯未 :乙卯,

| 乾命 | 辛卯 | 丙申 | 庚寅 | 丁亥 |

위 사주는 세상을 떠들썩하게 했던 정치인 "성 완 종"의 팔자로 어느 술사는 財를 찾는 목적으로 동분서주 하며살아야 할 팔자가 丙丁관이 나타나서 정계에도 입문하고 비겁 또한 과다하여 사람들 사이에서 치열하게 살다 갔노라고 표현 한 것을 보고 그럴듯하게 풀이했다고 평가는 했지만 왜 죽었을까 에 대하여는 어느 누구도 언급한바가 없었다. 필자가 사망일진을 살펴보니 乙卯일로서 그날이 卯生의 결항관

살의 날로 목매죽는 날이었다는 사실을 발견했다. 辛卯귀문도 발동하였고 乙未년은 乙辛충으로 丙辛합을 깨서 丙화 칠살이 자유스러워졌고 未토는 亥卯未로 財局을 형성하고 庚辰월은 申辰合水로 묶어 무력하게 하니 나 庚금자신은 비겁들의 배신(주위사람들)으로 의지 할 곳이 없어 최악의 죽음을 선택한 것이다.

| 坤命 | 壬子 | 壬子 | 丙申 | 壬辰 |

위 사주는 子월의 丙화가 申子辰 水局을 이루고 천간에 3 壬수가 나타나서 從殺格으로 봐야 한다. 己酉대운 癸未년에 남편과 이혼하고 甲申년에 유부남과 사랑에 빠져 연애하던 중 실연당해 자살했다고 한다. 대운 酉와 子가 子酉파살이고 귀문관살이다. 년과 일에 申子이므로 壬子 월주가 결항관살

結項關殺:(결항관살-목매 죽는 살)식신 辰토와 칠살 壬수가 시주에 동주(同柱)하니 자살하는 명조가 틀림없다.

| 坤命 | 壬子 | 丙午 | 庚午 | 丙子 |

위 사주는 탈런트 안 재환의 명조로 火金水 3신으로만 구성 되고 지지전국이 도화인 왕지에 도화가 상충하는 특수한 팔자를 타고났다 己酉대운 戊子년에 연탄가스마시고 자살했다. 무재사주가 사업자로 가면 실패 확률이 높다. 대운酉와 원국子가 귀문관살이다. 子생 壬子는 결항관살이고 丙화 칠살이 午화에 앉아 壬子와 天剋地沖을 하며 戊子년은 2重3重으로 子午 충을 하므로 자살 할 팔자를 타고났다.

| 乾命 | 丁亥 | 丙午 | 壬戌 | 乙巳 |

위 사주는 壬寅대운에 아내가 고부갈등으로 음독자살한 남편의 팔자로 丙午 재성이 양인에 동주하고 寅午戌화국을 이루며 巳화 妻星은 巳亥충을 한다. 이사람 첫 부인은 음독하고 둘째부인은 암으로 사망했다니 팔자치고는 더러운 팔자를 타고났다. 財多身弱에 시상 상관까지 놓은 사주라서 어쩌면 성격에 결벽증이 있고 처궁 戌土와 시지 巳화가 귀문관살, 寅대운 巳화는 당명관살이다.

| 乾命 | 丙申 | 丁酉 | 甲辰 | 乙亥 |

위사주의 주인공은 50대운이 癸卯 운인데 월주 丁酉와 丁癸충 卯酉 충으로 깨진다. 辛卯년이 대단히 불리한데 辛卯년에 목을 매어 자살하였다. 이와 같이 월주와 대운이 천극 지충하면 가정도 깨지고 사회 활동도 깨지는 형상으로 궁지에 몰리게 된다. 이사주의 주인공도 사업을 하다가 실패하고 이혼하고 머리 깎고 스님이 되었으나 결국 자살이라는 극단적인 선택을 한 것이다.

어찌 알리오? -<019>

> 어찌 수액(水厄)이나 물에 빠져 죽는 것을
> 알 수 있었나요?
> 수왕무제에 낙수관살 수화관살을 보고 알 수 있다.

水旺無制, 火용신을 水가 克破
落水關殺, 水火關殺, 七殺食神同柱

水가 왕하면 水의피해를 보게 되는데 수화관살이나 낙수관살에 해당되면 물의 피해를 보게 된다. 정작 낙정관살(落井關殺)은 우리가 알고 있는 것처럼 수액(水厄)에 적용되지 않고 확률도 약하다.

落水關殺이란? 일명 水厄殺이다.
  年支나 日支를 方合해서 寅卯辰-丑 未, 巳午未-辰 戌,
      申酉戌-寅 申, 亥子丑-巳 亥,
水火關殺이란? 일명 水火액살이다.
  年支나 日支를 方合해서 寅卯辰-未 戌, 巳午未-辰 丑,
      申酉戌-丑 戌, 亥子丑-未 辰,

乾命	己亥	庚午	乙亥	戊寅

위 사주는 甲子대운 癸巳년 丙辰월 丙辰일에 강물에 빠져 죽었다고 한다. 어떤 사유였을까 관찰해 보자. 年 月 日 모두 상관일이고 子대운 癸亥에 辰辰 물바다이니 乙목은 浮木되고 상관은 몸을 상하고 내 몸을 지켜주는 정관을 친다, 로 대단히 불리한 육친이다. 그런가하면 년 일지 낙수관살 巳화

가 걸렸고 수화관살 辰이 월일에 걸려서 물에 빠져죽을 확률이 매우 높다. 위 명조의 주인공은 병원에 입원치료 중 무슨 사유였는지 병원을 탈출하여 한강변에 투신자살 했다고 한다.

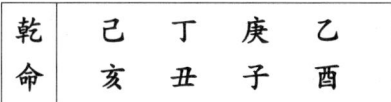

위 사주는 亥子丑 水方局을 이룬 명조에 子일이 亥수를 보면 낙수관살이다. 수액도 당하고 교통사고도 당하는 등 액이 항상 따라다니는 팔자이다. 이 사주를 수액이 있는 사주로만 볼 것이 아니라 전체적인 구도로 살펴볼 필요성이 있다. 지지전국이 水方局을 이루고 酉금까지 동조하니 꽁꽁 얼은 물이다. 천하의 庚금이라도 이정도면 자신의 역할이 안 된다. 그러므로 교통사고 수액 등의 재앙이 계속 따라다니는 것이다. 대운이 동방木운이나 남방火운이었다면 나름대로 역할을 할 수 있었는데 북방水운에서 서방金운으로 운행 중어서 더욱 불리한 것이고 마지막에 남방 火운을 만나기는 하는데 이미 때는 늦은 것으로 보아야 한다.

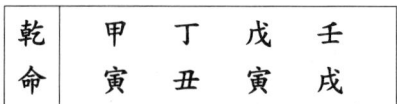

위 사주는 丑月 戊土 일주가 丙화로 解凍하고 甲목으로 疎土한다면 좋겠는데 丙화는 보이지 않고 丁화만 나타나서 丁화로 조후해야 살아가는데 별 문제가 없을 것인데 壬수가 丁화를 잡아 묶어버리니 壬수가 기신이다. 庚辰대운 丁丑년

戊申월에 익사한 명조로 水火關殺인 寅년에 戌토를 본 것이 원인이고, 丁丑 백호가 시지 戌土를 충 하여 壬戌 괴강살이 발동하였을 것이고, 戊申 원숭이는 寅목을 寅申 충하여 사고가 발생한 것이다. 이 사주를 자세히 살펴보자면 안타까운 것이 보인다. 戌土 일간에겐 丑 戌이라는 형제 비겁을 믿고 있다. 그러나 보이지 않은 암투(丑戌刑)를 하고 있다. 그런가 하면 戌土가 가장 무서워하는 칠살 3甲寅목이 버티고 있어 항상 마음이 조모조마 한데 다행히 丁화가 월간에 나타나 통기를 시켜(木生火火生土) 별 문제 없는 것 같지만 호시탐탐 노리는 壬수와의 합이 문제인 것이다. 그런데 사고가난 해인 庚辰년은 庚금은 戌土의 기운을 설기시키고, 辰土는 戌土와 沖을 합니다. 丁丑월운은 丁화가 壬수에 잡혀가 戌土를 돕지 못하고 丑土는 丑戌로 다시 형을 하고, 戊申일은 戌土 일간을 비견 戌토가 도우려하지만 申금이 寅申 상충을 합니다. 여기서도 문제가 발생합니다. 寅中甲木과 申中壬水가 투출되어 甲목은 戌土를 칠살로 치고, 申中壬수는 丁壬합으로 나쁜 짓거리만 합니다. 이렇게 운이 불리하여 대형사고로 이어진 것입니다.

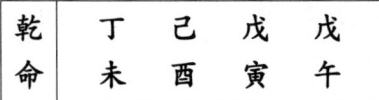

위 사주는 남성연대 성재기대표의 사주로 癸巳년에 한강에 투신 살아온다고 호언장담하던 성 대표는 물속에서 살아져 시체로 발견 되었다. 비겁이 중중하고 월지 상관을 놓은 사람이라 자기 맘대로 살고 자기 맘대로 입을 놀리는 막말꾼이었다. 상관을 노총위원장으로 보면 딱 이다. 그런 체질이 다분한 팔자이다. 죽은 날이 癸巳년 己未월 癸巳일이였다. 兩癸水가 두 戊土를 묶었고, 두 巳화는 寅巳형을 하여 사고 수였고, 己未월은 겁재로 호기를 부릴 만큼 자신만만했는데, 甲辰대운이었으니 未年生이 辰토를보면 낙수관살로 수액을 당하게 된다. 未월이었으니 寅일생이 未토를 보면 낙수관살과 수화관살이 쌍으로 겹친달 이기도 하였다.

  이 사람이 인권운동 시민단체를 운영하면서 채무가 많았다는데 원래 무재(無財)사주라 돈하고는 인연이 적고 癸수가 갑자기 나타나서 군겁쟁재(群劫爭財)로 癸水 財를 먹어치우니 재생관(財生官) 못하여 官이 약하기에 살아 돌아오지 못한 것이다. 이와 같이 죽고 보니 안 걸린 것 없이 다 걸린 사람이 운세라도 보고 퍼포먼스를 할 것이지 나쁜 운세였다는 것을 알았더라면 사지(死地)로 들어가진 않았을 것인데 하는 아쉬움이 남 습니다.

어찌 알리오? -<020>

> **어찌 고관(高官)으로 출세하는 사주인 것을
> 알 수 있었나요?**
> 관성이 균형을 이루고, 용신이 유정함을 보고 알 수 있다.

 귀격의 팔자는 관성유리회(官星有理會)가 되어야하는데 관성유리회란 관살이 균형을 이루고 이치에 맞게 모인 것을 말하는 것이다.
구체적으로 살펴보자면
1, 신약한 사주여서 인성이 용신일 때 관살이 인성을 생하는 <u>관인상생</u>일 때.
2, 신약한 사주여서 비겁이 용신일 때 관살이 없거나 약한 <u>관이인을 생 할 때</u>.
3, 신약 살왕하여 식상이 살을 눌러 식상이 <u>제살 할 때</u>.
4, 비겁이 과다하여 쟁재 할 때 관살이 있어 <u>비겁을 제지 할 때</u>.
5, 인성이 많아 신왕한 사주에 <u>관살이 없을 때</u>.
6, 재가 인성을 극할 때 관살이 있어 <u>재생관 할 때</u>.
7, 식상이 용신일 때 관살이 없거나 <u>미약할 때</u>.
 위와 같을 때 또는 관살이 용신이 되거나 용신과 동주 또는 합을 할 때 고관으로 출세한다.

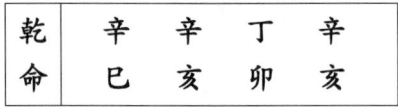

 위 사주는 정일권 전 국무총리의 사주로 亥수 정관이 辛금의 생을 받아 官旺하고, 亥卯 삼합으로 관성유리회가 성립된 사주이다. 이런 사주를 관인상생 사주라고하나 엄격하게 따져보면 신약한 사주에 재생관 관생인으로 부귀 富貴財生官

官生印으로 富貴)를 다 갖춘 팔자가 된다.
대운이 청년기까지 재성 운으로 재생관 하여 큰 벼슬을 했고 중연부터 안정권인 남방火운으로 장수국무총리를 역임했던 것이다. 일본 육사 수석 졸업 우리나라 3군 총사령관 참모총장 합참의장 외무장관 국무총리 6년7개월로 장수총리 국회의원3선에 국회의장으로서 관운이 좋아 일생동안 평탄한 생활을 하고 생을 마치신 고관출신이다.

| 乾命 | 甲戌 | 戊辰 | 壬申 | 丙午 |

 위 사주는 정일형 박사의 사주팔자로 양팔통(兩八通)에 오행전구(五行全具)하고 편관(七殺)이 旺하여 일간 壬수가 심히 약한데 申금 인수를 칠살이 生하고 있다. 관인상생(官印相生)의 사주로 더욱 기쁜 것은 戊辰 관살과 용신 申금이 申辰 합하여 관성유리회가 된 점이다. 더 좋은 것은 네 기둥이 유력하여 튼튼하다는 것도 장점일 수 있다. 미국유학 철학박사로 8선 국회의원 외무장관 신민당 부총재를 역임했고 아들 정대철의원이 대를 이어 국회의원 4선을 했고 손자 정호준이 국회의원이 되었으니 3대가 한 선거구에서 13선을 한 역사상 유래를 찾기 어려운 집안이고 官운이 좋았던 팔자이다.

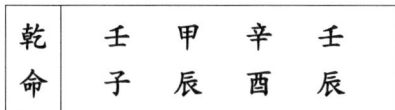

 위 사주는 만고역적 김일성의 사주이다. 우리가 볼 때 원흉이요 역적이지만 50년간 주석으로 권좌를 누렸으니 관운은 좋은 팔자이다. 무관사주라도 <인성이 많아 신왕한 사주에 관

살이 없을 때-관성유리회.> 辛酉일주가 월일지의 兩 辰토 정인으로 일주를 돕고 있어 신왕사주에 관살은 없으나 壬子水 식상이 좋아 머리가 비상하고 식솔(부하)을 많이 거느리고 甲木 재성이 유력하니 財生官으로 장기집권이 가능했다. 辛금은 보석으로 壬子水로 깨끗이 씻어내야 광채가 나서 빛을 발휘 한다고 한다, 土가 많으면 埋金이지만 물이 많아도 水多金沈이라 하지만 이 사주는 兩辰土가 제수(制水)하여 생극제화(生剋制和)가 아주 잘 된 팔자로 보아야 한다.

쉬어갑시다.

-삼 살 방-

당년 해와 삼합하여 왕지를 충하는 방위가 삼살방위이다.
丙申年 申子辰 子水를 충 하는 午방 남쪽이 삼살방위다.
丁酉年 巳酉丑 酉金을 충 하는 卯방 동쪽이 삼살방위다.
戊戌年 寅午戌 午火를 충 하는 子방 북쪽이 삼살방위다.
己亥年 亥卯未 卯木을 충 하는 酉방 서쪽이 삼살방위다.

삼살이란 12신살로 겁살 재살 천살을 삼살이라 하는데 **겁살**은 겁탈로 목숨이나 재산을 빼앗김을 뜻하고, **재살**은 넘치 감금 재판으로 관재구설이며, **천살**은 地水火豊의 천재지변으로 손해를 의미한다.

어찌 알리오? -<021>

어찌 평생 동안 백수(白手)건달인 것을 알 수 있었나요?

용신상진 재성부진 무관 공 망 을 보고 알 수 있다.
用神傷盡 財星不眞 無官 空亡

용신이 건왕(健旺)해야 사주팔자가 좋은 것이고 용신이 실함(失陷)되면 불리 불행한 것이고, 財가 기신이거나 기신을 돕고 공망 되면 백수요, 무일푼이다.

乾命	己	乙	戊	壬
	酉	亥	申	子

위 사주는 재다신약(財多身弱)의 사주로 비겁의 도움이 있어야 하는데 겁재 己토가 있으나 酉금에 설기되고 乙목에 극 당해서 제방을 쌓을 수 없고 火가 없어 생을 받지 못하여 용신이 상진 된 상태다. 왕재가 기신 乙목을 생하니 재성부진(財星不眞)되어 평생 백수로 살았다고 한다. 허약한 戊토가 기진맥진에 乙목 관성은 부목(浮木) 되어 떠다니는 관성이니 무직무재(無職無財)일수밖에 별 도리가 업다.

乾命	戊	甲	丙	丁
	寅	寅	子	酉

위 사주는 寅월 丙화가 3甲寅목이 편인으로 신왕한데 편인을 제압할 편재는 없고 酉금 정재가 힘을 쓸 수가 없어 오히려 子수를 생하여 財生官 官生印으로 편인을 도와주니 재성부진이고 申酉가 재성 공망 이고, 戊토 식신을 써야하는

팔자이지만 偏印이 倒食하(偏印 倒食)여 도박을 즐겨 가산탕진 음독자살기도 등 평생 백수로 살다가 세상을 떴다고 한다.

| 乾命 | 辛丑 | 丙申 | 癸巳 | 庚申 |

위 사주는 인성 태과한 사주로 원래 인성이과다자는 남에게 의지하게 되어 자신의 역할이 안 되는 팔자인데 본명조도 財성이 인성을 제압할 수없이 편인 辛금과 합으로 묶였고, 巳화 재성은 巳申합으로 묶여 合去 三刑까지하는 팔자로 재성부진의 팔자가 되어 癸巳대운에 거지가 되었다고 한다.

| 乾命 | 壬子 | 壬子 | 壬子 | 丙午 |

위 사주는 고서에 기록 된 거지의 팔자로 丙午재성이 천극지충(天剋地沖) 되고 왕수를 제압도 안 되고 오히려 군겁쟁재(群劫爭財)로 재가 파괴 되니 거지 팔자로 살 수밖에 별 도리가 없는 명조이다.

| 乾命 | 癸丑 | 乙丑 | 癸丑 | 癸丑 |

위 사주는 일점의 火기도 없는 凍土요 凍水로 사람 구실을 못하는 팔자이다. 이런 팔자는 거지 아니면 장애인으로 살아갈 팔자인데 운까지 서북방으로 흘렀으니 거지가 당연한 팔자이다.

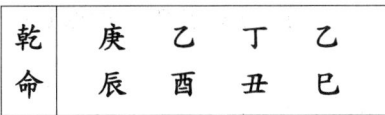

　위 사주의 주인공은 丁亥 丙戌운은 풍족하였으나 戊子 己丑에 가산을 탕진하고 동사(凍死)했다고 한다. 巳酉丑 金局을 형성하고 乙庚합금 辰酉합금으로 재왕에 身虛 하여 식상 운에 가산 탕진 한 것이다.

쉬어갑시다.

대장군방위

당년 해와 방합(方合)하여 전(前) 방위가 대장군방 이다.

癸巳년부터 巳午未 해서 南방 前인 東방이 대장군 방위다.
　　　　　내리삼년 東쪽이 대장군 방위이다.
丙申년부터 申酉戌 해서 西방 前인 南방이 대장군 방위다.
　　　　　내리삼년 南쪽이 대장군 방위이다.
己亥년부터 亥子丑 해서 北방 前인 西방이 대장군 방위다.
　　　　　내리삼년 西쪽이 대장군 방위이다.
壬寅년부터 寅卯辰 해서 東방 전인 北방이 대장군 방위다.
　　　　　내리삼년 北쪽이 대장군 방위이다.

어찌 알리오? -<022>

> 어찌 파재나 파산(破財 破散)하는 것을
> 알 수 있었나요?
> 비겁 재성 연좌 동주하고 용신 파 극을 보고 알 수 있다.

比劫 財星 連坐 同柱 用神 破克

　사업부진 또는 사업왕성 등은 일반적으로 길흉운세로 알 수 있으나 크게 파재로 인한 폐업의 경우는 비겁이 재성과 동주하여 재를 극할 경우 또는 재성과 연좌하여 있다면 일단은 파재 개연성이 있다고 보고 대운 세운의 흉신이 三合局을 형성하여 용신을 강하게 극할 때 극루교가(克漏交加)될 때 파재한다. 비겁이 용신이라면 비겁 극운에 재성이 용신이면 재성극할 때 파재의 쓴맛을 보게 된다.

乾命	庚	辛	甲	乙
	寅	巳	子	丑

　위 사주는 식상제살격(食傷制殺格) 사주인데 乙丑의 시주가 겁재와 재성이 동주하고 있어 파재의 기운이 영력하다, 대운이 乙酉로 巳酉丑 三合局을 형성 巳화를 제거하니 안개속인데 癸亥년을 다시 만나 왕신이 된 巳화를 沖克하니 金의 기운이 격노하여 일간 甲木을 공격(庚辛金合勢)하여 巳월의 甲목이 성숙하지도 못하고 30대중반에 크게 부도를 내게 되었다.

```
乾    壬  丙  丁  壬
命    午  午  未  寅
```

위 사주는 戊토 일간이 寅卯辰 방국을 형성한 가운데 乙목이 월 시간에 투출하여 관살 태왕인데 비겁이 壬수 財와 동주하고 있어 파재의 기운이 보이는데 戊申대운부터 경영 악화 己酉대운 癸亥년 癸亥월에 용신 巳화를 巳亥沖去하고, 亥卯未 木관살 형성으로 관살이 크게 극하고 비견 辰토는 木방국으로 壬수財를 설기 파재한다.

```
乾    壬  乙  戊  乙
命    辰  巳  寅  卯
```

위 사주는 비겁이 중중하고 조열하여 壬수를 조후 용신해야 할 팔자로 戊申 己酉대운은 운이 좋아 得財 할 수 있었으나 庚戌대운은 戌토가 비견 午화와 午戌 火局을 이루면 화기가 충천(火氣 衝天)하여 터질 날만 기다리는 형상에 43세 甲子년에 甲목은 불난 집에 부채질하고 子水가 子午충하니 왕신 午화가 발동하여 그 재앙과 손재를 막을 길이 없다.

```
乾    丙  庚  甲  乙
命    戌  子  申  丑
```

위 사주는 金水가 왕성하므로 식신과 재성을 용신해야 할 팔자로 甲辰대운에 戌토 용신을 辰戌로 충도 하면서 申子辰 水局을 형성 범람한 홍수에 戌토 재성은 수다토류(水多土流)로 무너져 손재로 이어진다. 癸亥년을 만나 다시 범람한 홍수에 결국 파재로 이어져 결국 사업을 정리하였다.

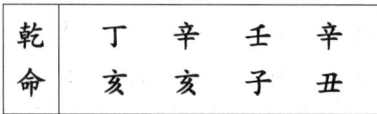

　위 사주는 金水사주로 格局으로 말하자면 윤하격(潤下格)이라고 말 할 수 있다. 그런데 丁화재성이 亥수 겁재와 동주하여 불행의 조짐이 보이더니 戊申 대운은 戊토가 제방을 쌓아 무사하였으나 丁未대운으로 접어들면서 다시 癸亥년을 만나서 홍수가 범람하여 丁화재가 산재(散財)로 이어지고 만다. 더 흉한 것은 未토는 제방역할도 못하고 오히려 亥子丑 水方局을 丑未 충으로 건드려 둑이 터진 결과이다.

　다음에 해당하는 사람은 시신(尸身)을 광중(壙中)에 안치하는 순간, 즉 하관할 때 약 3분간은 보지 말고 피해야 한다.

正冲: 장례일과 일간이 같고 일지와는 충이 되는 사람,
甲子일이면 甲午생

旬冲: 장례일과 동순 중에 해당하는 생년과 일지가 충 하는 사람,
甲子일이면 庚午생, 丙子일이면 壬午생

간단하게 정리하자면 장사 날자와 자신의 띠가 충 하는 사람들은 반드시 피하는 것이 좋다.

어찌 알리오? -<023>

> **어찌 도박이나 투기(賭博投寄)꾼인 것을
> 알 수 있었나요?**
> 무식식상에 공겁 도화에 재성부진을 보고 알 수 있다.

　　無食傷, 無財, 亡身殺 劫煞 財, 桃花 羊刃 財, 財星不眞
　식상이 없음은 노력하지 않고 재를 얻으려는 것과 같아 사기도박의 근본이 되고 겁살과 망신살은 허망과 과욕이며 도화는 주색잡기요, 양인(겁재)이 재성을 파괴하여 재성부진이 되면 도박에 심취되어 허송세월 하게 된다. 식상이 없거나 식상만 있고 재성은 없는 경우도 이에 해당된다.

乾命	庚寅	己丑	甲寅	戊辰

　위 사주는 3甲寅木에 4土재성으로 욕심이 대단한 사람이다. 이 사주에서 核은 바로 火가 됩니다. 丑월로 凍土이니 흙 역할을 흙답게 할 수 있도록 녹여주어야 하고 木과 土가 사납게 싸우는 형상을 통기로 연결 시켜 줄 수 있는 火여야만 조후와 통관지신 역할이 잘 될 것인데 火가 보이질 않는다. 자연스럽게 노력하여 벌고 싶은 마음보다는 자신의 힘만 믿고 마구잡이로 재성을 잡아 내 것으로 만들고 싶은 과욕이 눈에 보인다. 水가 없으니 지혜는 찾아 볼 수 없고 火가 없으니 노력은 안 하고 불로소득만을 생각하니 도박이고 투기꾼이 될 수밖에요, 이런 형상을 재성부진이라 말한다.
　행운 중 乙卯대운이 대단히 흉한 운이다. 양인 卯 운은 양인에 도화이니 여색으로 망하는 운이고 사주원국에 寅辰이 있고 대운에서 卯가 협공(挾拱)되면 이런 경우 도박과 여자문제로 무위도식하다가 세상을 마치게 되었다.

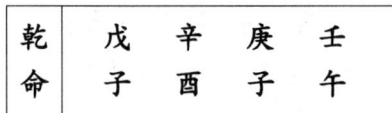

위 사주는 월주겁재에 壬子식상이 잘 발달 된 命造이다. 그런데 지지에 왕지인 도화로만 구성 된 특수한 命으로 丁卯대운을 만나 4沖과 동시에 丁화가 식상을 묶고 卯목은 子卯刑하여 문제가 발생하게 된다. 식상이 용신인데 용신을 合去시키고 형동(刑動)하면 大사건이 발생하게 된다. 원래 양인 겁재가 강해도 식상이 왕성하여 무난하였는데 무재사주에 財가 나타나고 식상이 사라지고 도화 財가 출현하면 군겁쟁재(群劫爭財)하여 財를 순식간에 먹어치우게 된다. 우연하게 인터넷 도박에 빠져 거금을 날렸다고 한다.

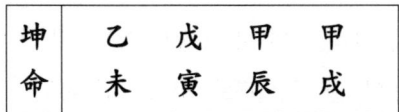

위 사주도 역시 4木 4土로 비겁과 재성이 강한 두 가지 오행으로만 구성 된 사주입니다. 특이한 것은 乙목 겁재가 未토 재성과 동주(財星과 同柱)하고 식상과 관성은 없고 재성은 충과 형을 하고 있어 배우자궁의 백호가 충을 하니 일부종사 요원하고 욕심이 과한 상태로서 초혼은 남편이 교통사고로 죽었고 재혼하였는데 도박에 빠져 다시 이혼 당하고 외롭게 살고 있다.

| 乾命 | 癸巳 | 癸亥 | 癸亥 | 癸亥 |

위 사주는 水火가 상전하는 사주인데 이런 경우 식상이 통기시키면 좋은 사주가 되지만 그렇지 못한 경우 군겁쟁재(群劫爭財) 하게 된다. 순리로 버는 돈이 아닌 마구잡이로 벌고 싶은 마음뿐이다. 그러므로 도박에 빠져 가산을 탕진한 남자인데 아마 이런 사주를 가진 자는 밤일을 하게 된다. 야간 총알택시운전자라고 하니 팔자소관이다.

| 乾命 | 戊申 | 癸亥 | 庚子 | 壬午 |

위 사주는 무재사주지만 식상이 태왕하니 머리가 비상하다 잔머리만 굴린다. 내 것 못 지킨다. 주어야 마음이 편한 사람, 배우자궁이 충살로 깨졌으므로 조강지처와 못산다.(木재가 浮木되어 처도 돈도 다 떠내려간 형상)경마로 가산 탕진 외롭게 살고 있다.

| 坤命 | 庚寅 | 戊寅 | 己丑 | 乙亥 |

위 사주는 인성이 없는 관살태왕의 사주로 직업도 변변치 못하고 남편역시 기신이니 덕이 적고 배우자궁에 丑토가 놓여 역시 간여지동 부부불목이다. 역마재성 亥수가 겁살이고 칠살 乙목을 도우는 형상으로 재성부진이다. 이여인 壬申대운에 손재수 있음은 土生金 金生水로 노력해서 벌어야하는 돈을 못 지키는 기신 운이라서 경마로 다 날렸단다.

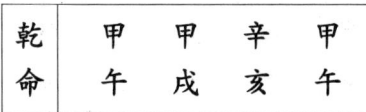

위 사주는 재성 3甲목이 천간에 투출 되었으나 두 甲목은 午도화 상관에 설기되고 월간에 나타난 甲목은 인성 용신 戌土를 극하니 재성부진으로 亥수 상관은 겁살이고 년과 시의 甲午는 午中己土와 暗合하는 동시에 亥中壬水와 암합하는 형상이어서 양다리 걸치고 3다리 걸친 남자로 도박과 주색으로 가산 탕진 가능한 팔자인데 역시 도박과 여자로 인하여 평생 허덕이며 살았다고 한다. 일지상관을 놓아 내 것 다 잃는 형상으로 여자도 돈도 다 내 것 아니고 못 지키게 된다.

쉬어갑시다.

상 문 살

상문이란 죽음과 인연 있는 살로 상가에 가서 귀신 붙어 오는 것으로서 응급처치 방법을 말하자면 상가 집 갈 때 붉은팥 또는 마늘을 남자는 한 알 또는 세알 여자는 두알 또는 네 알을 남자는 왼쪽주머니에 여자는 오른쪽 부라자 속에 넣어가서 나올 때 밖에 나와 뒤에 던지고 뒤 돌아보지 말고 온다.

어찌 알리오? -<024>

> **어찌 도적질 사기(盜賊質, 詐欺)잘 하는 것을
> 알 수 있었나요?**
> 무인성에 관살 파극 또는 재성과 겁재가 동주를 보고
> 알 수 있다.
> 無印星, 官殺 破克, 財와 比 劫 同柱, 食傷이 沖破 또는 鬼門關殺

 인성은 근본이 양심과 예절 도덕이므로 인성이 없음은 도덕적으로 문제가 있는 것이고, 관살이 무력해지면 준법정신이 약하여 법을 무시하거나 남을 속이게 되니 도적질도 수치심 없이 하게 된다. 관성이나 인성이 공망 이면 大小를 막론하고 남의 것을 잘 훔치며 식신이라는 것은 득재(得財)의 바탕인바 건전해야 되는데 충이나 귀문관살이 되면 돈을 버는 방법이 정상적이지 못하고 비행으로 가게 되어 도적질로 쉽게 득재를 노리게 된다.

乾	丙	庚	庚	丙
命	子	子	午	子

 위 사주는 절도전문범죄인의 사주이다. 왜? 여러 번의 절도를 저지를 수밖에 별 도리가 없었는지의 이유를 알아보기로 하자. 년과 시간에 나타난 丙화 관살은 子수 위에 앉아 무력하고(官殺破克)일지 午화 정관은 子午 沖으로 날라 갔고, 午중에 숨어있는 己土 인성은 子午 충으로 파극(破克-食傷沖破) 되어) 예의범절이나 준법정신은 찾아 볼 수 없으니 수치심도 모르고 도적질을 밥 먹듯 하는 것이다. 위 사주는 관살파극, 식상충파(官殺破克, 食傷沖破) 해당 된다.

| 乾命 | 丙戌 | 丁酉 | 丁巳 | 庚戌 |

위 사주는 고전에 기록된 도적의 사주로 인성과 관살이 없고, 비겁과 재성이 동주(同柱-한 기둥)하고 庚금 재성은 (戌中丁火) 동주, 巳戌 귀문관살이 있다.

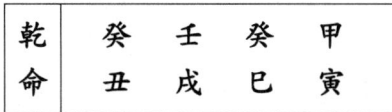

위 사주도 무인성(無印星)이다. 인성이 없으니 부모의 덕이 적어 학교를 정규로 다닐 수 없었을 것이니 검정고시로 고졸 학력을 얻었고, 경제적으로 궁핍하여 절도를 범하고 1년이란 긴 세월을 형무소에서 보냈다는데 丑戌 관살이 형으로 깨졌음으로(丑戌中의 辛金인수는 丑戌 형으로 깨지고 巳中庚金 인수는 寅巳 형으로 破克, 開庫로 나타난 丁화와 丁壬暗合 木化된 木성이 관살을 극하여 관살무력)丁壬합 木으로 化한 상관이 정관을 剋土하여 丑戌형이 발동하고, 巳戌 원진에 귀문관살로 절도를 하게 된 것이다.

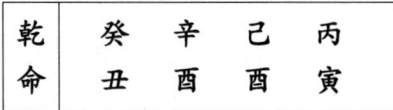

위 사주는 3辛酉식신이 정관 寅목을 상하게 하기도 하지만 寅酉원진에다가 丙寅 인성과 관살이 유력해 보이지만 丙화는 辛금에 묶이고(丙辛合), 丑토 비견 역시 癸水재성과 동주(同柱)하여 재를 극하므로 정상적인 득재(得財)가 어렵게 되므로 택시강도로 한탕하려다 걸려 옥살이를 한 팔자이다.

乾命	壬辰	丙午	丙戌	辛卯

 위 사주는 합 충이 많이 걸린 사주에 식신성이 잘 발달되어 언변 좋고 사교술에 능하다. 그러나 거짓말을 밥 먹듯 하는 사기성이 강한 팔자로 사기전과가 많다고 한다. 왜? 사기를 잘 하는지 알아보자. 월지에 午화 양인살을 놓고 있으면서 丙壬沖 辰戌沖 관살과 식신이 충을 하고 丙辛합으로 재성과 투합을 하고 午戌합 卯戌합으로 합多로 주체성이 미약하여 중심을 잡지 못하니 거짓말을 잘 한다.

쉬어갑시다.

娶嫁凶日에 대하여
<시집가고 장가가는 날 흉한일자>

 옛날부터 고진 과숙 날은 결혼하면 서로 외롭게 산다하여 이날들은 반드시 피했고 현재도 반드시 이날은 피해야 한다.

亥子丑 생 남자는 寅일 여자는 戌일
寅卯辰 생 남자는 巳일 여자는 丑일
巳午未 생 남자는 申일 여자는 辰일
申酉戌 생 남자는 亥일 여자는 未일

어찌 알리오? -<025>

어찌 재벌이나 부자(財閥, 富者)인 것을 알 수 있었나요?

관인상생 재성 상생 녹왕 을 보고 알 수 있다.
官印相生, 財星 相生, 祿旺,

재기통문호(財氣通門戶)인 사주라야 거부(巨富)가 된다. 재물의 기운이 문호에 통한다는 말로 일주 건왕 하고 천간 재의 기가 지지에 장생이나 녹왕 으로 문호인 월비에 통근이 되거나 통근의 지지가 월지와 합한 경우를 말한다. 일주가 지지에 통근하고 관인상생 하여야만 어려운 난관을 슬기롭게 인내하며 돌파할 수 있고 재성이 장생지나, 록왕지, 를 만나야 재물이 헛되이 소모됨 없이 증식번창하게 된다.

乾命	庚戌	戊寅	戊申	壬戌

위 사주는 삼성 이병철회장의 사주이다. 재벌의대명사처럼 "내가 이 병철도 아니고" 라는 뭇사람들의 입에 오르내리는 재벌들의 사주는 도대체 어떤지 분석해보자. 인성은 없지만 4戌戌 土에 식신인 庚申이 뿌리내리고 재성은 壬수는 식신생재하고 관성 寅목은 寅申 충으로 깨졌지만 戊戌토에 뿌리내려있는 형상이다. 식신생재형(食神生財形)으로 제조 판매로 승부하는 팔자이다. 역마가 충을 하여 바쁘고 부지런했고 능력을 갖춘 사주에 청년기부터 30년 동안 남방火운으로 흘러서 힘을 실어주니 어찌 재벌이 되지 않을 수 있었겠는가, 申中 壬水 財가 충으로 튀어나오니 천간에 나타난 壬수와 짝을 하여 무소불이로 행사해 돈을 번 사주이다.

乾命	乙卯	丁亥	庚申	丙戌

위 사주는 현대가의 창업주 정주영회장의 팔자입니다. 庚申이면 건록 이요, 간여지동입니다. 이사주도 관인상생의 사주요, 재성이 유력한 팔자입니다. 그런가하면 식신생재도 잘 형성 된 사주죠, 재성 乙卯가 유력하고 亥卯로 합을 하니 재물을 좋아하기도 하지만 벌어들이는 기운도 만만치 않다. 丙丁 관살이 동시에 나타나고 乙卯로 木生火하므로 주로 관급공사를 많이 할 수 있었을 것이다.

乾命	壬辰	壬寅	癸未	丙辰

위 사주는 한화 김 승 현 회장의 사주입니다. 인성은 없지만 壬癸 3水가 辰土 水庫地를 둘이나 놓아 약한 물은 아니다. 월지寅목 상관에 관살 태왕하니 머리도 비상하여 재물도 잘 일구지만 성질도 대단한 팔자로서 관재구설도 남달리 많다. 丁亥년에 관재 수에 망신수로 망신당함은 자손궁에 辰亥 원진 먹고 亥수 망신살이 일주망신살인 寅목과 합을 함으로 인하여 木인 상관이 화출(化出)되니 자손일로 근심걱정 많다고 해야 하는 명조이다. 일반인들의 사주 볼 때도 상관이 기신으로 들어올 때는 자손 근심을 말해야하고 수하(手下)이니 부하나 조직인일 때는 나이어린 동지로 본다.

| 乾命 | 癸卯 | 辛酉 | 丁巳 | 乙巳 |

위 사주는 과거의 유명백화점인 화신창업주 박 흥 식 회장의 사주다. 丁巳일주가 네 기둥이 有力하고 월주 辛金財가 酉金 祿지에 앉아 있고 巳酉合金局으로 재기통문호(財氣通門戶)가 된 사주이다.

| 乾命 | 庚辰 | 乙酉 | 丁丑 | 甲辰 |

위 사주는 丁丑일주가 월 시간에 정편인 甲乙木의 도움으로 힘 받는 사주로서 재성 酉金은 년간 庚금으로 투출되어 유력한데 乙庚합 금 辰酉와 酉丑으로 合金局 되니 재성이 유력하다. 그런가하면 배우궁에 재고인 丑토를 놓았으니 돈 창고로 돈이 들어가면 안 나오는 팔자이다. 재기통문 된 사주로 부동산 부자의 팔자이다.

| 乾命 | 甲寅 | 丁卯 | 甲寅 | 戊辰 |

위 사주는 木火土 3신으로 구성된 목화통명(木火通明)의 사주에 傷官生財하는 팔자이다. 5木 1火 2土로 시간 재성이 有氣하다. 財星을 살펴볼 필요가 있다. 丁화의 生을 받은 戊토는 辰토에 뿌리내렸으며 아울러 寅卯辰 方合으로 재기통문호 된 팔자이니 100억대재산가였다니 가히 그 힘이 있어야 하며 재력이 유력해야 부자가 된다는 사실을 확인 할 수 있었다.

乾命	壬寅	甲辰	丁亥	己酉

　이 사주는 백만장자의 팔자란다. 무엇이 백만장자를 만들었을까? 인체도 혈이 잘 통하면 건강하듯이 사주팔자도 기가 잘 통하면 부자의 사주요 막힘없는 삶을 살게 된다. 이 팔자는 오행전구에 年干 壬水로부터 月干 甲木에 生을하고 甲목은 다시 日干 丁화에 生을하니 관인상생(官印相生)이다. 힘을 받은 일간 丁화는 다시 己土에 生을 하고 己土는 酉금 재성에 生을 편재 酉金은 亥水에 金生水도 하지만 월지辰土와 辰酉合金으로 큰돈을 만든다.<이것을 生生不熄한 사주라 한다.>

陰과陽 =相對의 法則
　　음　양　　　상대　　법칙

음과 양은 본래 하나의 기운에서 분열의 법칙에 따라 파생된 것이나 이것이 곧 상대성으로 작용되고 있어 음과 양하면 별개의 것으로 생각하기 쉽지만 사실은 서로가 별개 이면서도 공존하고 있으므로 음이 있기에 양이 있고 양이 있기에 음이 존재하고 아울러 하나의 개체에는 안과 밖. 위와 아래. 앞과 뒤. 가있게 된다. 이것을 쉽게 우리 인간사에 비유해 보면 여자가 있기에 남자가 있고 남자가 있으므로 여자가 존재하면서도 남녀는 서로가 필요 하여 부부로서의 인연을 맺어 공생하게 된다.

疾病篇 - 질병편

오행별 발병부위 <五行別 發病 部位>

木 - 肝 膽 頭 神經 手足 毛髮 咽喉 淋巴線 眼
　　 간 담 두 신경 수족 모발 인후 임파선 안

火 - 心臟 小腸 眼精 精神 血壓 顔 胸 舌
　　 심장 소장 안정 정신 혈압 얼굴 가슴 혀

土 - 脾臟 胃 皮膚 脊椎 脇 糖尿
　　 비장 위 피부 허리 옆구리 당뇨

金 - 肺 大腸 氣管支 盲腸 痔疾 生理痛 齒牙 骨格 出血 鼻
　　 하파 대장 기관지 맹장 치질 생리통 치아 골격 출혈 코

水 - 腎臟 膀胱 生殖器 子宮 血液 耳
　　 신장 방광 생식기 자궁 혈액 귀

십간별 인체부위 <十干別 人體 部位>

甲 - 頭-두: 머리　 上位-상위: 신체위쪽　 膽-담: 쓸개
乙 - 頸-경: 목　 手-.손　 肝-간: 간장
丙 - 肩-견: 어깨　 目-눈: 안　 小腸-소장: 창자
丁 - 心-심: 가슴　 心情-심정: 마음 心臟-심장: 염통
戊 - 脇-협: 옆구리 갈비, 皮膚-피부, 胃-위: 밥통
己 - 腸-장: 창자　 腹-복: 배 속,살　 脾臟-비장: 지라
庚 - 臍輪-제륜: 배꼽부위 齒牙角質 骨:치아 각질 골 大腸-대장:
辛 - 腿-퇴: 넙적다리 精子,骨-정자 골, 肺-肺: 허파
壬 - 脛-경: 정강이 腦-뇌:머리 골 膀胱-방광: 오줌통(命門三焦)
癸 - 足-족: 발　 性器-성기, 汗- 한: 땀　 腎臟-신장: 콩팥

십이지별 인체부위 <十二支別 人體 部位>

子- 腎臟-신장, 膀胱-방광, 尿道-뇨도, 神經線-신경선, 耳-귀: 허리
丑- 脾臟-비장: 뒷목 발, 복부, 흉부,
寅- 膽-담: 쓸개,　毛髮-모발,　脈-맥, 兩手-양수: 양손,
卯- 肝臟-간장, 神經-신경, 毛髮-모발, 十指-십지: 손가락,
辰- 胃-위:밥통, 脾臟-비장:지라, 皮膚-피부, 胸-흉:가슴, 肩-견, 어깨
巳- 小腸-소장: 창자, 面-면: 얼굴, 咽-인: 목구멍, 齒-이빨, 肛-항문,
午- 心臟-심장,　目-눈, 精神-정신, 舌-설: 혀,
未- 胃腸-위장: 밥통, 口-입, 腕-완: 팔, 脊椎-척추:등뼈 膈-격:명치,
申- 大腸-대장, 肺-폐: 허파, 筋骨-근골, 齒牙-치아, 經絡-경락,
酉- 小腸-소장, 氣管支-기관지, 精血-정혈, 齒牙-치아,
戌- 胸部-흉부, 命門-명문, 脚-다리, 足-발,
亥- 膀胱-방광, 肛門-항문, 腎-콩팥, 腎-불알, 生殖器,

어찌 알리오? -<026>

간장병(肝臟病)인 것을 어찌 알 수 있었나요?
목이 극설 또는 부목 됨을 보고 알 수 있다.

木-克 洩, 浮木,

木은 인체부위로 말하자면 간담으로 만약 木이 火가 왕하여 설기가 심하면 木이 다 타버린 결과요, 왕한 금에 강하게 沖 剋 당하면 간과 쓸개에 이상이 오고 물이 왕하여 부목(浮木-떠다니는 나무)되면 부목(腐木-썩은 나무)되어 간담에 이상이 오는 것이다.

乾	丁	丙	丁	乙
命	未	午	卯	巳

위 사주는 巳午未 火局에 丙丁이 투간되어 乙卯목이 분소(焚燒)되어 간경화로 입원치료 했다. 이런 경우 甲子년을 만나면 甲목이 보였고 子午로 왕신 충을 하면 폭발 전소(全燒)되니 庚午월에 발병했단다.

乾	戊	癸	己	甲
命	申	亥	亥	子

위 사주는 財多身弱의 사주이기에 겁재 戊토를 용신해야 하는데 시간 甲목은 겁재 戊토를 극하는 상태이고 아울러 金水가 水方局을 이루고 癸水까지 透干시켜 旺水가 甲목을 浮木 시킨다. 아예 腐木으로 만드는 형국이다. 丑대운 乙丑년에 간장에 이상이 발생 병원신세를 지었다니 항상 원국에서 당하고 행운에서 나타날 때 반드시 당하게 된다는 사실을 입증한 사례이다.

1951년4월28일卯시생							
乾命	辛卯	癸巳	癸酉	乙卯			
수	9	19	29	39	49	59	69
대운	壬辰	辛卯	庚寅	己丑	戊子	丁亥	丙戌

　위 사주 주인공은 간암으로 투병 중 딸의 간이식수술 후 퇴원 현재 건강하게 지내는 사람의 사주이다. 사주원국을 보자면 巳酉합 金局을 형성하고 年干에 辛금까지 나타나서 金이 매우강하다. 다행인 것은 癸수가 상생 통기하여 젊어서는 건강에 별 문제없이 잘 지냈지만 丁亥 대운에 진입하면 丁화는 통관지신인 癸수를 沖 극으로 보내 버리게 되고 子수는 子卯 형살이 된다. 조용하던 旺金이 발동 卯木을 극하고 浮木 시킨다. 辛卯년 回甲년에 金木相爭으로 왕금의 기운에 木이 당한 결과로 나타난 것이 간암이다.

현재는 건강하지만 丁酉년을 만나면 다시 한 번 건강에 문제성이 있어 보인다. 丁癸충 卯酉 충으로 충이 겹치는 해라서 대단히 불리하다. 이 사주는 비견 癸水가 통관지신이고 金인 인성이 기신이다. 丁화가 癸수를 충 극하면 통기시키는 역할을 못하게 되고 酉금은 卯목을 강하게 극하게 된다. 각별히 조심하지 않으면 재발한다.

　위 사주는 네 기둥이 모두 극하는 관계로 구성 되고 있으며 卯목이 상한 상태의 명조로서 평소 간질환으로 고생을

많이 했다고 한다. 丙辰대운 乙亥년에 결국 간질환으로 사망하였다고 하는데 사주원국 자체도 문제이고 운에서 금국을 형성하고 乙亥년은 乙辛 상충에 亥卯未 木국을 만드니 金木 相戰의 결과라고 보면 된다.

1946년08월14일 午시생							
乾命	丙戌	丁酉	丙戌	甲午			
수	5	15	25	35	45	55	65
대운	戊戌	己亥	庚子	辛丑	壬寅	癸卯	甲辰

　위 사주의 주인공은 결혼도 못하고 독신으로 살다가 10여년전에 심근경색으로 대수술 후 몇 년 동안은 건강하게 살더니 간암으로 乙未년에 사망한 사람의 명조이다. 사주가 불바다인 것으로 보아 財가 고립되어 결혼도 못했고, 火氣 太旺하여 혈관이 문제이더니 급기야 乙未년을 만나 乙木 간이 녹아 없어짐은 未토가 戌未 형으로 건드림이 있어서였을 것이다.
　위 주인공은 丙戌년이 丙戌일을 만나서 백호의 기운이 강하여 청년기 군은 보안대출신이었고 사회생활은 언론계에서 근무하다가 정치에 꿈을 안고 정계에 입문하였으나 빛을 보지 못하고 말았다.
　대운의 흐름을 살펴보자면 청년기 북방水운은 뜨거운 사주에 좋은 운이고 동방木운으로 들어서면서 불난 집에 부채질 하니 되는 일이 없더니 癸卯 운에 일시적으로 好氣를 만나 蓄財하고 잘 살다가 甲辰대운에 들어서면서 得病하여 고생하더니 결국 乙未년에 세상을 떴으니 이 모두 운명의 장난 같은 것이 아닐 수 없다.

어찌 알리오? -<027>

심장병(心臟病)인 것을 어찌 알 수 있었나요?
火가 극약 또는 태왕 함을 보고 알 수 있다.

火가 水나 土에 극루(克漏)되거나 火태왕하면 심장병 있다.

| 坤命 | 壬午 | 壬子 | 丁巳 | 丙午 |

 위 사주는 3水 5火로 水와 火가 막상막하로 싸우는 형상인데 木이있던지 운에서 만나면 통기시켜 좋아지는데 운에서도 만날 수없는 형상입니다. 이런 경우 평생 동안 건강문제로 고민하며 살아가게 된다. 위 사주의 주인공도 戊申대운 戊午년에 심장에 이상이 발생하여 병원신세를 지었다고 한다. 申운은 申子水局으로 水가 왕 해 지고 戊午년 운은 午화가 旺火를 子午충으로 충동질하니 왕신충발로 발병하게 된 것입니다. 火는 심장이고 水는 자궁으로 두 곳 다 문제가 될 수도 있다. 庚戌대운 甲辰년에 산액으로 고생했다고 하는데 그때의 운세는 午戌火局과 子辰 水局으로 旺火와 旺水가 상전(相戰)한다는 의미도 있지만 辰戌토가 水를 강하게 극하여 신장방광에 문제 발생 산액으로 변한 것이다.

| 乾命 | 丁巳 | 癸丑 | 丁卯 | 庚子 |

 위 사주는 오행은 모두 갖추었지만 합 충 형이 많이 연결된 팔자로서 이런 경우 건강에 이상이 발생 할 수 있다. 子丑合水局에 癸수가 월간에 나타나서 심장 丁화를 丁癸 충

으로 沖 剋한다. 자수는 官印相生해 주어야 하는데 형살로 오히려 문제를 발생 시킨다. 戊申대운 壬寅년에 심장병 발병했다는데 戊癸합 巳申합으로 去했다. 壬寅년 운은 壬수가 丁화를 묶고 寅목은 寅巳申 삼형을 만든다.

1953년6월26일寅시생							
乾命	癸巳	己未	戊子	甲寅			
수	10	20	30	40	50	60	70
대운	戊午	丁巳	丙辰	乙卯	甲寅	癸丑	壬子

위 사주의 주인공은 甲午년에 발병하여 乙未년에 사망했다는데요, 사주원국이 조열하고 조화롭지 못하다. 未월에 戊토로 癸수와 子수가 있다 해도 고립되어 힘을 발휘 하지 못한다(金이 없다)己未월의 戊토로 甲寅목을 쓰려고 해도 巨木으로 키울 수 없으니 평생 좋은 직장 못 가졌을 것이고 대운마저 20대 후반까지 남방火운이었으니 공부도 인수 기신으로 좋은 공부 못되어 못 배웠고 寅巳 형살 걸려 청소년범죄로 감옥도 갔다 왔고 30대에서 59세까지 30년 운이 동방木운이어서 구신 운으로 되는 일없이 허송세월 하더니 甲寅대운 말에 심장판막증이란 병을 얻어 고생하다가 폐암까지 득병하여 甲午년 병석에 누워 지내다가 乙未년에 사망하였다. 甲午년 운은 편관칠살 甲목이 극성을 부리면서 午화는 巳午未로 남방火국을 형성하여 화기충천(火氣衝天)한 상황이고 乙未년 운 역시 조토(燥土)로 황폐한 땅이 되었고 재성 水를 강하게 극하여 사망에 이른 것이다.

| 乾命 | 乙卯 | 乙酉 | 辛酉 | 戊子 |

위 사주는 선천적 심장병환자의 명조이다. 金과 木의 세력이 비슷하다. 그러나 子수가 통기시켜 싸우지는 않는다. 다만 火가 원국에 없기도 하지만 들어와도 맥을 못 추는 형상이라 화결(火缺)로 심장이 약하다. 지지에서는 子卯형 子酉파로 깨졌다. 사주 구성면에서 乙辛 충이 쌍 충을 먹고 卯酉 충 역시 쌍 충을 하면서 子卯 형을 하니 팔자가 드세다. 지지의 왕지 도화 충이라서 충 형의 강도가 세다.

1970년03월24일申시생				
坤命	癸酉	丙辰	丙寅	丙申
수대운	7	17	27	37	47	57	67
	丁巳	戊午	己未	庚申	辛酉	壬戌	癸亥

위 사주의 주인공은 47세(당시2016년)의 청년기 여자입니다. 천간에 3丙火가 일지寅목의 생을 받아 강합니다. 비록 월시간의 丙화는 약하지만 일간 丙화의 득지로 강하다 말할 수 있습니다. 심장병은 火가 약해도 강해도 病이라 했습니다. 선천적으로 타고난 것이 아니라 운의 작용에 의하여 발병한 상태로 보아야 합니다. 실제상황이 그랬답니다. 생후 몇 년은 건강했는데 성장하면서 심장판막증으로 득병했다고 하는데 운세가 26세까지 남방화운으로 흘러 화기가 팽창되는 운이었던 것입니다.

	甲	壬	丙	己
乾命	午	申	申	亥

위 사주는 丙화가 약하다. 년간 甲목에 의지하려 하지만 시간 己토가 묶어 도와주지 못한다. 丙子대운 역시 者수가 년지 午화를 또 충 하면 천하의 丙화라도 맥을 못 춘다. 辛巳년에 辛금이 다시 丙화를 묶고 巳화는 巳申 형에 巳亥 충을 하므로 심장병 수술을 했다고 한다. 그래서 火가 심약해도, 태강해도, 심장병이 발병 할 수 있다. 丙화의 상태를 다시 한 번 살펴보자면 丙壬 충으로 깨졌고 己토가 甲己 합을 하기도 하지만 丙화의 상관성으로 회기무광(晦氣無光)시켜 허약한 丙화로서 운이 나쁠 때는 심장에 득병가능하다.

<심장병과 소장>

火의 운기로 형성된 심장과 소장은 火의 본성을 그대로 나타낸다. 火는 성장과 변화를 주도한다. 심장은 정맥혈인 간혈(肝血)과 허파의 산소인 기(氣)를 화합시켜 동맥혈로 변화시킨 다음 전신에 공급하는 작용과 역할을 전담한다. 허파는 오행상 金에 속하고 산소와 기를 공급하듯이 간은 오행상 木에 속하고 혈액을 생산 공급한다. 氣는 陽이고 血은 陰이다. 음과 양은 서로 의지하고 상생하는 불가분의 천생배필이다. 혈은 산소를 얻어야만 숨을 쉬고 살 수 있듯이 산소인 기는 혈을 얻어야만 움직이고 살 수 있다. 혈은 산소가 부족하거나 허약하면 숨을 쉴 수 없는 동시에 꼼짝 할 수가 없고 마침내 질식해 죽는다. 기를 얻은 혈은 숨을 쉬고 활발하게 순환 할 수가 있는데 기를 얻지 못한 혈은 전기를 잃은 기계처럼 그대로 멈추고 마비된다. 피가 멈추고 상하면 변질하는 어혈과 상한 혈과 죽은 사혈은 하나같이 기 부족에서 발생하는 양상이요 증이다, 이를 다스릴 수 있는 것은 기를 보완 하는 것뿐이다.

어찌 알리오? -<028>

> 눈(眼目)에 문제 있는 것을 어찌
> 알 수 있었나요?
> 火가 旺 또는 태 약 함을 보고 알 수 있다.

火가 심히 왕 하거나 심히 약하면서 형이나 충을 하였다면 눈에 문제가 있게 된다.

火는 안목으로 보고 火가 왕 하면 시력이 강한 광선에 상한 결과요, 광선이 약하면 어두워 못 보는 것과 같은 의미로 생각하면 된다. 火의 刑 沖 合은 눈의 변형을 보는 것이다.

　요점정리
<1> 丙辛 合 되거나 壬癸 水에 破克 될 경우
<2> 丁壬 合 되거나 壬癸 水에 破克 될 경우
<3> 寅中 丙火가 寅 申 충으로 破克 될 경우
<4> 丁壬 合 되거나 壬癸 水에 破克 될 경우
<5> 未戌中 丁화를 형 충 할 때는 모두 안목에 이상이 발생한다.

위 사주는 丁火가 亥水 절각(截脚-끊어지고 밟았다)되고 丁壬 합으로 거(去-갈 거)시켜 火가 약하므로 선천적인 눈병환자이므로 애꾸눈이거나 봉사일 것이다. 위사주주인공은 애꾸눈의 소유자이다.

乾命	丙	戊	壬	辛
	子	戌	申	亥

위 사주는 丙火가 눈인데 丙辛 합 丙壬 충으로 合 去 沖 去되고 子水 殺地에 앉아 무력하고 戌土 卯지를 깔아 힘이 없다. 이런 경우 눈이 문제가 발생 할 수 있다.

乾命	己	丙	乙	丁
	丑	子	酉	亥

위 사주는 亥子丑 水方局을 이룬 사주로 水가 왕하여 火가 극을 당하기도 하지만 丙丁火가 子수와 亥수위에 앉아 약하다. 그런가하면 子酉 파살로 충동질 하니 발동하여 발병 하게 된다.

乾命	丙	戊	甲	丁
	戌	戌	戌	卯

위 사주는 火기가 충천한 사주이다. 火가 왕하여 광선이 지나치게 강해도 오히려 사물을 볼 수가 없다. 이 사주는 丙丁화가 천간에 뜨고 지지는 火庫地 戌土를 3개나 놓고 卯戌 合火하여 불이 강하기도 하지만 회기무광(晦氣無光)이라 하여 丙丁화는 지나친 戌戌토를 만나면 그믐밤 같이 깜깜하다하여 맹인이 될 수 있다. 이 사주의 주인공도 앞을 못 보는 맹인의 사주이다.

乾命	己	庚	戊	戊
	酉	午	午	午

위 사주는 戊토에 午화가 양인 살이다. 양인 살이 사주에 3개 이상이면 귀 먹 어리 농아 맹인이라 하였는데 이 사주는 양인 午화 火勢가 너무 강하여 生金도 안 되고 3火 양인이 자형을 하고 丙寅대운에 실명하였다고 한다. 丙寅대운이면 丙화가 寅목을 달고 들어와서 寅午火局을 이루니 火기가 하늘을 찌를 듯하다. 이 사주는 대운의 흐름도 좋지 않다. 초 년 운부터 火木운으로 흘러 불난데 부채질하는 형상으로 불기운이 천지사방에 떨쳐 건강에 불리하다 이런 경우 혈관 계통인 혈압 심장 소장에 문제 발 생 할 수 도 있는 사주이다.

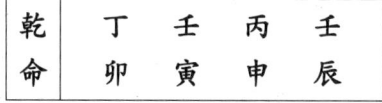

乾命	丁	壬	丙	壬
	卯	寅	申	辰

위 사주는 합 충이 많은 사주로 火가 맥을 못 춘다. 丁壬합, 丙壬이 좌우로 충하고 寅申 충으로 寅中丙화를 沖去 시켰다. 寅卯나 申辰으로 합의 성정도 강하다. 그래서 맹인이 된 사주의 사례이다.

눈이 병든 것과 실명은 차이가 있다. 실명(失明-맹인)은 화가 철저히 파 극됨을 보고 알 수 있다. 안목(眼目)에 이상은 화가 파 극 되어도 어딘가에 조금은 火 의 기운이 남아 있지만 맹인의 경우는 화기가 전혀 남아있지 않은 차이점이 있다.

乾命	丁	丙	壬	辛
	未	午	午	亥

 위 사주는 야맹증의 환자의 사주이다. 야맹(夜盲)이란 밤눈이 어두운 사람을 말하는데 위 사주도 火기가 태왕하다, 그러나 丁화는 壬수에 묶이고 丙화는 辛금에 묶여 合去 된 상태다. 午中丁화는 亥中壬水와 암합 合去로 불빛이 맥을 못춘 사주로 밤만 되면 소경이 된다.

乾命	壬	壬	丁	辛
	寅	寅	丑	亥

 위 사주는 색맹인 환자의 사주이다. 水의 기운이 왕하여 불이 꺼진 상태다. 천간에는 쌍 壬수가 나타나고 지지에는 亥丑이 方合한 상태에서 시간의 辛금이 生水 하니 水氣태왕이다. 寅中丙火가 암장 되어 있어도 水기태왕으로 生火를 못한다.

 위 사례들에서 열거 했듯이 안목이상은 애꾸눈 사팔뜨기 야맹증 색맹증 난시 실명 등의 여러 가지로 구분 할 수 있다. 화기가 완전 소진 된 상태는 맹인이고 어딘가에 화기가 남아있다면 맹인은 면한 상태로 보아야 한다.

어찌 알리오? -<029>

위장(胃腸病)에 문제 있는 것을 어찌 알 수 있었나요?
土가 木에 극 당하거나 水多土崩 됨을 보고 알 수 있다.

土가 旺木에 극 당하거나 왕수에 붕괴 되면 위장병 발생인데 금이 왕하여 설기가 심하거나 火多土燥 해도 위장병이다.

乾	乙	甲	丙	戊
命	未	申	子	子

위 사주는 未토는 甲乙목에 극 당하고 申금 상관에 극설 당하고, 戊토는 水왕에 붕괴로 무너질 상태다. 더 심한 건은 申子 水局이다. 수다토붕상태다 그러므로 소화불량 이 발생한다. 己卯 戊寅대운에 여러 번 병원신세를 졌다고 한다.

1978년 음10월23일戌시생							
坤命	戊午		癸亥		己丑		甲戌
수	5	15	25	35	45	55	65
대운	壬戌	辛酉	庚申	己未	戊午	丁巳	丙辰

위 여인은 초겨울인 해(亥月)월의 기토(己)라는 전답토인 흙으로 태어났습니다. 겨울철 생이라서 水기운이 강하여 조후 신인 불도 필요하지만 사주구성이 편고 되어(4토에 甲己 合土 까지 합하면 5토에 1火 2水)土가 病이고 약(藥)이 木인데 木은 없

어졌고 金도 없으니 병은 중한데 약이 없는 형국입니다. 다행이도 30대중반까지는 서방 金운으로 흘러 무난하게 살아왔을 것이나 35대운인 己未 운은 2土가 합세하니 7土가 되어 병이 아주 중합니다. 이런 운에는 건강에 유념해야합니다. 특히 己丑 월인 이달이 문제인데요, 얼마 남진 않았지만 조심해야겠습니다. 별일 없으셨는지요? 라는 물음에 일이 생겼습니다. 무슨 일인가요? 라고 재차 물었더니 위암판정을 받았는데 갑작스러운 일이라서.... 집은 목포인데 서울대 병원에서 암 판정을 받고 수술까지는 2개월 정도 기다려야 한다기에 낼 아산병원으로 가보려고요, 라는 대답을 들어 금년 운세와 앞으로의 운을 살펴봐야 할 것 같습니다.

丙申년운은 丙화 태양은 조후용신이기도 하지만 인성이라서 좋습니다. 다만 申금은 설기신(泄氣神)으로 불리할 것은 없지만 육친 상으로 상관 운이라서 어차피 수술 수 있네요, 그리 말하는 해입니다. 2016년02월18일 날 서울대 병원에서 수술 날짜 잡혔다기에 일진을 봤더니 庚午날입니다. 庚금도 상관으로 이런 날 수술하면 午화 인수가 도와서 결과가 좋습니다. 일단 수술 후 회복이 빨라질 것입니다. 현재 庚寅월 庚午일이니 庚금 칼로 수술하면 寅午戌 삼합으로 귀인인 인성을 만들기에 좋다고 하는 것입니다.

 이름은 몸에 맞는 옷을 입히는 것과 같습니다. 몸에 맞는 좋은 옷은 어울리고 폼이 나듯이 이름을 사주의 격에 맞게 잘 지어주면 무병장수 하고 성공도 지름길 같이 빠르게 성취됩니다. 그래서 이름은 사주의 그릇에 맞추어 지어야 하는 것입니다. 이 여인을 도와주는 숫자는 4자와 9자이며 재물 숫자는 1자와 6자 되는데 이 숫자를 행운의 숫자라고 합니다. 이 수는 통장 비밀번호나 핸드폰 번호 등 일상생활에서 사용하는 비밀번호로 조합해 쓰면 복을 받아 막힘없는 삶을 살아가게 됩니다. 현재의 "崔 美 玉"이라는 이름은 사주와도 맞지 않고 이름공식에도 부적합하므로 "崔 廷 瑗"으로 개명할 것을 추천하는 바입니다. 최 정 원의 자원 오행이 반드시 필요한 약의 신인 木과 기쁜 신인 金이 들어간 이름입니다.

앞으로 己未대운의 흐름이 썩 좋지 않아 심신의 고통은 있겠으나 점점 회복될 것이고 45세 戊午대운으로 바뀌면 무난한 운이고 2017년 丁酉 닭 띠 해도 좋은 것으로 보면 희망은 있습니다. 앞으로 삶의 패턴도 바꾸고 습관도 바꾸고 이름까지 바꾼 다면건강해지고 만사여의형통 할 것입니다.

　　　이런 사주를 가진 사람은 木신이 약신 이므로 나무와 인연 있는 삶을 살아야 합니다. 집안에 나무심고 화초 목 기르고 청옥색이 이로우며 녹즙이 사주에 맞습니다.

그 후로 한 달여 지난 3월 남편에게서 전화가 왔습니다. 아내는 광주 암환자 전문요양병원에서 항암하며 회복중이라 면서 아내의 소개로 광주에서 두 명의 여자가 필자를 찾아 온다는 것입니다. 3월 23일 두 여인이 상담 차 방문 하였는데 그 여인은 갑상선 암 환자로 항암치료중인데 갑상선 편에서 소개 하겠습니다.

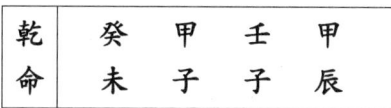

위 사주는 未토와 辰토가 맥을 못 추는 형국이다. 未토는 수다토붕(水多土崩)되고 辰토는 甲목에 강 극 당하기도 하지만 子辰 合水 로 庚申대운 甲子년에 위장과 간장에 발병 병원신세를 지었다고 한다.

乾命	丁	乙	辛	壬
	酉	巳	卯	辰

위 사주는 辰토가 火왕절의 巳화의 생을 받아 건재 할 것 같아 보이지만 巳화는 巳酉로 합금되어 土를 설기 시키고 卯목은 剋土 하고 丁火는 丁壬 合木 忌神 되고 乙목고 辛금 역시 辰토에는 기신이라서 庚子대운 甲申년에 甲목이 극하고 申子辰水局 붕괴(崩壞)되어 土가 유실되니 급기야 위암으로 발전 암 수술 받았다고 한다.

위 사주도 사주팔자가 합 충이 안 걸리는 글자가 없이 구성된 사주로서 삶이 고달프고 건강도 문제발생 등이 있게 되는 명조이다. 〈丁壬합, 乙辛충, 巳酉합 卯酉충, 卯辰합 등으로 여덟 글자가 다 걸린 경우이다.〉

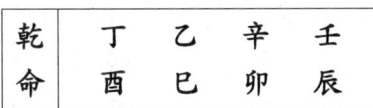

1944년11월25일丑시생					
乾命	甲	丁	丁	辛	
	申	丑	丑	丑	
수	9	19	29	39	49	59	69
대운	戊寅	己卯	庚辰	辛巳	壬午	癸未	甲申

위 사주는 3丑土가 문제입니다. 丑월丑일丑시니 꽁꽁 얼어붙은 사주지만 운이 동남방 木火운으로 흘러 그동안 별 큰일 없이 잘 살았습니다. 그런데 甲申대운에 들어서면서 문제가 발생합니다. 申은 金이고 丑은 金의 庫支입니다. 金이 또 얼어버리네요, 金은 폐와 대장에 문제발생 할 가능성이 많습니다. 그렇다면 癸未대운도 썩 좋지 않은 운이었지요, 丁癸충에 丑未가 충을 하면 土에 문제가 발생하게 되는데

그 이유는 원국의 丑3土에 未토까지 모이면 4土가 되고 丑未가 충을 하면 충은 발동이라 土가 발동되므로 土는 위로 보아 위에 문제가 발생 할 수 있는데 실제로 본인은 어떠했는지가 궁금합니다. 壬辰년에 위암 수술하고 잘 살아왔는데 甲午년 丁卯월에 대장에 암이 발견 되어 또 수술 했답니다. 이 무슨 운명의 장난으로 대 수술을 두 번씩이나 하는 팔자인가요, 乙未년도 좋아 보이질 않습니다. 乙辛충 丑未충으로 연결 되는 운세라서 말년이 별로 좋지 못한 것은 세운도 문제지만 대운에서 이미 기우러지는 운이어서 장담 못하는 명조로 보는 것이지요, 이와 같이 조후 또한 무척 중요합니다. 그래서 亥子丑월 생이나 巳午未 월생은 사주원국을 잘 살펴 조후를 써야 한 다는 것입니다.

[문] 甲午년에 대장암 발병과 수술한 이유를 설명해주세요,
[답] 발병은 甲午이아니라 전년인 癸巳년으로 보아야 합니다. 癸巳라는 오행을 만나면 丁癸가 상충되고 巳申형을 만들고 합으로도 연결 되는데요, 酉금을 협공시켜 巳酉丑 金局을 형성하게 됩니다. 형은 수술 막힘 발병 답답함 등으로 보고 충은 변화 불안 초조 등으로 보아 불리한 해였습니다. 시작은 癸巳년이고 결과는 甲午년으로 보았을 때 시작은 대단히 불리요, 흉했지만 결과는 좋다 로 보아야 합니다. 甲木은 制土하고 午화는 金을 극하면서 차가운 기운을 녹여주면 좋은 결과라 말할 수 있습니다. 운이 좋아 별 탈 없이 건강해 질 것입니다.

1981년10월11일10시생			
乾命	辛酉	戊戌	己丑	己巳

수	10	20	30	40	50	60	70
대운	丁酉	丙申	乙未	甲午	癸巳	壬辰	辛卯

 운명은 재천이라더니 본명조의 주인공이 태어난 날이 입동 날인데 입동입시가 21시 09분인데요, 10시에 태어났으니 입동입전이라 戊戌월로 보아야 합니다. 만약 己亥 월이었다면 이런 운명은 아니었을 것인데 아쉽지만 운명인 것을 어찌 하겠습니까? 두 딸을 둔 애기 아빠로 둘째 딸을 낳기 전인 甲午년에 위암으로 사경을 넘나든다니 안타깝기 짝이 없습니다. 사주를 기록하고 보면 무엇인가 보이는 것이 있습니다. 큰 문제없이 잘 살아갈 것 같은 명조가 있는가하면 무엇인가 불안해 보이는 명조도 있습니다. 이렇게 편고 된 사주들은 분명히 무엇인가 문제가 있습니다. 무엇이 문제인가를 찾아야 하는 것이 역술인들의 임무입니다. 본 명조의 사주팔자는 土가 많은데 그것도 견겁(肩劫-비견과 겁재가 섞여있음)으로 또한 火까지 있으니 이름 하여 화토중탁(火土重濁)이라 볼 수 있으나 다행히도 식신 辛酉가 설기하여 중탁이라 말하기는 어렵겠지만 이런 경우 운이 안 좋을 때 득병하게 되는데 반드시 소화기능인 위가 된다. 위암이라니 당연하다는 말이 나올 법하다. 甲午년을 맞이하면 甲목이 소토(疎土)해주길 바래지만 시상 己土가 잡아다(甲己合) 논바닥에 쓰러트려 甲목 역할을 못하게 하고 오히려 火土중탁으로 병을 만들게 되는 것이다. 乙未년 운세를 살펴보자면 乙木은 칠살이고 未土는 丑戌未 삼형살을 만듭니다. 이런 운일 때 사망할 운이 됩니다.

어찌 알리오? -<030>

피부병(皮膚病)이 있는 것을 어찌 알 수 있었나요?
약한 土가 金木에 극설 되거나 水多土崩 됨을 보고 알 수 있다.

土를 피부로 보고 극설 되어 허약하거나 水가 왕 하여 土崩 되거나 土燥해도 피부병이다. 모든 질병은 오행의 부조화로 발생한다.

坤命	癸	己	癸	乙
	卯	未	丑	卯

위 사주는 식신 木이 강한 사주로 현재 운이 癸亥 운으로 癸수는 水生木으로 木기를 강하게 하고 亥수는 亥卯未 三合 木局으로 木星이 강합니다. 특히 乙木이 천간에 나타나서 丑未土를 극하니 피부가 문제입니다. 얼굴이 흉할 정도로 여드름투성이 랍니다.

坤命	己	庚	己	甲
	未	午	巳	子

위 사주도 몇 가지 특성을 가지고 있습니다. 화토중탁(火土 重濁)이라고 볼 수 있으며 년 월 일지에 巳午未 火局을 형성 해서 매우 조열한 사주로 구성 되었습니다. 財官이 약한 편 고 된 사주로 미혼여성인데 아토피성피부염으로 많은 스트 레스를 받고 살아간답니다. 壬辰년에 사귀던 남자마저 떠나 고 외롭게 재택근무 한다네요.

[문] 왜 아토피성 피부염이 있는 팔자일까요?
[답] 사주가 편고된 것이 큰 원인이고요, 午월의 己토가 년

일지에 未巳 火土를 놓아서 조열한 己土로 土는 피부로 보아 피부병 조심해야 하는 팔자입니다.

[문] 왜 壬辰년에 남친이 떠났을 까요?
[답] 사주 구성이 문제입니다. 시간 甲목과 己토가 합을 이루고 있는데 년상의 己토가 호시탐탐 甲목을 빼앗아 가려고 눈독을 드리고 있답니다. 결혼성사가 잘 안 되는 팔자지요, 이런 사람에게는 애인 만나러갈 때 친구와 같이 가지 말라고 하지요, 잘 못하면 친구 己토에게 내 남자 甲목 빼앗기는 형상이거든요. 壬辰년은 己토 탁임(濁壬)이라 해서 매사 불성인데요, 辰中乙木 내 애인이 월간庚금하고 암합해 가버렸습니다. 몇 월 달이냐고 물어보면 9월 庚戌월 이라고 말하지요. <庚戌은 상관이 刑을 먹으므로 土가 충격을 받아 흔들리므로 이별, 이혼이 잘되는 달이다>

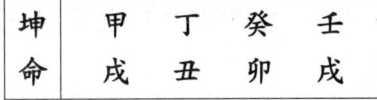

| 坤命 | 甲戌 | 丁丑 | 癸卯 | 壬戌 |

위 사주는 甲목이 천간에 뜨고 丁壬合木으로 木이 화출(化出)되어 木성이 강하다. 더욱이 辛未대운 卯未木局으로 剋土하니 丑戌未 삼형살이 발동 피부병이 발생한다.

| 乾命 | 乙未 | 己卯 | 丁卯 | 辛亥 |

위 사주는 亥卯未 木局을 형성하고 乙목이 투 간하여 土를 극하니 己토가 칠살에 파 극되었다. 시간에 辛금이 있어 그래도 木을 견제 했었는데 丙子대운에 丙화에 묶이고 子卯 형까지 하여 위도 피부도 다 안 좋다.

어찌 알리오? -<031>

> **폐에(肺)질병이 있는 것을 어찌 알 수 있었나요?**
> 약한 金이거나 태강한 金을 보고 알 수 있다.

金은 폐로 기관지 기능이 되는데 심히 약하거나 너무 강하면 폐에 병이 발생한다. 金寒 水冷도 동일하다.

乾命	己	丙	乙	丁
	卯	寅	酉	亥

위 사주는 木이 강한 寅월의 乙목이 寅亥 亥卯로 木局이 형성 되고 일지 酉금은 卯酉로 상충되고 酉금은 木火에 고립 된 상태다. 年干 己토는 무력하고 원격절지라서 酉금을 돕지 못 한다. 辛酉대운에 辛금 상관용신이 丙화를 合去 시키고 왕신을 충격하니 金이 破克 되어 폐에 병이 발생한다.

乾命	己	丙	庚	丙
	卯	子	寅	子

위 사주는 칠살 丙화가 월 시간에 나타나서 극하고 己토 인수는 剋土 당하여 庚금을 돕지 못하고 허약한데 辛未대운을 만나 庚금은 겁재의 도움과 未토 정인에게 기대보지만 辛금은 丙辛 합으로 묶이고 未토역시 亥卯木局을 형성하여 지칠 대로 지친 庚금이라 폐결핵으로 고생했다고 한다.

| 乾命 | 丙戌 | 癸巳 | 己酉 | 丙寅 |

위 사주는 巳월 생으로 年과 시간에 兩 丙화가 나타고 寅戌이 반합 火국 하여 巳酉합금은 불발로 합만 했을 뿐 合化가 성립 되지 않아 火成局에 金이 약해졌다. 辛亥대운 乙酉년에 폐암으로 사망 했다고 한다. 辛금은 丙辛 合去되고 亥수는 巳亥 충으로 충격파를 주어 왕신이 충발하였고 酉금은 자형이라 생을 마감한 것이다.

망자. 1946년05월01일午시생

| 乾命 | 丙戌 | 癸巳 | 乙巳 | 壬午 |

수	2	12	22	32	42	52	62
대운	甲午	乙未	丙申	丁酉	戊戌	己亥	庚子

위 사주는 필자의 친구로 丁亥년 乙巳월에 폐암으로 사망한 사람의 사주이다. 4월의 乙목이 丙화를 투출시켰고 지지에는 巳午화가 戌토와 火국까지 형성하니 지지는 불바다라서 乙목 간(肝)도 다 타 벼렸고 관성인 金은 원국에 없지만 화기충천으로 金이 맥을 못 추는 형상이라 근본적으로 폐가 약한 사람이다. 火가 병이고 水가 약신 인데요, 金이 없어 약인 水가 맥을 못 추는 형상입니다. 申酉戌 金대운에는 약신(藥神)을 도우는 운이라 무난히 살았을 운이다. 42세 戊戌 대운에는 용신 水가 극상(剋傷)되는 운이라 별무소득 이었을 것이다. 그러므로 백수생활을 했고 52세 대운인 己亥대운에 연극영화인 협회 편집국장으로 발탁되어 5-6년간 근무하더

니 62세 庚子대운에 접어들면서 丁亥년 乙巳월 庚戌일에 폐암으로 사망했다. 丁亥년은 巳亥 충으로 왕신을 충 하여 火가 발동이 걸려 폐인 金을 강하게 극한 결과요, 庚戌일은 庚금이 나타났으나 乙庚 합으로 갔고 戌토는 火庫지로 午戌火局을 형성하면서 불바다를 만드니 어찌 죽지 않고 버틸 수가 있었겠는가, 이 사람은 지지에 巳午 3火를 놓고 丙火를 투출시켜 火氣太旺하여 壬癸수가 月時上에 떴어도 金이 없으므로 무근(無根)한 상태라서 壬癸수가 맥을 못 추는 형상으로 제화(制火)가 잘 안 된 명조이다.

火기가 이렇게 하늘을 찌를듯하니 술도 잘 마셨고 답답해서인지 술 담배를 달고 살았다, 필자도 친구인 이 사람의 폐암으로 사망한 것에 충격 받아 40여년간 피우든 담배를 단칼에 끊고 살아 온지 벌서 10년이란 세월이 흘렀다.

1957년08월28일亥시생					
乾命	丁酉	己酉	丙申	己亥	
수	4	14	24	34	44	54	64
대운	戊申	丁未	丙午	乙巳	甲辰	癸卯	壬寅

위 사주는 상관생재(傷官生財)하는 팔자지만 丙화가 양己토에 설기되어 무력한데 의지할 곳은 연간 겁재 丁화지만 고립된 丁火가 도울 힘이 없으니 돈 번다고 잔머리 굴려보지만 만사허무지상이라서 되는 일이 없다. 2土 3金에 金이 태강하니 金에 문제 발생 할 팔자이다. 癸卯대운에 폐에 종양 있어 수술하고 회복중이랍니다. 천하의 丙화라도 회기무광(晦氣無光)이니 빛으로서의 역할이 전무하고, 재다신약(財多身弱)에 상관성이 강하니 돈 번다고 헛 다리만 계속 집고 살았

을 것이다. 다행이도 대운이 남방火운에서 동방木운으로 잘 흘러서 그럭저럭 살아가지만 癸卯 대운 말에 戊戌년을 만나면 식신성이 발동하면서 건강에 문제 될 소지가 크다. 어차피 이 사주의 주인공은 사주대로 운대로 살다 갈 팔자라고 보아야 한다.

1947년윤2월13일酉시생						
乾命	丁亥	癸卯	癸丑	辛酉		
수	10	20	30	40	50	60	70
대운	壬寅	辛丑	庚子	己亥	戊戌	丁酉	丙申

위 사주는 水기가 강하여 酉금이 약하다 도와주는 土는 없고 卯酉가 상충하니 金이 허약한 상태이다. 癸巳년에 후두암 수술 받고 폐로 전이되어 고생하더니 丙申대운 丙申년을 만나면서 병이 악화되어 丙申년 壬辰월 己卯 일에 사망하였다.(金이 폐요, 목: 목구멍이 巳인데 癸巳년에 후두암 발병-巳酉丑 金化)

丙申년 년 운부터 살펴보자 음습한 명조라서 丙화가 반드시 필요한데 丙辛 合去 됐다. 아주기분이 안 좋다. 병이 악화 된 辛卯 월을 살펴보자, 卯酉 충으로 酉금이 상한다.(木왕절 이라서 木이 金보다 강하여 金이 상하는 것이다)그래서 병이 더 악화 된 것이다. 壬辰월도 대단히 불리하다. 水庫지인 辰토를 겁재 壬수가 달고 들어온 달이다. 물이 강해지지만 癸수 입장에서는 墓지이니 힘이 없다, 사망한 己卯일은 己토가 칠살이고 卯목은 卯酉충거되니 기진맥진한 癸수가 죽을 수밖에 별 도리가 없다.

위 망인과 필자는 불교대학에서 법우로 만난 사이이다. 평소 서로존중하고 존경하며 살아온 친지인데 丙申년 1월20일

손자 작명관계로 필자사무실에 들렸다 간 후로 바빠서 몇 개월 동안 연락도 못해보다가 불현듯 이상한 느낌이 들어 己卯일에 전화를 했더니 본인이 받지 못하고 처가 받아 辛卯월에 입원하여 식사도 못하고 말도 안 나와 응급처치로 영양식을 넣어주는 상태라며 말도 못하고 글로 "김동환 내 생명?"이라고 글로 적어 놓아서 그러지 않아도 연락드리려고 했다는 말에 가슴이 메어지는 것 같았다. 그런데 그날 바로 운명했다니 인명은 재천이라지만 이럴 수가 있을까 하는 마음에 걸림이 많았다. 살아생전에 찾아보지 못하고 영정 앞에 무슨 말을 해야 할지 가슴이 아프다.

<허파와 대장>

 허파와 대장은 金의 장부이다. 金은 거두는 것을 전담하듯이 허파와 대장은 거두어드리는 작용을 전담한다. 허파는 대기에서 산소를 거두어 드리는 기의 생산을 전담한다. 허파는 코를 통해서 숨을 쉰다. 대기에서 산소를 섭취하려면 인체에서 생산 되는 혈기인 종기를 지불해야 한다. 종기와 산소를 교환 하는 무역의 통로요 시장이 곧 코다. 허파가 왕성하면 산소의 생산이 왕성하고 허파가 허약하면 산소의 생산이 부진하고 부실하다. 허파가 왕성 하냐, 허약하냐는 타고난 金의 운기가 왕성 하냐, 허약하냐에 달려있다. 金의 운기가 왕성하면 허파의 기능이 왕성하고 반대로 허약하면 허파의 기능 역시 허약하다. 허파는 대기에서 섭취한 산소를 갈무리하는 동시에 심장이 필요한 만큼 공급한다. 심장에 공급된 산소는 간에서 공급된 혈액과 화합하여 동맥혈이 되고 전신에 공급한다. 동맥혈은 허파의 기와 간혈이 한 쌍의 부부가 됨으로서 형성된다. 간혈을 에너지화 하는 것이 허파의 기다. 기는 쉴 새 없이 움직이고 소모된다. 기가 탕진되면 動脈血은 靜脈血로 변하고 심장에 다시 돌아가서 허파의 기를 얻어야만 동맥혈로 부활 할 수 있다. 허파의 기와 간의 혈은 불가분의 상생관계로서 한순간도 떨어질 수가 없다. 합치면 살고 헤치면 죽는다.

어찌 알리오? -<032>

대장(大腸)에 질병이 있는 것을 어찌 알 수 있었나요?
역시 약한 金이나 태강한 金을 보고 알 수 있다.

대장 질병도 폐와 같이 금이 심히 약하거나 너무 강하면 대장에 발병하는데 폐는 오장에 속하고 대장은 육부에 속하기 때문이다. 그러므로 맹장이나 변비 치질도 대장의 질병에 속한다.

乾命	甲	己	丙	庚
	申	巳	子	寅

위 사주는 火가 강한 巳월의 丙화로 己토는 甲목이 묶어 生金도 못하고 시간 庚금은 寅木절지에 앉아 무력하고 申금은 寅巳申 삼형을 하고 있어 약할 대로 약해졌고, 乙亥 대운을 만났으니 庚금 또 乙庚 합으로 合去 됐고, 亥수는 寅申巳亥 四역마 충으로 충동질하는데 辛巳년을 만났으니 辛금은 丙화가 묶고 巳화는 다시 4역마를 만들어 4충을 하여 대장암 수술을 받았다.

乾命	甲	甲	甲	戊
	午	戌	辰	辰

위 사주는 木火土 3신으로만 구성 된 사주이면서 3神이 相生하는 팔자이지만 金水가 미약하다. 戌中辛금이 암장 되어 있지만 辰戌 충으로 깨졌고 午戌火局으로 火의 세력이 강해지면서 金은 위축된 상태이다. 壬午년 다시 火기가 강세여서 여과 없이 대장암으로 사망하게 된다.

| 乾命 | 己巳 | 己巳 | 辛未 | 戊戌 |

위 사주는 토다금매(土多金埋)이면서 화토중탁(火土重濁)에 조열한 사주로 편고된 사주로 문제 발생여지가 많다. 맹장과 치질이 발병했다고 하는데 이 모든 것이 오행 부조화에서 온 결과이다.

| 乾命 | 庚辰 | 丙戌 | 丙戌 | 己丑 |

위 사주는 3주가 괴강 백호살이고 5土 식상에 비록 庚금이라도 매금(埋金)가능성 있다. 戌中辛금은 깨졌고 己丑대운에 土가 더하니 매금으로 대장 수술 받았다고 한다. 土가 병인데 약인 木이 없는 것이 흠인 사주로 金도 쓸 수 있는 사주이다.

| 坤命 | 癸亥 | 甲寅 | 癸酉 | 丁巳 |

위 사주는 일지 酉금이 甲寅木과 丁巳火에 극루(克漏)되어 대장에 병이든 경우인데 癸亥년을 만나 심하게 설기되니 무력한 金이 발병으로 이어진 것인데 오행은 건드려야 발동한다고 수차 말했듯이 丁癸충 巳亥 충으로 시주 丁巳에 충격을 줌으로서 巳酉가 합으로 묶였던 것이 떨어지면서 강하게 剋洩 하여 酉금을 공격한 결과물이다.

| 坤命 | 甲戌 | 壬申 | 辛未 | 甲午 |

 위 사주는 비구니스님사주로 10대초에 스님이 되어 한절에서 70년이란 긴 세월동안 한 절을 지키고 있는 노스님으로 癸巳년에 대장암 수술을 받고도 지금까지 건강하게 살고 있다고 한다. 癸巳년운세가 巳申 형으로 왕신을 건드려 발병한 것으로 보면 된다. 성품이 대단하고 속에 감추고 묻어두지 못하는 성격이다. 戊戌년운이 불길하다 알려드렸다

 위의 여러 사례에서 보았듯이 오행은 극성 되거나 충 거등으로 무력하면 병이되고 오행은 충 형파로 충격을 주게되면 발병하며 합으로 묶이면 현상유지 하던 것을 충으로 합을 깨면 발병하게 되는 등 건드려야 발동한다는 사실을 확인 한 것이다.

<기질(氣質)이란 무엇인가?>

 기질은 운기의 성질이자 성분으로서 운기로 창조된 오장육부의 왕 쇠 강약을 분석하고 판단하는데 기본이 된다. 타고난 기질을 알면 인체와 오장육부를 거울처럼 해부하고 분석할 수가 있다.
기질은 절기에 따라 형성됨으로서 태어난 절기를 알면 쉽게 분간할 수가 있다. 봄의 태생은 봄의 기운에 의해서 창조 된 봄의 기운을 타고 났듯이 여름태생은 여름의 기운에 의해서 창조된 여름의 기질을 타고 난다. 뜨거운 여름의 기질을 타고난 인체와 차가운 겨울의 기질을 타고난 인체는 정반대이듯이 따스한 봄의 기운을 타고난 인체와 선선한 가을의 운기를 타고난 인체는 정반대다. 이제 타고난 절기위주로 분석하고 인체와 오장육부를 관찰 해 보기로 하자.   -121쪽에 봄 태생 기질이 시작된다.-

어찌 알리오? -<033>

> ## 코 (鼻)에 질병이 있는 것을 어찌
> ## 알 수 있었나요?
> 金이 극설 됨을 보고 알 수 있다.

폐와 대장처럼 金오행이 생을 받지 못하고 火에
극이나 충 되고 水에 설기되면 코에 이상이 생긴다.
오관으로 볼 때 코는 金이다.

乾命	己亥	己巳	庚申	庚辰

위 사주는 巳가 庚금의 생지로 金이 강한 사주이다. 亥수가 설기해야만 건강이 좋은데 사해 충거(沖去-충해서 없어졌다, 갔다)로 亥수는 없는 것이나 마찬가지다.(己토에 극을 받고 巳월의 불이라서 强火이다)巳申은 형살로 코 수술 받았다.

乾命	庚午	辛巳	庚寅	辛巳

위 사주는 천간은 庚辛이 모두 집합되고 지지는 木火가 집합된 어쩌면 상극관계로 대치한 상태다. 그러나 庚금의 生地가 巳화로 金이 태강한 상태로 보아야 한다. 그렇지만 극관계로 대치하는 형국이고 寅巳가 형살을 하고 있어 수술을 피할 수 없다. 축농증 환자로 고생하고 있단다. 丙申년 같은 해에 수술하면 액 땜으로 좋다.

| 乾命 | 戊午 | 甲子 | 戊申 | 甲寅 |

위 사주는 만성비염환자의 사주인데 그 이유는 金의 기운이 허약해서 오는 증상으로 보아야 한다. 천간 戊토는 월시간의 甲목에 극 당해서 生金할 형편이 못 된다. 지지의 午화와 子수와 寅목의 극 설로 金이 맥을 못 추기 때문에 만성 비염환자인 것이다.

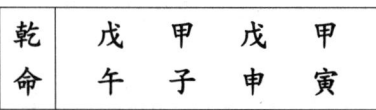

위 사주도 辛금이 고립 된 상태인데 어려서부터 축농증으로 고생하는 사람이다. 40이 넘은 지금도 축농증으로 매일 밤 잠자면서도 코를 풀어 휴지가 방안에 가득하단다. 이 사주는 오행을 다 갖추고 있으면서도 午월 巳시를 만나 조열하다. 金 水운에 발복한다고 말해야 한다. 현재 己丑대운을 달리고 있는데 己丑토가 와도 인인성사(因人成事)라 무난할 것이지만 丙申 운은 문서에 대한 형살로 구설 수 있고 丁酉는 官이 충을 먹어 직업에 대한 변화로 대 변화가 예상되고 戊戌년운세는 겁재대운이므로 탈재로 손재수 있다 말해야 한다.

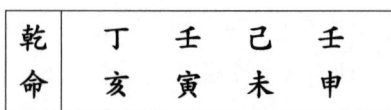

위 사주는 己未일주라도 강한 金水木에 충 극설 당해허약한 명조이다. 또한 합 충이 많이 걸렸고 申금이 旺水木에 극

설 당하여 힘이 없는데 丙申대운에 寅申 상충이 두 번 沖을 당한 경우로 이런 경우를 역술용어로 충산(沖散-충으로 흩어졌다)이라 하여 흉하게 본다. 이 사람도 비염이 심해 수술하다가 잘못하여 혼수상태에서 깨어나지 못 하다가 나중에 깨어나긴 했는데 거동을 못한다고 한다. 이 사주를 자세히 들여다보면 문제성이 많은 사주이다. 丁壬合 木으로 化出 되고 寅亥未합 木하니 관살이 강한 명조에 金이 약하니 이런 의료사고도 감수해야 할 팔자이다. 젊어서 30년은 서방金운 되어 어려움 없이 살다가 己未대운에 접어들면서 일지가 천지동(天地同)으로 묶여 불리하다. 甲午 乙未 년 운이 불리하고 丙申년 운도 충살 먹어 불리하다.

<봄 태생의 기질>

봄 태생은 木의기질을 타고남으로서 선천적으로 기가 부족하다 그 원인은 陰水는 왕하고 陽氣가 허약한 때문이다. 생기가 어린 터에 만물을 발생시키기 위해서 생기를 지나치게 대량으로 작용하고 소모시킴으로서 크게 허약 해 짐으로 기화가 둔화 되고 습이 많이 발생해서 생기를 위협해 더욱더 허약하고 기진맥진함으로서 생명과 체력이 건강을 잃고 마침내 발병하게 된다.
발생하는 질병은 가지가지다. 당뇨를 비롯해서 고혈압 중풍 관절염 등 수없이 많다. 하지만 봄 태생인 木 기질에서 발생하는 병은 무엇이던지 그 원인은 하나같이 氣 부족과 濕 때문이다. 기를 보완하고 기가 왕성하면 기 부족에서 생기는 습은 말끔히 기화시키는 동시에 습에서 생기는 만병을 뿌리째 다스릴 수가 있다. 기를 보완 하지 않으면 습을 다스릴 수 없듯이 습에서 발생하는 만병을 근치할 수가 없다. 기를 보완하고 기가 왕성해지면 기 부족에서 발생하는 습과 만병이 스스로 뿌리째 물러가고 다스려짐으로서 다시는 재발하지 않는데 반해서 기를 보완하지 않으면 기 부족을 다스릴 수 없듯이 기 부족에서 발생하는 만병을 완치 할 수가 없다.

어찌 알리오? -<034>

> **신장(腎臟)에 질병이 있는 것을 어찌 알 수 있었나요?**
> 水가 극설 되어 심히 약함을 보고 알 수 있다.

신장계통은 壬癸水와 亥子水를 보는데 癸수가 戊토에 合去 되거나 己토에 克去됐을 경우 또는 木에 설기되거나 燥土에 강하게 극 당하면 신장에 이상이 오고 水가 태왕하여 制水 가 잘 안 된 상태에도 신장에 질병이 생긴다.

乾命	辛巳	癸巳	庚辰	丁亥

위 사주는 癸수가 巳中戊土와 合去되고 亥수는 양 巳火에 沖去된 경우인데 설상가상으로 己丑대운을 만나 癸수를 극 하는 상태에 당년의운이 壬戌년 이었으니 辰戌 충으로 水庫 인 辰토를 건드린 결과로 신장 발병으로 고생을 하였다.

乾命	戊辰	庚申	乙巳	壬午

위 의 사주도 신장수술을 받은 경우인데 水의 기운이 허약 해진 상태이다. 乙庚합 巳申합으로 金이 合去로 生水를 못하 는 상태에 壬수는 午中丁화와 암합 했고 辰中癸수는 천간 戊토와 암합한 상태로 水의 기운이 전무한 상태여서 신장병 으로 수술을 받은 것이다.

| 坤命 | 己亥 | 辛未 | 己未 | 甲戌 |

위 사주는 未未戌 燥土에 己土 까지 투간되어 土바닥인데 어찌 亥수가 당하지 않을 수 있겠는가? 평생 동안 신장염으로 고생했는데 북방水운에 어느 정도 완치 되는 운이다. 만약 동남방 木火운이었다면 치유불능이었을 것이다. 그래서 운의 작용이 큰 것이다.

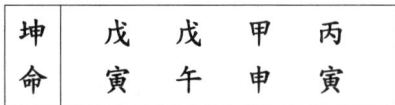

| 坤命 | 戊寅 | 戊午 | 甲申 | 丙寅 |

위 사주는 원국에 水가 보이지 않는다. 寅申 충으로 申中壬水는 沖去된 상태에서 丙辰대운을 만났는데 申辰水局과 寅午火局이 대치하여 水火가 상전(相戰)하는 상태에 壬辰년을 만났으니 壬수가 戊丙甲에 극설 당하였으므로 신장에 발병 신장 수술을 받았다.

| 乾命 | 丁亥 | 壬子 | 丁亥 | 戊申 |

위 사주는 水氣태왕으로 신장에 병이 발생한 경우로 戊申대운 癸未년에 혈액 투석 중 사망하였다고 한다. 申金이 生水 하니 물바다인데 癸수가 未土를 달고 온 해라서 戊癸합거 되고 未土는 조토(燥土)로 水인 신장을 강하게 극하니 별 도리 없었을 것이다.

| 乾命 | 乙酉 | 己丑 | 甲辰 | 乙丑 |

위 사주는 신장암으로 사망한 사람의 사례인데 4土3木에 水가 당할 재간이 없는 사주이다. 丑中癸水와 辰中癸水는 酉금에 이미 합거(合去) 된 상태이고 癸未대운 壬午년을 만났으니 癸수는 己土칠살에 강하게 극 당하고 甲목 상관에 설기 되어 만신창이가 됐고 壬수는 午中丁화에 合去 되니 별 도리가 없는 상태였다.

상기와 같이 신장에 발병 되는 것은 반드시 水기가 극설 되거나 水旺制水가 안 된 상태에서 발병되고 하나같이 약한 水가 나타나 충 극을 강하게 당했을 때 발병한다는 것을 확인 할 수 있었다.

<여름 태생의 기질>

여름 태생으로 火의 기질을 타고난 사람은 태어나면서 신수와 정 인음이 부족하고 허약함으로서 만병이 발생한다. 당뇨를 비롯한 온갖 병이 발생함으로서 병의 양상인 증은 다양하지만 병이 발생하는 원인은 하나같이 신수와 정의 부족과 허약이다. 여름태생은 병이 무엇이던 신수와 정의 부족과 허약 때문으로 보아야 한다.
인체상으로 태양열인 양기는 명문화에 속하고 지하수는 신수(腎水)에 속한다. 명문화와 신수는 다 같이 콩팥을 형성하고 있다.
콩팥 오른쪽에 명문화가 있고 왼쪽에 신수가 있다. 명문화가 기를 생산하는 원동력으로서 정(精)이라고 한다. 정과 신은 한 쌍의 부부요 음과 양으로서 불가분이다. 정이 왕 하면 신도 왕 하듯이 신이 왕 해야 정도 왕 하다. 신수와 정의 부족과 허약 때문에 발생하는 병은 신수와 정을 보완해서 陰水를 왕성화 하면 만병이 다스려지고 사라진다.

어찌 알리오? -<035>

> ### 귀(耳)에 질병이 있는 것을 어찌 알 수 있었나요?
> 귀도 역시 水가 극설 되어 심히 약함을 보고 알 수 있다.

 귀의 질병도 신장계통의 경우와 같이 水가 燥土에 극되거나 왕한 木에 설기되면 신장계통이나 귀에 질병이 오게 된다.
 水태왕하여 制水가 불능 된 상태에도 마찬가지다.

坤命	丁	戊	己	丙
	酉	申	巳	寅

 위 사주는 木火土가 강해서 水가 맥을 못 추는 형상이다. 寅申 상충으로 申中壬水가 깨졌다. 水가 발붙일 수 없으니 귀가 잘 안 들린다. 보청기하고 많이 좋아졌단다. 寅巳申 삼형을 한 사람들은 만들고 잘라내고 하는 일 잘한다. 이 사람도 식신상관성이 발달 되어 기능공으로의 소질 있다. 맛있는 요리를 잘 한다고 한다.

坤命	己	辛	丙	壬
	卯	未	辰	辰

 위 사주는 귀가 완전히 막힌 귀 먹은 명조이다. 土가 병이다. 壬수는 丙壬충거 됐고 진진수고지(辰辰水庫地)로 말랐고 자형을 하며 대운 중에서 丁화를 만나 丁壬 합거로 물을 물기를 말리니 귀에 문제가 발생한 것이다.

坤命	丙	甲	己	戊
	戌	午	未	辰

　위 사주는 완전히 火土重濁이다. 5土로 土가 병인데 약인 甲목이 있지만 甲己 합거 했고 午月 燥土니 水가 허약하다. 본 명조의 주인공은 중이염으로 청력이 손상되어 보청기를 쓰고 있다. 그래도 대운이 서북방 金水 운으로 운행 되어 삶의 질은 무난했을 것이다.

乾命	丙	己	丁	庚
	戌	亥	未	戌

　위 사주도 亥수가 고립 되어 수기가 약하다. 소년시절 먹 감다가 귀에 물이 들어간 것이 원인이어서 젊어서 중이염을 오랫동안 앓았는데 나이 들어 청력이 손상 되어 보청기를 써야 할 정도로 잘 안 들린다.

乾命	乙	庚	己	戊
	丑	辰	亥	辰

　위 사주도 5土에 고립된 亥수는 기진맥진한 상태다 월상 庚금에 의지 해 보지만 庚금은 乙庚 합으로 배신한다. 살을 따지자면 辰亥원진이 쌍으로 하고 辰辰 자형에 丑辰 파에 丑辰中 癸수는 戊癸 합으로 암합했으니 힘없는 水가 되어 한쪽 청력을 잃었다.

| 坤命 | 戊申 | 甲寅 | 戊辰 | 壬戌 |

 위 사주도 壬수가 고립된 상태다. 2木 4土가 克洩 되고 申금은 寅申충으로 沖去 된 상태다. 이 사주의 주인공도 청각 장애인 이라고 하니 水가 문제이다.

 위 사례에서 나타났듯이 水가 고립 된 상태거나 土나 木에 극설 된 경우는 거의 귀에 이상이 있는 명조들이다. 사주를 감정하면서 반드시 살펴야 할 것이 오행의 분포다. 대체적으로 오행이 고르게 분포되고 상생상극으로 조화와 균형을 이루면 좋은 사주들이지만 편고 되고 木 火土는 많고 金水는 太弱 하다든지 극 설로 무력하게 되면 귀에 문제가 발생한다.

<가을 태생의 기질>

 가을 태생은 어떤 병이던 원인은 하나같이 신수와 간혈 부족과 허약이다. 당뇨가 그러하듯이 고혈압과 중풍과 관절염 등 모든 병이 신수와 간 혈 부족 때문에 발생한다. 부족과 허약이 장기화 되고 만성화 되면 만성병이 된다. 만성병을 성인병이라고 한다. 당뇨 등 만성적인 성인병은 하나같이 만성적인 허약 병이다. 가을태생의 기질을 타고난 사람은 태어나면서 신수와 간 혈 부족이고 허약하듯이 발생하는 병은 무엇이든 신수와 간 혈 부족이 원인이다.

만성적인 성인병을 고치려면 만성화된 원인부터 알고 다스려야 한다. 가을 태생의 金기질에서 발생하는 성인병은 부족한 신수와 간 혈을 보완 하고 정상화 하는 것이 급선무다. 부족한 것을 보완하고 왕성화 하면 부족에서 발생한 온갖 병은 말끔히 다스려지고 사라지듯이 金기질의 만성병은 씻은 듯이 뿌리째 다스려지고 완치된다.

어찌 알리오? -<036>

> **천식(喘息)이 있는 것을 어찌 알 수 있었나요?**
> 木이 火왕으로 극설 됨을 보고 알 수 있다.

천식이란 병은 아직도 의학적으로 귀명되지 않는 희귀한 질병이다. 알레르기성 천식과 감염으로 오는 천식으로 분류 할 수도 있고 그런가하면 복합적으로 발병하는 천식도 있다.
알레르기성 천식은 木이 극설로 오거나 濕木 되어 오는 경우도 있고 감염성 천식은 폐나 기관지에 이상이 생겨 金의 기운이 태약 하거나 태왕한 경우로 볼 수 있다.

坤命	丙	戊	甲	己
	寅	戌	戌	巳

위 사주는 木의 일주가 火기가 강하여 설기가 심한 경우이다. 알레르기성 천식환자인데 그 이유는 火기가 강하여 金기가 약해진 경우로 巳中庚금과 戌中辛금이 旺火에 녹았다. 火기는 寅戌반합 火局에 巳火가 丙火를 투간 시켰으므로 火기가 태왕이다.

坤命	乙	壬	甲	甲
	未	午	子	戌

위 사주는 火기가 강한 午월의 甲목이므로 당연히 水가 용신인데 子수는 子午 沖去에, 水火에 고립된 상태이고, 壬수는 午中丁화와 丁壬으로 암합 되고 지지바닥은 午未 午戌로 火局을 이루니 金은 맥을 못 추고 水는 金의 생을 받지 못해 바짝 말라 버렸다.

乾命	辛	庚	辛	庚
	巳	子	丑	寅

위 사주는 金은 차고 水는 冷하니 金水로 구성된 寒冷한 명조이다. 巳중 丙화는 丙辛암합으로 기관지 확장증으로 헛기침이 심하였다고 한다.

乾命	戊	甲	戊	丁
	戌	寅	辰	巳

위 사주는 木火土 3신으로 구성 된 명조로 火기가 강한 팔자이다. 丁巳시를 만나고 寅戌 반 火局을 이룬 상태에 巳中庚금과 戌中辛금은 왕한 火기에 녹아 버린 경우다. 巳戌 원진과 寅巳 형으로 기관지가 상해서 마른기침 천식으로 고생한다.

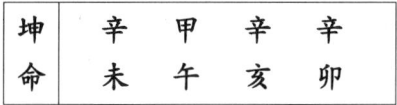

위 사주는 亥卯未 木局에 午월생으로 火왕하니 木火에 辛금이 다 녹아 없어지는 경우로 어릴 때부터 기관지가 약하였으며 성장하면서 복합성기관지 질환으로 고생한 팔자이다.

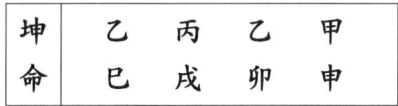

위 사주 木이 왕화에 克 洩되고 申금은 木火에 강하게 극 당하니 기관지가 약하여 수술한 환자의 사례로 기관지 복합성 질환으로 신고의 나날을 보내고 살아간다고 한다.

| 乾命 | 戊午 | 甲寅 | 甲申 | 戊辰 |

　위 사주 寅午 火局을 이루고 있어 木의 설기가 심한 경우이고 지지에서는 寅申 상충으로 충거 된 상태여서 金이 맥을 못 추는 형상으로 복합성 천식으로 고생 한 팔자이다.
　위 사례들을 살펴 본 바 木이 왕화에 극설 되거나 金이 녹아 없어진 경우에 천식이 발병한다는 것을 사례로 입증된 바있음으로 이에 확인했다.

<겨울 태생의 기질>

　겨울 태생의 水기질을 타고난 사람은 어려서부터 신수와 정력은 왕성한데 명문화와 양기는 허약하다. 태양이 무기력하면 한랭하듯이 양기가 허약하면 몸이 한랭하다. 몸이 차고 추위를 많이 탄다. 만성병은 허약에서 발생 하듯이 겨울태생의 水기질은 명문화와 양기가 부족하다. 당뇨가 양기부족에서 발생 하듯이 고혈압 관절염 중풍 등 온갖 만성병은 하나같이 양기부족이 원인이다. 양기부족에서 발생하는 병은 양기를 보완 하는 것이 급선무다. 양기를 열심히 보완해서 정상화 하고 왕성해지면 부족과 허약 상태는 씻은 듯이 사라지듯 부족과 허약에서 발생한 만성병은 뿌리를 잃은 지엽처럼 저절로 사라진다.

어찌 알리오? -<037>

> ### 당뇨병(糖尿病)이 있는 것을 어찌 알 수 있었나요?
>
> 왕木이 극 土하거나 水多土崩을 됨을 보고 알 수 있다.

당뇨병을 消渴이라하여 진액과 혈액이 부족하여 발생하는 병으로 燥와 熱과 盛으로 오는 병이라고 황제내경에서 전해 온다. 糖은 五味로 甘이니 오행으로는 土에 해당한다.
당이 파괴되어 흘러 내려오는 것이 당뇨병이다. 土가 火의 생을 받지 못하거나 木에 의한 극 土를 당해 파괴 되거나 水에 의한 土가 무너지거나 金이 많아 土의 설기가 심한 경우 인데 조열한 土가 生金 역할을 하지 못해도 당뇨가 발생한다. 土로인해 발병하는 병은 피부병 위장병 당뇨병 인데 대체적으로 土가 역할을 하지 못할 때 발병한다.

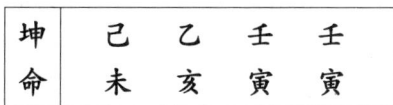

위 사주는 亥未와 寅亥로 合木하여 水木이 강한 경우로 木이 많아 토가 강하게 극 당하고 水가 많아 土가 무너지니 己토가 맥을 출 수가 없어 발병한 경우인데 소녀시절부터 증세가 있었고 성년이 된 후로도 당뇨병으로 고생하고 있다고 한다.

| 乾命 | 壬申 | 丁未 | 己亥 | 己巳 |

위 사주의 경우는 亥未木 반 합국에 丁壬합목이 化出 되고 巳亥로 火가 충 거 되어 己土를 도울 수없는 상황이 되고 申금은 기토에 상관성으로 극설 되는 상태로 변하니 쌍 己토가 심히 약하여 발병한 당뇨병 환자의 사례이다.

| 乾命 | 壬午 | 癸丑 | 壬申 | 甲辰 |

위 사주는 丑月 寒冬의 壬水가 년 월간에 壬癸水를 투출 시키고 申辰 合水까지 하니 寒濕한 명조여서 午火가 조후를 해야 하는데 午中丁화가 암합 하느라 정신없다. 이렇게 되면 水가 많아 水多土崩이고 丁壬合木으로 化出 된木과 甲목이 합세하여 土를 극하여 심약한 土가 되므로 당료가 올 수밖에 별 도리가 없다.

| 乾命 | 甲辰 | 丙寅 | 壬寅 | 壬寅 |

위 사주는 4甲寅木에 辰土가 고립 된 상태요, 壬수의 설기가 심하여 신장도 문제요, 혈압도 문제더니 당뇨까지 와서 고생하고 있는 환자의 명조이다.

乾命	己亥	辛未	丙午	己亥

 위 사주는 辛금은 丙辛 합하고, 亥未木 반합하고, 午中己土 와 亥中壬水는 丁壬合 木하여 극 토로 己土를 괴롭히니 당뇨증세가 있는데 丁卯대운에 亥卯未 삼합 木局으로 극土하여 당뇨병이 발생 한 명조다.

乾命	丙戌	辛丑	壬寅	壬寅

 위 명조는 寅戌로 火局을 이루어 土를 생하여야 하는데 丙辛이 合水로 寅木은 火局을 형성하지 못하고 오히려 극 土로 土를 괴롭히는 형국이다. 丁未대운에 丁壬합 木局을 형성하면서 丑戌未 삼형을 하여 土를 자극하므로 丙戌년에 丙辛 합과 丑戌형살하여 급성당료가 발병하여 고생하였다.

<한방과 양방의 다른 점>

 한방은 나타난 병의 양상인 증(證)을 위주로 진단하고 처방하며 다스린다. 증이 열이면 열 증으로 진단하고 열을 다스리는 청열제(淸熱劑)를 처방하고 다스린다. 그런데 서양의학은 음양오행설은 전혀 모르고 음양의 율법도 쓰지 않는다. 한방은 맥진(脈診)을 개발해서 맥이 뛰는 양상을 관찰해서 어느 장부가 병이고 무슨 병이라는 것을 밝혀내지만 양의는 서양의학으로 맥진은 전혀 모르고 육안(肉眼)으로 진단하는 시진(視診)이 기본이다. 시진은 맥진과 비교나 경쟁이 될 수 없다. -141쪽에서 다시 이어집니다.-

어찌 알리오? -<038>

> ## 중풍(中風)의 증상이 있는 것을 어찌 알 수 있었나요?
> 水 木 火의 상생이 부조화를 보고 알 수 있다.

중풍은 뇌졸중이라 하여 뇌혈관이 막히거나 터져서 발생하는 병으로 혈관이 꽉 막히면 뇌경색이 되고 혈관이 터지면 뇌출혈이다. 반쪽 또는 전신의 수족에 장애가 오거나 언어장애도 올 수 있고 의식에 대한 변화도 있을 수 있는데 이런 경우 침애발생으로 환자나 가족들을 힘들게 하는 병이니 조심해야한다. 졸중풍의 줄임말이 중풍인데 졸중풍은 갑자기 중풍을 맞이한다는 말로 風은 風邪(풍사-바람의 작용으로 기울다 치우치다 어긋났다)라는 뜻이 내포된 것이다. 즉 바람맞아 한쪽으로 기울다, 라는 말이다. 풍 열 조 한 습(風熱燥寒濕)의 오기(五氣)에서 風은 木이요, 조열(燥熱)은 火요, 한습(寒濕)은 水이니 水 火의 상극을 조율하는 것이 木인 風이 되는 것이다.
한습인 水와 조열인 火의 중간역할이 바로 木으로 그 木이 조화롭게 하지 못할 경우 나타나는 병이 중풍인 것이다.
혈(血)이 터지거나 막혀 생기는 것으로 중풍실조(中風失調-중풍은 조화를 잃었을 때)에 있다는 것을 아래 실례에서 찾아볼 수 있다.

乾命	壬辰	甲辰	壬申	乙巳

위 사주는 壬수일주가 지지바닥이 수국을 형성 하고(申辰, 巳申 合)년간에 壬수까지 투출시켜 수왕한데 甲乙木의 泄水로

水路가 확 트인 사주다. 己酉대운에 甲己合土로 水流를 막으려 하는데 세운 戊寅년을 맞이하여 戊土가 물길을 막고 寅申相冲으로 충격을 주면서 寅巳申 삼형을 만드니 水流(水路)가 막혀 중풍이 발생하였다.

여기서 참고할 것은 삼합국은 왕지가 있으면서 합이 되어야 확실한 국을 형성하는데 왕지가 빠진 합은 합의 형태만 갖춘 경우가 되지만 위 명조같이 申辰이 합국하고 壬水가 투출되면 확실한 合局으로 본다는 것이다.

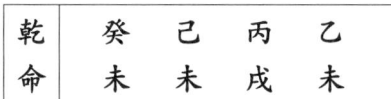

위 사주는 종격으로 보아야할 명조이다. 주중(柱中)에 왕한 신을 좇아 간다하여 종왕격(從旺格) 또는 식상을 좇아 간다하여 종아격(從兒格) 이라고 할 수 있는 명조인데 지나칠 정도로 난조(暖燥)한 것이 흠이고 이런 사주를 화토중탁(火土重濁)이라고 말한다. 癸수와 乙목은 어찌 보면 공존공생 해야 할 처지다. 乙목은 癸수의 생을 받아 木生火 火生土로 연결시켜주는 역할을 한다, 만약 乙목이 없다면 火土는 곧바로 水를 칠 것이고 조화는 깨지게 된다. 그런데 癸丑대운을 만나 丑토가 왕신인 未토를 丑未 충으로 충격을 주어 乙木의 뿌리를 파헤치고 있니 乙목은 고사(枯死)된 상황에 다시 戊寅년을 만나서 戊토는 戊癸로 寅목은 寅戌로 화기가 충천(火氣衝天)하니 목이 분소(焚燒)되어 중풍이라는 風을 맞아 인사불성이다가 겨우 회복된 상태라고 한다.

여기서도 寅戌이 반합으로 왕지가 빠진 상태지만 천간에 丙화가 있어 火기로 연결 된 경우이고 미토는 12운성으로 墓지이니 원래 허약한 상태였는데 火氣에 그만 분소로 불살라진 것이다.

乾命	乙	丁	癸	癸
	亥	亥	巳	丑

위 사주는 水火가 상전(相戰)하는 사주로 보아야 한다. 다만 乙목이 있어 겨우 통기(通氣) 시키는 형상이다. 그런데 말입니다. 庚辰대운을 만나 乙庚합으로 묶습니다. 庚辰년을 다시 만나서 중풍발병 그 다음 辛巳년에 乙목은 乙辛 충으로 완전히 끊어지고 巳亥 충으로 왕수를 재충(再沖)하여 사망에 이르렀다고 하니 이 얼마나 무서운 현상인가 말이다.

위 두 사례에서 보듯이 조화를 이루게 하던 오행이 合去나 沖去 되면 중풍이 발병한다는 사실 입증 된 바를 실제로 확인했다.

乾命	丁	癸	辛	丁
	酉	卯	丑	酉

위 사주의 특징은 음팔 통에 도화 살인 왕지가 3주에 있고 합 충이 많다는 것이다. 그러나 상생이 잘 되어 원만 하다 보여 지지만 己亥대운을 만나면서 亥卯木局을 형성 木의 기운이 왕성해지고 반면 酉丑반합으로 金局을 형성하여 金木이 상전 태세지만 癸수가 통기시켜 원만 해 졌는데 辛巳년을 만나서 巳亥 충으로 巳酉丑 을 풀어 木을 견제 하지 못하니 木이 왕성해 지므로 木은 풍이라 하였으니 풍증이 발병 한 것이다.

乾	丁	癸	辛	丁
命	酉	卯	丑	酉

위 사주는 火기가 강하지만 대운의 흐름이 북방水운에서 동방木운으로 흘러 무난한 삶을 살아 왔는데 壬辰대운을 만나면서 丙壬 충 辰戌 충으로 천격지충(天擊地沖)하면서 문제가 발생한다. 원국에 午戌火局을 이루고 丙화가 투간 되어 火기가 하늘을 찌르는데 왕신을 충격하여 발동으로 火가 충산(沖散)하였다. 이런 와중에 辛未년을 만난 다시 乙辛 충 丑未 충으로 시주를 천극 지충하였으니 乙목을 沖去시켜 중풍이 발병 반신불수가 되었다.

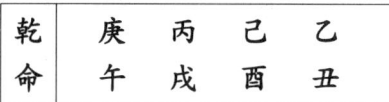

위 사주는 金水가 서로 싸우는 형상이었는데 癸수가 상생으로 통기 시킬 수 있어 다행이지만 癸수도 丁癸 충으로 맥을 못 추는 형상이다. 원국에서 卯목은 酉금으로 쌍 충하여 바람 앞에 등불인데 다행이도 己亥 운은 亥卯未로 버틸 수 있었으나 辛巳년에 巳酉丑 金局으로 목을 완전히 충거 시켜 보행과 언어가 부자연스러울 정도로 풍을 맞았다고 한다.

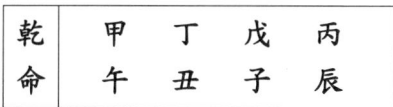

위 사주는 동토(凍土)로 보여 지지만 천간에 甲丁丙 화가 투간 되고 午화에 뿌리내려 火기도 만만치 않은 상태이다. 그런데 壬午 대운을 만나면서 문제가 발생한다. 壬수는 丙壬 충거 丁壬 합거로 火기를 소진시킨 상태에서 甲申년을 만난

다. 申子辰水局을 형성하면서 午火를 沖去시키므로 甲목이 얼어 죽을 지경으로 중풍을 맞아 반신불수로 살아가게 된다.

| 乾命 | 戊申 | 甲寅 | 甲辰 | 乙丑 |

이 사주는 신왕재왕(身旺財旺)사주이지만 火가 없는 것이 일점 흠인데 대운에서 동남방 木火운으로 운행 되니 火 대운에 크게 발전하여 거부가 되었다고 한다. 庚申대운을 맞아 甲庚 충 寅申 충으로 천극 지충하니 木이 파괴되고 水기가 고갈됨으로 인하여 辛酉대운에 사망했다고 한다.

| 乾命 | 甲申 | 甲戌 | 辛亥 | 庚辰 |

위 사주는 金과 木이 대치하지만 亥수가 통기 시킵니다. 사주원국에서는 甲庚이 상충하고 辰戌이 상충하는 형상이어서 시끄럽다. 그런데 庚辰대운을 만나면서 辰辰戌토가 亥수를 극하여 고립시키니 통기가 어렵게 되고 아울러 庚금은 甲목을 충거로 자극 하므로 木이 죽을 지경인데 다시 甲申년을 만나서 天沖 地沖으로 甲寅목을 갈기갈기 잘라놓으니 중풍이 발병 되어 반신불수가 되었다.

위 사례들에서 보았듯이 중풍은 부조화에서 온다는 사실을 알게 되었다. 모든 건강이 오행 부조화에서 발생하지만 중풍은 특히 木이 상할 때 발병하게 된다.

어찌 알리오? -<039>

> ### 자궁(子宮)에 질병이 있는 것을 어찌 알 수 있었나요?
> 陽 식상의 형 충 합 됨을 보고 알 수 있다.

식상은 여명에 자궁과 유방에 해당 된다. 食傷이 刑 沖 合 되면 자궁과 질병에 이상이 발생한다는 징조이다 또한 식신 상관이 너무 조열하거나 한습해도 이상의 징후로 보아야 한다. 자궁과 유방은 모두 식상이나 자궁은 양이고 유방은 음으로 보는데 그 이유는 양은 홀수이고 음은 짝수로서 자궁은 하나요, 유방은 둘이기에 홀짝으로 계산 한 것이다.

坤命	己	庚	戊	乙
	酉	午	辰	卯

위 사주는 식상인 酉금이 합 충(辰酉, 卯酉)을 하는데 酉금이 陽인 庚금으로 천간에 나타났다. 본 명조의 구성을 살펴보자면 2木 1火 3土로 자궁인 水가 약하다. 그러므로 근본적으로 자궁(水-신장방광)이 약한 상태에서 자궁의 별인 식상이 문제를 만든 것이다.

坤命	癸	癸	庚	丁
	未	亥	午	亥

위 사주는 식상인 癸亥수가 합 충 형(丁癸 충, 亥亥자형, 亥中壬水와 丁壬 암합, 으로 변형이 많은 사주이다. 그런데 壬戌년을 만나 임수 식신이 丁壬합 하고 戌未 형을 하게 되어 자궁수술을 하게 된다.

| 坤命 | 庚辰 | 己丑 | 戊午 | 壬戌 |

위 사주도 辰戌 충 丑戌 형 등 토의 발동으로 수인 신장 방광이 근본적으로 약한 사주다. 戌中辛금과 丑中辛금 상관이 형을 하고 식신 庚금이 투간(透干)되어 식신 陽이니 자궁에 질병이 온 것이다.

| 坤命 | 壬申 | 丁未 | 戊寅 | 壬戌 |

위 사주는 戊토가 월시지에 肩劫을 놓고 丁壬합이 투합되어 水가 약한 상태에서 식신성인 申금이 일지 寅목과 寅申 충을 한다. 세운 戊午를 만나 寅午戌 三合火局을 이루어 火기가 충천하니 식신 申금이 다친다. 陽식신으로 자궁에 문제 발생 수술을 받았다.

| 坤命 | 丁未 | 乙巳 | 乙亥 | 丁亥 |

위 사주는 식신 상관이 강한 팔자로 식신 巳火가 왕신이다. 그런데 일시지 쌍 亥수가 巳亥 충을 한다. 戊申대운을 만나서는 巳申이 刑까지 하게 되어 자궁암으로 결국 사망하게 된다.

| 坤命 | 壬子 | 癸丑 | 癸亥 | 癸亥 |

위 사주는 천지가 다 물이니 윤하격(潤下格)인데 종격이 기신운(忌神運)을 만나면 사정없이 무너진다. 亥中甲木이 식상인데 부목(浮木)되고 습목(濕木)되어 한습(寒濕)한데 亥亥로 자형까지 한다. 己酉대운 戊子년에 탁수(濁水)로 변하여 자궁수술을 받았는데 오래 살지 못할 것 같다고 한다.

| 坤命 | 戊子 | 丁巳 | 辛卯 | 戊戌 |

위 사주는 고립된 子水를 일간 辛금은 埋金 되어 生하지 못한다. 辛亥대운 癸未년에 자궁암 수술을 받게 된다. 亥水는 巳화를 충하고 癸수는 戊癸합으로 묶이고 子수는 子卯형까지 한다. 그런가 하면 未토는 戌토에 형살로 쏘아댄다. 화가 난 戌未토가 발동한다.

<한방과 양방의 다른 점>

 그러나 눈으로 보는 시진은 기구화 하고 기계화하는 과학기술이 개발되고 발달하면서 양의는 비약적인 발전을 거듭하면서 마침내 대학병원이란 종합병원이 세워지면서 장족의 발전을 하고 있는 동시에 환자의 대부분이 양의를 선호하고 있다. 엑스레이를 비롯하여 방사능 검사 등 눈으로 볼 수없는 병증을 세밀하게 밝혀냄으로서 맥진위주의 진단에서 한 치의 변화도 없는 한방을 압도하고 있다. 그러나 역사와 전통은 한방이 양의에 비해서 훨씬 앞서지만 현실은 양방이 한방보다 훨씬 앞서고 있다.

어찌 알리오? -<040>

> **자궁(子宮)이 부실 한 것을 어찌 알 수 있었나요?**
> 일주가 심히 약하고 식상 또한 약하거나 태왕 하고
> 형이나 충 됨을 보고 알 수 있다.

일주가 심약하고 식상이 태왕하거나 아니면 태약하여 부실할 때, 또는 인성이 왕하여 도식하면 자궁부실이다. 여기에 형 충이 있어 생리부조화를 이루면 자연유산이나 또는 임신불능일 수 있다.

坤命	壬	丁	壬	庚
	辰	未	午	戌

위 사주는 壬水일간이 심약하다. 壬水가 둘이나 있어도 丁壬합하여 木化出하였고 지지전국이 火土 局이라서 자궁이 약하다 또한 辰中乙木과 未中乙목 식상 역시 약한데 더욱 辰戌 충 戌未 형까지 하여 생리가 없다고 한다. 이와 같이 바짝 마른, 조열한 경우 水가 약한 결과로 신장방광이 부실한 것으로 본다.

坤命	戊	乙	庚	丙
	子	卯	申	子

위 사주는 庚申일주지만 申子 水국을 하고 식상이 子卯형을 하여 일주가 심약한 것이고 합과 형이 많아 불리한 명조로서 특히 식상 水가 약하여 자연유산이 잘 되는 명조이다.

| 坤命 | 辛 酉 | 癸 巳 | 甲 申 | 壬 申 |

위 사주는 식신 巳화가 巳酉合 金局을 이루고 金의 기운이 강하여 일주와 식상이 약하다. 관인상생으로 일신은 좋으나 식신이 약하여 난산으로 출산 할 때에는 고통이 심하단다.

1980년04월28일21시생					
坤命	庚申	壬午	甲寅	甲戌		
수	2	12	22	32	42	52	62
대운	辛巳	庚辰	己卯	戊寅	丁丑	丙子	乙亥

위 사주는 임신이 안 되어 시험관 아기라도 갖아야 하느냐고 문의 해온 명조인데 寅午戌 三合火局을 이루어 식상이 태왕 해 졌고 木火의 기운이 강하고 庚申금이 甲庚 충 寅申 沖去로 生水를 못하여 자궁이 근본적으로 약하다. 현재의 대운이 戊寅 운으로 戊토는 인성 壬수를 사정없이 극하고 寅목은 寅申 상충으로 沖去 되어 임신이 잘 안 되는 운이다. 더욱이 안 좋은 것은 남편의 사주구성이다. 동갑나기 부부로 사주가 다음과 같다. 庚申 甲申 丁巳 辛亥로 관성이 깨진 사주로서 자손 얻기 어려운 팔자라고 말할 수 있다.

| 坤命 | 乙 卯 | 己 丑 | 辛 未 | 辛 卯 |

위 사주는 자궁이 원국에 없다. 식신水가 丑中癸수가 있기는 한데 丑未 沖으로 없어 졌으므로 자궁이 약해서 선천성 불임의 명조이다.

| 坤命 | 乙丑 | 丙戌 | 丙戌 | 戊戌 |

위 사주는 식상이 5土로 신약한 명조인데 丑戌 형까지 하고 있다. 土 多하면 신장방광인 자궁이 약하다. 그래서 이런 사람들은 임신하면 힘든 일 못하게 한다. 이 사주의 주인공도 자연 유산 후 임신이 안 된다고 한다. 土가 병이고 木이 약인데 乙목이 좀 약하다 甲목이면 더 좋았을 텐데 甲목 운에 발복한다.

<현대의학의 한계와 과제>
제1편

현대의학은 눈부신 발전으로 과학적인 기구와 약을 하루가 다르게 개발하는 양의는 요지부동으로 옛 그대로인 한방과는 하늘과 땅 차이이다. 하지만 나타난 증(症勢)을 위주로 병을 진단하고 처방하며 다스리는 법도는 똑같다 할 수 없다. 병을 다스리려면 먼저 병의 원인과 뿌리부터 살피고 알아야 한다. 원인을 모르고는 뿌리를 다스릴 수 없듯이 뿌리를 다스리지 않고는 만성병을 완치할 수가 없다. 동서의학이 개발한 것은 증이 기본이요 전부다. 현대의학이니 과학이니 떠들어 대지만 원인과 뿌리는 전혀 미지수요 수수께끼다. 만성적인 성인병을 근치하려면 원인을 발견하는 것이 필수적이고 절대적이다. 원인을 발견하지 않고서는 뿌리를 알 수 없듯이 뿌리를 알지 못하고는 근치가 불가능하다. 원인을 발견하려면 피상적이고 추상적인 증위주의 진단과 처방을 탈피해야한다. 증진과 증방 으로서는 병을 알 수 없듯이 뿌리를 다스릴 수가 없다. 이는 현대의학의 한계점인 동시에 당면과제다.

어찌 알리오? -<041>

유방(乳房)에 질병 있는 것을 어찌 알 수 있었나요?

陰식상이 형 충 합 으로 변형됨을 보고 안다.
유방의 질병도 자궁처럼 식상의 형 충 합 원진으로 변형 되고 지나치게 난조하거나 한습하면 질병으로 이어 지지게 된다. 반드시 알아야 할 것은 유방은 두 개로 되어있으므로 陰식상 이어야 한다.

| 坤命 | 壬午 | 壬子 | 乙未 | 戊寅 |

위 사주는 乙목 일간이 午화가 식상인데 子午 충 한다. 乙巳대운 을 만나면 巳午未 남방 火국을 만드는데 子午로 상충하는 반면 丁亥年을 만나 다시 巳亥로 충 하니 유방암으로 수술하였다. 午火 식상이 음이므로 陰沖이어서 유방에 해당 된다.

| 坤命 | 丁丑 | 癸丑 | 丁未 | 庚戌 |

위 사주는 자궁암 유방암 모두를 다 겪은 팔자인데 우선 식상이 과다하고 식상이 丑戌未 삼형을 한다는 것이고 癸수가 좌우로 쌍 충을 한다는 것이 주요 원인이 된다. 丑未 토는 陰 토로 유방에 해당 되고 戌토는 陽토로 자궁에 해당 되니 두가지병을 얻을 수밖에 별 도리가 없는 팔자이다.

| 坤命 | 辛丑 | 辛卯 | 癸亥 | 丙辰 |

위 사주는 식신 卯목이 浮木(물에 뜬 나무)으로 腐木(물에 썩은 나무) 된 형태이다. 丙辛合水에 대운 壬申을 만나니 申子辰 亥丑으로 水局을 만든다. 己丑년에 丑未 충과 더불어 己토가 癸수를 강 극한다.

| 坤命 | 庚寅 | 丁亥 | 庚午 | 戊寅 |

위 사주는 亥수 식신이 寅亥 합 또는 破殺 로 변형 되고 있는 상황에서 壬午 대운 戊寅년을 만나서 식상 壬수가 午午 자형하고 寅木은 다시 寅亥로 합 파하니 유방암이 발병 하게 되는데 그 후 10년 후인 己丑 년에 뼈로 전이된 경우인데 己丑토가 다시 亥수를 극한 경우일 것이다.

| 坤命 | 戊寅 | 乙丑 | 辛亥 | 壬辰 |

위 사주는 水가왕한 데 특히 壬수가 두 양인 子수를 놓고 있고 甲乙목이 천간에 나타났으나 지지가 寅巳 형을 하여 흔들리고 있는 상황에서 辛卯대운을 만나니 乙목 상관은 乙辛 충하고, 卯목은 양인 子수와 子卯 형을 하여 乙목이 상관으로 유방이 되어 유방암에 걸렸고 丁丑년에 수술했으나 庚辰년에 다시 폐로 전이 된 경우이다. 丑辰토가 旺水를 건드려서 발생한 결과로 보아야 한다.

| 坤命 | 乙巳 | 戊子 | 壬子 | 壬寅 |

위 사주는 식상이 강한 사주로 충합파가 연결 된 명조로서 庚申대운 식상을 생하고 寅申 충 함으로서 합 파가 깨지면서 癸亥년을 만나서 亥亥자형에 식상水가 과다해 문제가 된다. 그래서 유방암 으로 수술을 받았다.

위 사례에서 나타나듯이 유방은 陰식상의 변형됨과 신장 방광인 水가 과다한 경우 유방암 또는 자궁에 문제가 발생한다는 사실을 위 사례에서 확인하였다.

<현대의학의 한계와 과제>
제2편

동서의학이 병의 원인을 모르는 까닭은 무엇일까? 병의 주체인 인체와 생명을 창조한 원인을 모르기 때문이다. 병을 진단하고 다스리려면 병을 앓고 있는 인체와 생명의 실상과 정체부터 알아야 한다. 병은 인체와 생명에서 발생하는 비정상 적인 이상 현상임을 알려면 인체와 생명의 정상적인 구조와 작용을 알아야 한다. 과연 인체와 생명은 무엇으로 창조 되고 존재하며 운동하고 변화하는 것인가? 그 대답은 인체와 생명을 창조한 조물주가 누구이고 무엇인가를 밝히는 것이다. 우주와 만유를 창조한 조물주가 누구이고 무엇인가를 밝혀야한다. 우주와 만유를 창조한 조물주가 음양오행이라는 것은 동양 철학이 최초로 밝혀냈다. 하지만 그것은 글자풀이 일뿐 음양과 오행으로서 진리와는 전혀 어긋나고 가상적인 가정이었을 뿐이다. 수천 년의 역사를 가지고도 진리와 진실을 끝내 밝혀내지 못했다, 아무도 발견하지 못한 채 글자풀이 가짜 음양과 오행을 진짜인양 통용함으로서 조물주의 실체와 법칙은 오리무중이었다.

어찌 알리오? -<042>

척추(脊椎)에 이상이 있는 것을 어찌 알 수 있었나요?
未형충에 단교 살과 급각 살이 가중됨을 보고 안다.

未는 척추로 본다. 未土는 갈비뼈가 달린 척추로 그려져 형상이 똑 같다. 척추의 脊은 등마루 뼈 척자요, 椎는 몽치 추자로서 척추라고하면 未土를 연상하게 한다. 未에 沖 刑이 되면 척추에 이상이 오는데 급각 이나 단교 살이 더해지는 경우 인체의 기둥이요, 철근이 되는 뼈가 金이 되므로 火가 왕하여 지고 형 충으로 연결 되면 金이 자연 쇠약해져서 발생하는 경우도 있다.

乾	癸	己	甲	庚
命	未	未	戌	午

위 사주는 戌未로 未土가 刑을 하고 未土가 둘로 조열이 가중되어 척추 수술을 하였다. 오행은 많아도 병 적어도 병인데 4土가 조열하여 편고 된 형상에 戌未로 형까지 이어져서 척추에 이상이 있게 된 것이다.

乾	癸	戊	丙	己
命	未	午	辰	亥

위 사주도 未土외 3土가 조열하고 丙화가 양인 살 까지 놓아 불리한데 壬戌 대운을 만나서 戌未 형으로 이어지면서 척추수술을 하였다.

乾命	丁	丁	己	丙
	丑	未	酉	寅

위 사주는 未토가 丑未 충을 하고 未월에 酉금이 나타나면 단교살인데 가중되어 척추에 이상이 발생한 것이다. 화토중탁(火土重濁)도 문제가 된다. 단교살(斷橋殺)은 단교관살이라고도 하는데 월을 기준으로 정한다.

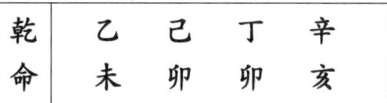

寅월-寅, 卯월-卯, 辰월-申, 巳월-丑, 午월-戌, 未월-酉,
申월-辰, 酉월-巳, 戌월-午, 亥월-未, 子월-亥, 축월-子,

乾命	乙	己	丁	辛
	未	卯	卯	亥

위 사주는 식상 未토가 亥卯未 三合局을 이루고 있으니 변형 된 것이고 丁丑대운을 만나서 丑未 충을 하면 三合局이 깨지면서 卯목칠살이 未토를 극하여 발동한 병이라서 척추를 다쳤다고 한다.

乾命	癸	丁	癸	癸
	未	巳	未	丑

위 사주는 요추염좌(腰椎捻挫: 허리 요, 몽치 추, 비틀릴 염, 꺾을 좌)로 30대 젊은 나이부터 고생을 많이 한단다. 丑未로 未토가 쌍 충을 하고 있는데 급각살인 未토를 충 하여 더욱 요추가 비틀리고 꺾인 것으로 보인다.

| 乾命 | 乙未 | 癸未 | 辛未 | 戊戌 |

위 사주는 辛금이 埋金(묻을 매 쇠금) 된 사주이다. 3未土가 戌土와 丑戌 형을 하는데 未월이 未토를 보면 급각살(急脚殺:급할 급 다리 각 죽일 살)쌍으로 된 경우이다. 무리하게 일하다가 다쳐서 2-3년 동안 고생한 사람의 명조이다.

급각살(急脚殺)은 춘하추동(春夏秋冬)을 기준으로 정한다.
寅卯辰 春월생-子 亥, 巳午未 夏월생-未 卯,
申酉戌 秋월생-寅 戌, 亥子丑 冬월생-丑 辰,
급각살이 있는 사람은 어릴 적에 소아마비 환자가 많고 다리를 다쳐 장애가 발생 할 수 있다는 살이다.

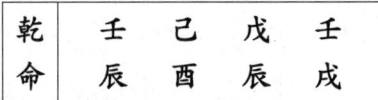

위 사주는 5土 1金 2水로 酉금이 통관지신으로 겨우겨우 어렵 살이 살아가는 팔자이다. 秋月生이 戌토를 보면 급각살인데요, 급각이 辰戌로 충을 하여 중년에 척추에 장애가 발생 다리를 절고 있다.

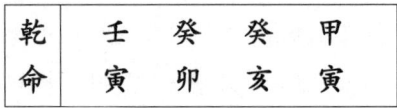

위 사주는 春月生이 亥수가 급각살 이다, 戊申대운 寅申 충을 한다. 甲申년을 만나 다시 충을 하므로 디스크 수술을 하게 되었다.

| 乾命 | 丙辰 | 丁酉 | 戊寅 | 甲寅 |

　위 사주는 秋月生이 寅목을 보면 급각 살인데 일시지에 급각이 있고 인유가 원진이니 허리 디스크로 고생을 하다가 수술하고 치유 된 경우이다.

| 乾命 | 辛酉 | 癸巳 | 己酉 | 庚午 |

　위 사주는 巳酉合金으로 5金 1水 1火 1土로구성 된 금이 대세를 이룬 사주이다. 오행은 많아도 병 적어도 병이듯이 본 명조도 金이많아 척추에 병이 발생한 것이다.

　위 사례들에서 밝혔듯이 척추는 급각살과 단교살의 작용도 크고 형 충의 변화로 발병한다는 사실을 알게 되었다. 척추는 인간 활동에 중대한 기둥이 되므로 잘 살펴 활용하기 바랍니다.

　　　　　　〈현대의학의 한계와 과제〉
　　　　　　　　　제3편

　동양철학자들은 입만 벌리면 음양오행설을 떠들면서 그 진리에 대해서는 전혀 장님이었다. 글자풀이 가짜 오행설을 진짜인양 맹신했다. 누구도 그것이 진짜라는 사실은 생각조차 할 수없이 절대적으로 맹신해 왔다. 그 진리를 최초로 발견 한 것은 한국인이다. 한국에서 음양오행과 상생상극의 진리를 발견한 것은 천지개벽과 다를 바 없는 기적이다. 만일 한국에서 그 진리를 발견하지 못했다면 오늘의 음양오행설이 가짜라는 사실을 전혀 밝히지 못하는 동시에 백년이고 천년이고 그대로 진실인양 통용 될 것이다.

어찌 알리오? -<043>

백혈병(白血病)의 증상이 있는 것을 어찌 알 수 있었나요?
火熱 土燥에 金水가 枯渴됨을 보고 안다.

심장은 火가 되고 혈액은 水로 본다. 白血病을 白血 이라고 하는 것은 白은 金이고 血은 水이니 金水가 함께 파괴되거나 金水 太旺으로 火가 심히 약해도 발병한다. 일명 血液癌 이라고도 한다.

乾命	乙	癸	丙	甲
	未	未	子	午

위 사주는 癸수와 子수가 金의 생조(生助)는 못 받고 극과 설기(泄氣)로 무력(無力)하다. 설상가상으로 子午 충과 未未쌍 土의 극으로 水가 망가지고 있는 상황에서 丁丑 대운을 만나 丁癸 충 丑未 충으로 천극지충(天克地沖)을 하고 다시 丙戌년을 만나 丑戌未로 삼형을 하니 백혈병이 발생 丁亥년에 사망했다.

坤命	戊	丁	壬	甲
	戌	巳	辰	辰

위 사주는 壬수가 천지사방을 둘러봐도 도와줄 오행이 없으니 신약한 명조로 水가 고립 된 상태다. 원국에서의 辰戌 충으로 辰中癸수와 丑中辛금이 충으로 깨져 흩어졌으니 더

- 152 -

욱 고갈 된 水이고 대운에서 다시 甲寅목에 설기된 水는 자신의 역할을 못하게 된다. 결국 乙丑년을 만나서 壬수는 乙목 상관의 설기로 감당하지 못하는 상태에 丑土가 丑戌 刑 丑辰 破로 발동한 土가 강하게 壬수를 극하니 결국 백혈병으로 사망 하게 된다. 그래서 壬水는 철옹성 같은 戌戌 辰辰 4土에 백기 투항한 형상으로 생을 마감하게 되었으니 일지에 辰土 墓로 水庫를 놓은 것도 문제였다고 본다.

| 乾命 | 庚申 | 丁亥 | 戊申 | 丁巳 |

위 사주는 水왕절의 亥수가 庚申금으로부터 生水 받고 巳申合 水하므로 水는 태왕하고 천간에 나타난 두 丁화는 무력하여 백혈병에 걸렸다. 庚寅대운을 만나 庚금은 生水하고 寅목은 申금을 충 하여 왕신충발(旺神沖發)로 왕신이 크게 노하여 乙酉 년에 사망했다.

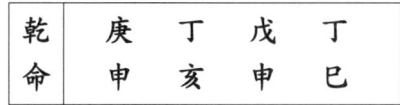

위 사주는 火왕절의 午화 라도 고립 되고 沖去하여 무력하다, 그러므로 이 사주도 金水태왕에 火가 약하다. 甲申대운 庚寅년을 만나서 甲庚 충 寅申 충으로 삶을 흔들어 놓더니 甲子년에 甲庚 충,子午 충으로 金水가 沖去 되어 백혈병이 발생한 것이다.

乾命	辛 巳	戊 戌	己 酉	丁 卯

위 사주는 水가 없는 無財사주로 卯酉상충 卯戌합 등으로 辛酉금은 괴멸(壞滅-무너져 망했다)壬辰대운에 財星인 壬수가 떴으나 丁壬 合去 辰戌충으로 金水가 무너져서 백혈병이 발생했다.

乾命	戊 午	乙 卯	甲 申	庚 午

위 사주는 木火 태왕으로 金水가 약하다. 庚금은 甲庚 충으로 水를 돕지 못하고 戊午대운을 만나면서 庚금을 녹이고 壬午년을 만나면서 水가 나타났으나 심약하니 백혈병이 발생 한 것이다. 이와 같이 火기가 태왕해도 金 水가 심약하여 백혈병이 발 생 하게 된다.

<오장육부의 기능과 작용>

오장육부는 오행으로 형성되어있기 때문에 그 성질과 기능은 오행의 성질 또 기능과 유사하다. 木은 발생과 시작의 과정과 작용을 하듯이 간(肝)과 담(膽)은 혈(血)과 담집을 발생하고 공급하는 작용을 하고, 火는 성장과 변화의 작용을 하듯이 심장과 소장은 발전과 변화를 주관 하며, 土는 음과 양의 화합을 주관 하듯이 비(脾)와 위(胃)는 음과 양의 중화를 주관하고, 金은 성숙과 거두는 것을 주관 하듯이 허파와 대장은 기(氣)와 정(精)을 거두는 작용을 주관하며, 水는 지하로 갈무리하는 것을 주관 하듯이 콩팥과 방광은 정과 배설을 갈무리하는 작용을 주관한다.

어찌 알리오? -<044>

> ### 신기 무당 정신병(神氣, 巫堂, 精神病)인 것을 어찌 알 수 있었나요?
> 木火 甚弱 또는 太旺하거나 2重 식상에 庚辛인수가 있음을 보고 안다.

　신병이 있는 것은 정신병과 같이 木 火가 심히 약하거나 태왕 하여 발생하는 병이지만 신기와 신병은 약간 다른 점이 있다. 신이 들린 命은 정신세계 일부분을 귀신이 점유하고 있는 것이고 정신병은 정신세계가 파괴되어 사고(思考-생각)의 혼란 상태가 발생한 것이다. 신병과 정신병의 차이점은 대체적으로 신들린 사람은 의식이 뚜렷하고 합리적인 말이나 행동을 하지만 정신이상인 사람들은 말에 조리가 없고 횡설수설하며 자신이 정신병인 것을 의식하지 못하고 자기 비판력을 잃은 상태다. 그런가하면 신병과 정신병이 함께 오는 경우도 더러 있다. 木은 신경이고 火는 정신인데 의식세계를 장악하는 木 火가 아주 약하거나 대단히 강하면 접신(接神-신기가 접하여온다)이 잘 된다. 신들린 命은 일주가 심약 또는 태왕 하고 庚辛申 있고 일주이거나 인수이면 더 심한데 庚申은 경신(敬神)과 동음으로 신을 의미하기 때문이다. 2중의 食傷이 되어야 한다함은 하나는 의식세계이고 하나는 귀신이 점유하는 세계로 복합되어 있으며 형이나 충이 되고 또한 대운이 음습하게 흐르거나 조열한 운으로 흐를 때 접신이 잘 된다.

坤命	乙	辛	乙	庚
	亥	巳	巳	辰

　위 사주는 乙木이 둘이라도 乙辛 沖去 乙庚 合去로 심약하고 식상인 火가 왕성하다. 그런가하면 庚辛이 사주에 있고 庚금 식신 亥水가 있고 辛巳가 압합(暗合-巳中丙火, 丙辛合)되고 巳亥가 충을 한다. 초년 일찍 든 운이 午未인 것으로 보아 어려서 접신 됐을 것이다.

1965년01월19일卯시생

坤命	乙	戊	乙	己
	巳	寅	巳	卯
수	5	15	25	35	45	55	65
대운	己卯	庚辰	辛巳	壬午	癸未	甲申	乙酉

<무속인의 팔자>

　위 사주의 주인공은 무속인 으로 활동하는 여명의 팔자이다. 15세에 신을 받아 무속인 으로 37년이라는 긴 세월이 흘렀으니 신이 나갈 시기도 된 것이다. 그래서인지 사주 공부를 하고 있단다. 필자에게 간명을 의뢰하였기에 일반 가정 주부로만 살아갈 수 없는 사람이라고 하였더니 그럼 무엇을 하면 좋겠느냐고 물어 와서 무속인의 팔자라고 단호하게 말했더니 이실직고하면서 신이나가 명리공부 하고 있다면서 선생님께 배우고 싶어서 찾아왔단다. 이 사주가 왜? 무속인 이었는지 분석해 보자. 乙巳일주가 乙巳년에 태어났으므로 상관이 둘이고 寅巳刑살을 놓았으며<2重의 食傷이 되어야 한다>은 하나는 의식세계이고, 하나는 귀신이 점유하는 세계로 복합되어 있으며 형이나 충이 되고 또한 대운이 음습하게 흐르거나 조열한 운으로 흐를 때 접신이 잘 된다. 에

해당함> 대운이 木 火운으로 흘렀으므로 접신이 잘 됐을 것이고 무속 인으로 살아가야 할 팔자이다.

사주구성 자체를 보면 상관성이 강하면서 木火土 3신이 상생하는 명조이므로 삶 자체는 좋지만 부족한 부분이 분명 도사리고 있을 것이다. 삶 자체라 함은 가난하지 않고 막힘이 적고, 그러나 무관사주이므로 남편 덕이 적고 자신의 노력으로 살아가야 하는 팔자이다. 40대 중반 까지는 영기가 밝고 신이 존재하지만 40대 중반이후는 신이 나가는 형국이고 학문으로 살아가야 할 운이기에 명리를 배울 수밖에 별 도리가 없을 것이다. 사주 학을 공부하여 써먹을 수 있을까? 식상이 강하여 하나를 배우면 열을 활용할 수 있는 수단이 좋다고 해야 한다. 그러므로 말년에는 학문으로 살아갈 것이다.

坤命	戊戌	丁巳	己丑	庚午

위 己丑일주는 4土 3火로 화토중탁(火土重濁)의 명조로 구성되어 조열한 흙이다. 財官이 없는 무재무관으로 버려진 땅이므로 정상적인 삶은 어렵고 신에 의지하며 살아야 할 팔자이다. 더욱이 초년운세가 동방 木운 으로 흘러 火기가 태왕해서 초년기인 중학교시절 접신으로 학업을 중단(中斷)하고 辛酉 식상관 년에 신 내림굿을 하고 법당을 차려 현재 무당으로 활동 중인 명조이다.

| 坤命 | 丁丑 | 壬子 | 丁亥 | 辛亥 |

위 丁亥일주는 천간 丁화는 丁壬합거로 없어지고 지지 전국이 亥子丑 水方局을 이룬 명조로 격국(格局)으로 따지자면 종살격(從殺格)이다. 이와 같이 음습한 명조는 접신이 잘 되는 명조로 신의제자다.

| 坤命 | 壬寅 | 壬寅 | 乙亥 | 辛巳 |

위 乙亥일주는 상관성인 巳화가 巳亥 충을 하고 辛금과 암합(暗合 -巳中丙火와 丙辛合)을 한 상태이다. 본 명조는 일주가 태왕하고(壬寅양 水 木과 亥水가 있어) 시간에 辛금이 뜨고 辛금과 암합 화신(化神)인 인수 水로 화출(化出-변해서 水로 나타남)되고 상관이 충을 한 것이 접신의 주요 원인이다.

| 坤命 | 乙酉 | 乙酉 | 壬午 | 辛亥 |

위 사주는 壬수 일주가 乙木 두 상관을 놓고 일지 午화와 亥수가 암합(丁壬合木)하여 이중 상관을 만들고 辛금이 인수된 사주이다. 이와 같이 음습한 명조가 대운이 서방金운에서 북방水운으로 흐를 때 水운에서 신을 받게 된다.

| 坤命 | 己亥 | 乙亥 | 乙巳 | 庚辰 |

위 사주는 乙木이 庚金과의 합은 合神하였음이니 무속인이다. 乙목은 왕하고 일지 상관 巳화는 약하다. 이사주도 乙목은 강하고 인수가 충을 하고 庚금이 시간에 나타나 일간과 합을 함이 신을 받게 된 주원인이다. 30년 가까이 신을 모시고 재물도 많이 모았으나 甲申년에 사기당하여 빈털터리가 되었다하는데 甲申년운세가 겁재 운으로 탈재의 기운이 역력하다. 申금은 巳申 형을 하여 관재까지 뜬다. 아마 손재가 아니었다면 몸에 칼 댈 수 있었다고 봐야한다.

위 사주는 乙木의 상관 巳화가 두 개로 나타나고 상관이 충을 하고 庚辛금이 나타고 있어 접신의 가능성이 큰 사주이다. 본 명조를 구체적으로 분석해보자면 乙목 일간이 庚辛금에 극 당하고 두 巳火와 식신 丁火에 설기 당하고 있어 심히 약한 형상에 亥수는 고립되고 子수는 멀어서 乙목을 도와 줄 수 없다.

이 사주의 주인공도 접신될 기미가 보여 절로 피신도해 보고 모든 방법을 동원했지만 신을 거부하진 못했다. 신을 모셔야 할 사람들이 거부하면 우선 재산을 치고 다음에 몸을 치게 된다. 종당 간에는 신에 끌려 신을 모시고 살아가게 만든다.

| 坤命 | 辛卯 | 壬辰 | 壬午 | 癸卯 |

위 사주는 임수일간이 두 상관 卯목을 놓고 壬午 암합(午中 丁화와 丁壬 合)한하여 화출(化出)된 木이 상관성이다. 결국 이 중삼중의 상관이 나타난 결과로 접신 되어 자주 귀신을 본다고 하는데 결국 신을 받아야 할 것이다. 대운이 남방火운으로 아직은 버티고 있단다.

<급성(急性)과 만성(慢性)>

갑자기 발생한 병을 급성 병이라 하는데 화상 타박상 골절상 감기 몸살 식체 설사 등 여러 가지가 있다. 오랜 세월에 걸쳐서 발생하고 진행하며 다스리기 어려운 병을 만성병이라고 한다. 당뇨 고혈압 중풍 관절염 피부병 간질 불면증 변비 신경통 등 여러 가지가 있다. 급성 병은 나타난 증(證)이 기본이요, 전부로서 증세대로 진단하고 다스리면 쉽게 고칠 수 있다. 이런 증세는 동서의학으로 다스릴 수 있는 대표적인 질병이다. 급성으로 발생한 병은 원인이 따로 있는 것이 아니다. 발생한 증상과 양상이 원인인 것이다. 화상은 화상 자체가 원인이기에 화상을 다스리기만 하면 되는 것이다. 증을 위주로 다스리는 현대의학으로 안성맞춤이다.

그러나 만성병은 저마다 원인이 따로 있음으로서 그 원인을 발견하고 다스려야 한다. 당뇨 고혈압은 그 대표적이다. 의학에서는 이들을 성인병이라 말한다. 만성병은 병 자체가 만성화 되었다는 것으로 이들은 하나 같이 혈기 부족인 허(虛)에서 발생한 것이다. 당뇨나 고혈압이 만성화 된 것이 아니고 허가 만성화 된 것이다. 허가 만성화 되었다는 것은 부족이 크게 늘어나 극심해 졌다는 것이다. 혈기 부족이 처음 발생 할 때는 가벼운 상태로서 조금만 보완 하면 쉽게 다스릴 수 있었는데 방치하여 부족량이 나날이 늘어나 간단하게 치료 하는 것 보다는 뿌리 자체를 뽑아야지 지엽만 잘라내서는 다음해에 순이 다시 나듯이 재발 할 수가 있다.

어찌 알리오? -<045>

> ### 정신(精神)이상 인 것을 어찌 알 수 있었나요?
> 火가 甚弱 또는 太旺하고 식상이 혼란함을 보고 안다.

火는 정신이고 食傷은 사고의 능력과 판단이다. 접신되는 것은 나의 정신 일부를 귀신이 점유한 상태이고 정신이상은 나의 정신이 파괴되어 사고의 혼란을 일으키는 상태를 말한다. 정신병을 정의하자면 완전히 정신 상태를 잃어버린 것으로서 완전히 미쳐버린 증상으로 거식증, 공포증, 공항장애, 불면증, 조울증, 정신분열증, 도벽 등 약하게 오는 정신장애 즉 광증(狂症)으로 심하지 않은 정신상의 장애를 말한다.
광증이 있는 사주는 火기가 심약 또는 태왕 하여수습되기 어렵고 식상이 교란 된 상태이고 약한 정신 상태는 火가 심약 또는 귀문관살이 있거나 식신(생각의 별)이 결함이 있다.

坤命	己	癸	丙	壬
	未	酉	戌	辰

위 사주는 丙戌일주가 4土로 회기무광(晦氣無光-불빛이 희려져 그뭄밤 같다)상태다. 더욱이 辰戌 충으로 戌未 형살로 충동질한다. 식신(정신 생각의 별)이 혼란스럽다. 그러므로 정신병 정신에 문제가 발생한다. 己卯대운 甲寅 년에 甲목은 甲己합으로 묶이고 寅卯는 辰을 만난 방합 木局하여 목다화식(木多火熄-木이 많아 오히려 불이 꺼진 상태)으로 발광하여 결국 사망했다. 본 명조는 火가 심약한 상태다,

1981년04월22일12:50분생						
乾命	辛酉	癸巳	癸卯	戊午		
수	7	17	27	37	47	57	67
대운	壬辰	辛卯	庚寅	己丑	戊子	丁亥	丙戌

<조울증 환자 유 모 씨의 명조>

위 사주는 조울증 환자로 약간 정신적으로 문제가 있는 사람이다. 정상적인 것 같으면서도 정신적으로 이상이 발생한다. 왜? 그런 상태인지 사주구성부터 분석해보자면 식신인 卯목이 卯酉 충 되면서 巳酉合金으로 卯목을 극을 한다. 그런 상태로 시지 午화에 설기 당해 정신이 몽롱해지는 형상이다. 원국자체에 정신적으로 문제발생 가능성이 내포된 사주인데 27세 庚寅 대운을 만나서 상태가 더욱 심각해진다. 庚辛이 뜨면 神의 발동이고, 寅목 상관은 정신인데 巳申 형으로 교란시키는 형국이다. 조석으로 마음 상태가 바뀌고 공포심, 조울증, 정신이 혼미해진다. 그래서 자주 마음을 바꾸게 된다. 현재 36세로 庚寅 막 대운이고 丙申년을 만나서 더욱 혼란스럽다. 己丑대운이면 巳酉丑 三合金局이 형성 되고 己土까지 합세하면 卯木 식신이 무력해 질 것 인데 丁酉년을 만나면 丁癸충 卯酉 충으로 완전히 정신착란증으로 변질 될 가능성이 보인다.

본 명조의 주인공의 부친은 G대학병원 내과의로 정년한 의사의 외동아들이고 어머니는 S여대 앞에서 안과병원을 운영한다는데 현대의술로 치유가 잘 안 되는 병이 정신적인 문제가 발생하는 병인 것 같다. 평소에는 정상적으로 말도하고 행동도 하는 듯싶은데 조석으로 언행이 바뀌는 등의 심리불안 즉 조울증 또는 공포증 환자이다.

乾命	壬	辛	庚	丁
	申	亥	戌	亥

위 사주는 金水태왕으로 火가 심히 약하다. 木이 없으니 더욱이 식상인 水가 강해도 안정되지 못하다. 癸丑대운을 만나면서 丁壬합 丁癸 충으로 혼란스럽고 丑토는 辰戌충을 하므로 인하여 水火가 흔들리고 양 亥수식신이 있고 庚금 일간에 辛금까지 나타나서 정신분열증이 있게 된다.

乾命	甲	丁	辛	辛
	子	卯	酉	卯

위 사주는 식신 子수가 子卯 형을 하고 卯木은 卯酉 충을 하며 귀문관살 까지 걸렸으니(子년에 酉금)공항장해나 불안, 강박증세로 정신적인 문제가 발생한다.

乾命	庚	乙	甲	己
	午	酉	午	巳

위 사주의 주인공은 자폐증 환자인데 상호간에 의사소통이나 이해능력이 지극히 저하 되어 정신질환에 가까운 행동을 한다. 火기가 태왕하여 木이 심약해 졌고 乙목은(乙木은 乙庚 합으로 묶임)합을 이루니 木이 약해진데다가 甲己가 다시 묶이니 甲목 역시 무력하다.

위 사례에서 확인 했듯이 광증이 있는 사주는 火기가 신약 또는 태왕 하여 수습되기 어렵고 식상이 괴란 된 상태이고 식신(생각의 별)이 결함이 있을 경우 여러 가지 상황으로 변질 되어 장애가 발생한다.

職業篇 - 직 업 편

십간십이지의 원리를 깊이 파악하고 면밀하게 추출해 내면 모든 것을 소상히 볼 수 있다.

   사람의 삶에서 발생하는 모든 인연과 행위 명예와 재력 건강 직업 등은 아주 자연스럽게 그리고 분명하고 직설적 또는 비유적으로 10간 12지의 형 충 합 회에 녹아 스며있으므로 육신과 오행자의 자원(六神과 五行 字意 字源)등 주위 상황을 자세히 살펴야 그 사람의 직업을 알 수 있다.
   직업을 논하자면 직업의 요소가 어떤 형국인가를 살펴야 한다. 관성과 인성의 소통여부 식상과 재성의 소통여부가 어떤 형태로 놓여 있느냐에 따라 그 사람의 직업적 환경을 가름하는 틀 내지 형식이 된다.

관성이 약하면 조직사회중심으로 가다가도
자기 사업으로 간다.
만약 대운이 관성 운으로
흐른다면 조직과 손을 잡는 납품 용역 대리점
인허가 매장프랜차이즈로 가게 된다.
제조 사업은 만들 수 있는 식신성이
있어야하고
유통업은 움직이는 역마성이
있어야 한다.

어찌 알리오? -<046>

> **역술인(易術人)인 것을 어찌 알 수 있었나요?**
> 偏官 破克에 暗綠과 天醫星 天赦星을 보고 안다.
> <편관 파극에 암록과 천의성 천사성을 보고 안다.>

역술인들이 간명(看命)하는 목적은 흉함을 피하고 길함을 취하도록 알려줌이 목적이니 칠살을 상관으로 파 극하거나 충 또는 합으로 보내고 길함을 취하여 복록이 이르도록 함은 암록의 작용이며 원래 역술인들은 活人업으로 공덕을 쌓아야 하기에 천의성이나 천사성이 있어야 한다. 운명(運命)은 하늘의 도리인데 천기를 누설하여 천리를 범하면 하늘의 벌을 받게 될 터이지만 천사성(天赦星-하늘이 용서하는 별)이 있으면 그 죄를 사함이니 역술인 들은 반드시 이 별이 있게 마련이고 이 별이 없으면 일시적일 뿐 장구히 역리연구를 할 수 없다. 만약 역술인들이 안다하여 망령되이 움직이거나 역리를 빌미로 혹세무민한다면 천리를 범한 죄 값으로 작을 때는 신벌(神罰)이지만 클 때는 천벌(天罰)을 면치 못하게 된다.

천의 천희 천사성은 어떤 별인가?
天醫(하늘 천, 의원 의, 자로 醫는 치료하다.)병을 치료하는 의원, 무(巫-무당무 산, 이름 무)병을 치료함, 등으로 쓰이는 단어이다.
天喜(하늘 천, 기뻐할 희)하늘이 기뻐한다는 단어이다.
天赦(하늘 천, 용서할 사)하늘이 용서한다는 사면을 뜻하는 단어이다.
천사란? 인간은 큰 재난 큰 질병에 걸리고 환란(患亂 : 근심과 걱정)과 사활(死活 : 죽고 사는 문제)속에서도 사면(赦免: 용서해서 면 하다 벗다) 되고 부귀를 얻는다는 길한 별이다.

<u>위의 길성(吉星)은 월과 일을 기준으로 정한다.</u>

生月日 - 寅 卯 辰 巳 午 未 申 酉 戌 亥 子 丑
天醫星 - 丑 寅 卯 辰 巳 午 未 申 酉 戌 亥 子
天喜星 - 戌 亥 子 丑 寅 卯 辰 巳 午 未 申 酉
天赦星 - 戌 丑 辰 未 戌 丑 辰 未 戌 丑 辰 未

보통 天門星이라하여 하늘의 문이 열린다는 戌亥가
사주에 있는 사람도 역술인이다.

| 乾命 | 丙戌 | 己亥 | 丁未 | 庚戌 |

위 사주는 필자의 사주팔자인데 戌亥 천문성이 있는 팔자로 예지력이 남다르다. 또한 꿈의 예시도 적중하는 등 남다른 기를 가지고 있다. 亥월의 戌토는 천의이고 未토는 천희이며 丁화일간이 未토를 보면 암록이니 "암록은 총명한 두뇌에 재능이 있고 남이 모르는 음덕이 있어 어려움에 처했을 때 도움을 받는다고" 기록 되었다. 단 형 충을 먹거나 공망이면 그 효능이 반감 된다 하였다. 필자가 실제 감정에서 얻어진 지식에 의하면 식상이 발달 된 사람은 정신이 맑아 머리회전이 빠르고 너무 총명하여 실수가 많다.

| 乾命 | 壬辰 | 辛亥 | 甲子 | 甲戌 |

위 사주도 亥월의 甲목이 戌시를 만나서 戌亥 천문성(天門星)을 가진 명조로서 천안에서 30여년간 철학관을 운영하는 이도사의 사주이다. 戌亥가 월일지의 천의성이기도 하다. 이사주도 암록이 있다 甲일간에 亥수가 암록(暗綠)이다.

암록이란 무엇인가?
일간-甲 乙 丙 丁 戊 己 庚 辛 壬 癸
암록-亥 戌 申 未 申 未 巳 辰 寅 丑

암록은 건록과 비슷한 작용을 하나 신약보다 신강이라야 효력이 크고 건록과 육합이 되는 글자이다.

乾命	丁	庚	戊	庚
	丑	戌	寅	申

위 사주는 칠살인 寅목을 申금이 충하고 申금이 戊토에 암록이고 戊토가 천사성이어서 역술인이 직업이다. 본 명조는 火 土 金 3신 사주에 비겁과다지만 식신성이 발달 되어 비록 무재사주라도 의식주걱정은 없는 팔자로서 활인공덕으로 살아갈 팔자이다.

乾命	甲	丙	庚	丁
	午	子	戌	亥

위 사주는 칠살 丙화를 상관子수가 극하고 子월 亥수가 천의성이고 戌 亥 천문이 있고 상관성이 발달 되어 역술업이 좋은 명조이다. 본 명조는 상관생재(傷官生財)를 원하지만 丙午 火가 막고 있으면서 子午가 상충하여 재성이 흔들린 상태에 고립 된 형상이라 사업은 불가한 팔자이다.

坤命	丁	癸	己	辛
	酉	丑	丑	未

위 사주는 음 팔통 사주에 화토중탁(火土重濁-1火 4土) 이라도 金水로 연결 된 사주라서 답답한 팔자는 아니지만 합 충

이 많이 연결 되고 음습한 사주라서 신에 의지하여 살 팔자이다. 한마디로 무당 팔자인데 전주에서 이름깨나 있는 무당의 명조이다. 丑월 未土는 천사성이고 酉금은 천희성 이라서 역술과 인연 있는 팔자다.

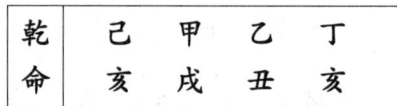

위 사주도 戌亥 천문성이 3개나 되고 천사성이 있어 역술과 인연 있는 팔자이다. 그러나 재성이 강하고 인비가 강한 명조라서 재성의 끈을 놓을 수 없어 역술로 업을 삼지는 못 하지만 관심은 많은 팔자이다. 본 명조의 주인공은 밀양에서 건설업에 종사하면서 역술공부를 하고 있는 사람의 사주이다.

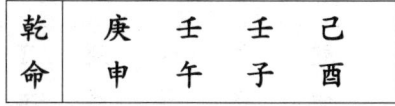

위 사주는 사주첩경을 저술하신 고 이 석영 선생님의 사주인데 金水태왕사주에(3金 3水) 양인까지 차고 있고(壬子양인살)수다토류 수다화식(水多土流 水多火熄)무관무재(無官無財)나 마찬가지인 명조이다. 子日 生이라서 申금이 천희성 이고 금수쌍청(金水雙淸)의 명조여서 활인(活人)업이 천직인 팔자이다. 수다목부(水多木浮)로 戊子대운에 풍기(風氣)로 고생 하셨다고 기록 되어있는데 丁卯 세운이 아닌가 싶다.
丁卯년을 만나면 卯木이 子卯 형 卯酉 충으로 상하게 된다. 木은 風으로 보는데 木中에서도 卯木을 風으로 본다.

어찌 알리오? -<047>

| 음식점(飮食店)업인 것을 어찌 알 수 있었나요? |
| 식신생재 (食神生財)함을 보고 안다. |

음식점은 식신생재 하는 명조가 성공하고 식상이 뚜렷하지 못하고 생재가 원활치 못하면 식당업에 종사해도 잠시일 뿐 오래 하지 못하며 성공하기 어렵다. 음식점도 사주의 명조성향에 따라 형태가 다르니 사례 편을 분석해 구별 하여야 보도록 한다.

| 坤命 | 戊辰 | 庚申 | 丙申 | 戊子 |

위 사주는 식신성이 강하면서 재성 또한 좋고 생재가 원활 하다. 왕년에 고급요리 집으로 성재(成財)한 요리집 여사장의 팔자이다. 사주에 木은 비록 없어도 대운이 남방火운에서 동방木운으로 흘러 운이 대단히 좋았고 식신생재로 이어지는 종재격(從財格)사주로 보아야 한다.

| 坤命 | 甲子 | 丁卯 | 辛亥 | 戊子 |

위 사주도 상관생재(傷官生財)로 이어지는 사주인데 辛금이 허약하므로 신왕(身旺)운에 득재(得財)하게 된다. 중년이후 서방金운에 발복했다.

乾命	乙	壬	乙	丙
	巳	午	巳	戌

위 사주는 상관 생재로 이어지는 팔자지만 유난히도 식상이 태왕하다. 그러므로 종아격(從兒格)으로 보아야 하는데 생재로 이어지므로 음식점으로 번창하고 있다.

남 O 옥(설ㅇ추어탕체인본부사장)

坤命	1966년11월05일酉시생				0	木
	丙	庚	己	癸	2	火
	午	子	酉	酉	1	土
수대운	3	13	23	33	43	53	63	3	金
	己亥	戊戌	丁酉	丙申	乙未	甲午	癸巳	2	水

<命造解說-사주를 풀어 해설 함>

子월 己토가 癸酉시를 만나니 旺水가 庚금까지 투출시켜 감당키 어렵겠다. 일지에 다시 酉금까지 놓았으니 더욱 불리하지만 다행인 것은 年柱 丙午가 있어 한습 함을 조후로 도와 사주가 중화를 이루었다. 다만 여명(女命)이 지지전국이 왕지(旺支)로 구성되어 팔자가 드세며 예체능계 또는 인기 업종이나 식당업에 종사하면 좋다.

상관성이 강하면 어떤 현상이 발생하나요?

酉酉 식신이 쌍으로 있으면서 월간에 庚금이 투출하여 상관(傷官)성이 강하다. 상관은 머리회전이 빠르고 영리하여 기획업무나 참모로 일하면 최고의 대우를 받는다. 특히 이 사주는 식신생재 격으로 돈인 물이 마르지 않는 형상이니 아무리 퍼 써도 계속 나오므로 돈복이 많다고 하겠다.

어떤 직업이 적성에 맞는지요?

이 사주는 식상이 강하다. 식상은 재주요 만들어 내는 기술 이므로 이공계 또는 예체능계로 진출하라고 하는데 식상은 식복이므로 먹는장사가 제격이다. 음식장사 중에서도 뜨겁게 끓여먹는 장사면 더욱 좋다.(火用神-추어탕 음식 좋음)다만 식신 상관이 생재로 이어져야 좋다. 본 명조는 酉금식신이 庚금 상관까지 투출시켜 식상이 뚜렷하고 생재 또한 원활해서 식당업이 제격이다.

배우자와의 인연은 어떠한지요?

무관(無官)사주이어서 대체적으로 배우자 덕이 적다. 식상이 왕 하면 관이 몰(沒-가라앉질 몰) 하기 때문에 내가 남편 벌어 먹여야 하는 형상이다.

위 여명은 상호만 말해도 대부분 알만한 추어탕 체인본부 사장의 명조이다. 보통 가정주부로 살아가기는 어려운 명조로 팔자가 드세다고나 할까 그러나 식당업을 하면 좋은 명조이지만 기복이 대단히 심하여 실패수도 보이는 등 삶이 순탄치는 않을 듯하다.

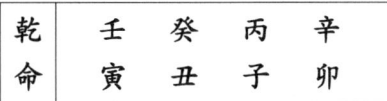

위 사주는 병신 합수 화기격 사주(丙辛合水 化氣格 四柱)로 보아야 한다. 설기신인 寅卯 木이 있어 좋다. 이 남자는 丑土상관이 亥子丑 水 관운이 되고 木은 살아있는 생물로 보아 해산물이다. 바다에서 나는 해물을 펄펄 끓는 물에 넣어 만드는 메기 매운탕 집 한다니 희한한 일이다. 용신이 조후

- 171 -

로는 火이고 통관지신은 木이니 木 火운에 발복한다 말해야 한다. 대운이 木火 운으로 운행 되어 일이 잘 풀리게 된다.

| 乾命 | 壬子 | 丁未 | 辛亥 | 庚寅 |

위 사주는 일지상관 亥수와 壬子수가 있어 식상이 왕 하다. 식상 水가 합하여 財를 만든다. (丁壬合木 寅亥合 亥未合木) 호텔경영학을 전공하고 현재 호텔 요리사로 재직 중 이지만 식상생재(食傷生財)하는 팔자라서 꿈이 큰 식당을 운영하는 것이다.

위 사례에서 보았듯이 식당을 하는 팔자는 식상생재 하는 팔자라야만 식당업에 성공할 수 있다는 것이 증명 되었다.

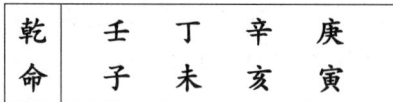

세 프(식당요리사)의 사주

1982년11월24일未시생					1	木
乾命	壬戌	癸丑	乙未	癸未	0	火
수	9	10	29	39	49	59	69	4	土
대운	甲寅	乙卯	丙辰	丁巳	戊午	己未	庚戌	0	金
								3	水

위 사주는 세 기둥이 괴강(魁罡:으뜸 별) 백호(白虎大殺)살에 丑戌未 三刑殺을 놓고 있으면서 무관사주(無官四柱)이다. 천간은 인비로 지지는 재성으로만 구성 된 특별한 팔자이다. 丑월 동토(凍土)에 乙목은 고달픈 삶을 살 것 같다. 이 사주는 천안 이도사 아들의 명조인데 도사인 아버지가 아무리 사주팔자를 들여다보고 궁리를 해 보아도 아들 녀석이 어찌 살

아갈까 염려되어 어느 날 대학을 나온 아들에게 전문대 2년짜리 요리 학을 전공하라는 권유를 했다고 한다. 어머니는 펄펄 뛰면서 요리는 안 된다고 하였으나 아버지의 설득으로 요리학과에 재입학하여 호텔 세프로 근무하다가 현재는 요식업 체인본부 수석 세프로 재직 중이라고 한다.

본 명조는 丑월 한동(寒冬)에 火도 없고 직업의 별인 官도 없으며 丑戌未 삼형살 까지 놓았으니 칼 잡는 일이 천직이고 지격증이나 면허 없이는 官이 없으니 살아갈 수 없을 것이기에 요리를 하라고 권유 했다는 것이다. 다행인 것은 대운이 木 火운으로 운행 되어 진로변경을 할 수 있었을 것이다. 財多해서 여자가 없는 것이고 배우자궁이 丑未 충으로 깨졌으니 결혼성사도 잘 안 될 것이기에 결혼 문제를 은근히 걱정했는데 乙未년에 속도위반으로 결혼하여 손자까지 보았다고 조부는 함박웃음으로 손자자랑에 여념이 없는 것을 보면서 만약 이 사람이 요리를 하지 않고 다른 삶을 살 수 있을까 생각게 한다. 그러므로 사주팔자는 직업과 무관할 수가 없는 것이다 칼자루를 잡느냐 칼날을 잡느냐의 차이로 보아야 한다.

<참고>

이사람 丙申년에 300 여평 규모의 대형 음식점을 4인 세프 등의 동업으로 천안 버스터미널 부근에 개업을 하였다. 丙화는 상관으로 활동이고 벌리는 별이고 申금은 정관이다. 丑月 乙목 이라서 병화가 반드시 조후해야할 팔자로 확장하지만 성공여부는 미지수다. 戊戌년을 관심 있게 봐야 할 것 같다.

어찌 알리오? -<048>

음식점(飮食店)업도 가지가지로 구분할 수 있나요?
물론 구분할 수 있다. 그러나 이론 적일 수 있고 식신생재 하는 命에서 용신에 해당함을 보고 안다.

[48-1] 닭고기 업인 줄 어찌 아는가?

　用神이 酉金임을 보고 안다.
* 신신생재 하는 사주로 용신이 酉금이면 치킨 집을 하는 사람이다.

坤命	庚	己	壬	乙
	子	卯	戌	巳

　위 사주는 오행전구지만 식상과 관살이 旺하여 신약사주이다. 식신이 왕 하므로 인수인 酉금을 써서 제압하고 관살인 己土와 戌土를 설기시켜 무력하게 하면서 巳酉합金으로 신약한 壬수를 돕게 되니 酉금 용신이다. 그러므로 닭유(酉)자인고로 치킨 업을 한다.

坤命	丙	甲	己	己
	戌	午	未	巳

　위 사주는 午월의 己土가 木火土 3신으로 구성 되면서 지지전국이 巳午未 남방火국이고 午戌 합까지 하면 불바다이다. 그러므로 金水가 희용신이 도는데 이사주의 형상에서는 酉금으로 火를 설기시키는 것이 좋으므로 酉금 용신으로 써야 한다. 위 주인공도 치킨 집을 운영한다.

| 坤命 | 己亥 | 庚午 | 癸未 | 辛酉 |

위 사주도 金이 셋이라도 午未와 亥卯未 합으로 신약해진 경우여서 시주 辛酉를 써야한다. 酉금이 용신이므로 치킨 집을 한다.

[48-2] 소고기 업인 줄 어찌 아는가?

用神이 丑土임을 보고 안다.
* 신신생재 하는 사주로 용신이 丑토면 소고기 집이나
  소고기수입업 또는 축산업을 한다.

| 乾命 | 丙申 | 庚寅 | 壬子 | 丙午 |

위 사주는 壬子 양인 살에 寅申 충 子午 충 丙壬 충 등으로 시끄러운 사주이다. 사실상 강해보이지만 沖去되어 약하다 그러므로 丑土를 써서 旺火를 설기시키고, 관인상생(官印相生)으로 만들어야 한다. 申금 역마가 용신으로 서방 酉금과 무역하니 소고기 수입업자이다.

| 乾命 | 癸卯 | 乙卯 | 丁丑 | 乙巳 |

위 사주는 4木 2火로 丁화가 旺火가 되었으므로 식상인 丑토로 설기시켜야 하므로 丑토가 용신인데 이 命의 주인공은 소 불고기집을 운영한다.

| 乾命 | 丙 辰 | 戊 戌 | 癸 丑 | 丙 辰 |

 위 사주는 관살혼잡으로 火土일색이니 종살격(從殺格)으로 볼 수도 있겠다. 酉丑 酉戌 辰酉로 酉금을 불러드린다. 그래서 酉금은 丑토 소의 젖으로 낙농우유 업자이다.

| 乾命 | 丙 戌 | 辛 丑 | 戊 申 | 丙 辰 |

 위 사주는 丑월 戊토로 시간 丙火로 조후하고 식신생재 하여야 할 팔자인데 丙辛合水로 丑토가 酉丑합 생재하니 염소탕 집 한다.

[48-3] 돼지고기 업인 줄 어찌 아는가?
 用神이 亥水임을 보고 안다.
 * 신신생재 하는 사주로 용신이 亥水면 돼지고기 집이나
   돼지관계 업을 한다.

| 坤命 | 丙 午 | 甲 午 | 戊 申 | 癸 亥 |

 위 사주는 식신생재 로 이어지는 사주로서 火기 태왕하여 癸亥水로 제압해야 한다. 그러므로 亥水가 용신이다. 亥수는 용신이고 申금은 희신 인데 亥수는 돼지고기요, 申금은 순대다. 그래서 돼지 순대 국밥집으로 성공했다.

乾命	癸	己	乙	乙
	亥	未	丑	酉

위 사주는 재관이 왕하여 신약하므로 인수를 써야하는 팔자로서 亥水가 용신이다. 亥卯未 삼합 木국하여 일간을 도우니 이사람 돼지 족발집 운영한다.

乾命	庚	乙	丁	癸
	子	酉	未	卯

위 사주도 재관이 강하여 일주가 허약하다 그러므로 木인 인수를 써야할 팔자인데 亥수를 불러들여 亥卯未 삼합 木국을 만들어 일주를 돕는다. 庚은 대장이고 乙은 구불구불하다 乙庚 합하므로 돼지순대 제조업을 한단다.

이상으로 위 사례에서 보듯이 亥水가 용신인 사람들은 돼지와 인연 있는 일을 하면 좋다고 한다.

[48-4] 칼국수 집인 줄 어찌 아는가?

用神이 식신 辰巳임을 보고 안다. 辰과 巳는 용과 뱀이니 길고 형상이 국수 같으며 밤이 되면 똬리를 튼 것이 만두나 칼국수를 뭉쳐 놓은 것 같아서이다.

坤命	甲	丙	己	己
	午	寅	酉	巳

위 사주는 火기 태왕하여 식신으로 설기시켜야 한다. 그러므로 酉금이 용신이다. 酉금이 巳酉 합하여 金 식상을 만든다. 원국이 화토중탁(火土重濁)이고 무재사주라서 큰 돈 모으긴 어렵지만 칼 국수집은 보편적으로 잘 하고 있다.

1968년06월17일辰시생						
坤命	戊申	己未	癸未	丙辰		
수	2	12	22	32	42	52	62
대운	戊午	丁巳	丙辰	乙卯	甲寅	癸丑	壬亥

<칼 국수집 운영하는 여인>

　이 사주는 특별한 사주입니다. 종살격 이라고 하는데 살아가는 데는 문제없으나 어딘지 모르게 비어있는 무엇인지 부족한 것이 보인다. 사주를 구체적으로 분석해 보자면 종살(從殺)이라 함은 살인 관성이 많아 자신인 癸수는 관(官)인 토(土)를 좇아간다는 말이다. 여자의 사주에 종살격 이라면 남편을 좇아가는 경우로 좋게 보기도 하여 남편 덕 있고 직장복 있고 일복도 많다고 하는데 운이 불리하게 흐르면 결혼 성사가 잘 안 되는 경우가 많다. 다자무자(多者無者)라는 원칙에서 많은 것은 오히려 없는 것이다, 라는 말로 이 여인도 미혼이다. 결혼도 못하고 모친이 운영하던 칼 국수집을 딸인 자신이 인수하여 운영하고 있다. 10년 연상의 이집 주방 보는 남자와 몇 년 동거하더니 乙未년에 헤어졌다. 운이 21세까지는 남방 火운이라서 불리한 운이어서 결혼도 못하고 살았을 것이다. 사주에 5土로 土가 병이고 木이 약신인데 현재 운이 동방木운으로 흐른다, 乙卯는 별 볼일 없었지만 甲寅 운은 매우 좋은 운이다. 이 사람도 辰토가 시지에 있어 칼국수와 인연 있는 팔자이고 아울러 칼국수만 하는 것이 아니라 여러 종류의 맛 나는 음식을 개발 하면서 손님이 많이 늘었다.

乾命	甲	癸	庚	己
	辰	酉	申	卯

위 사주는 庚금이 월지 酉금 양인 살을 놓고 土金이 부조 (扶助)하여 신왕 사주이다. 설기하는 癸水상관이 용신이고 辰酉합으로 식신과 辰토가 합을 하므로 칼 국수집 10년 했다고 한다. 어차피 이 사람도 칼을 써야할 팔자이므로 칼국수가 천직이다.

坤命	己	己	己	壬
	卯	巳	酉	申

위 사주도 巳월 己土가 申酉 식상생재 형이라서 부자의 팔자이다. 巳화가 칼국수이니 巳酉가 합하여 식상이 되고 바로 財로 연결 되므로 막국수 집을 하여 서방 金운에 돈을 많이 벌었다.

坤命	壬	癸	戊	癸
	辰	卯	辰	丑

위 사주도 辰토가 둘이나 되고 식상인 金이 없어도 재성이 천간에 3개나 뜨고 현재 식상 서방金운으로 운행하여 칼국수와 만두집으로 돈을 잘 벌고 있다고 한다.

이상으로 위 사례에서 보듯이 辰巳가 용신이거나 팔자에 있는 사람들은 칼국수와 인연 있는 일을 하면 좋다.

[48-5]생선업(生鮮業:회집)인 줄 어찌 아는가?

用神이 水木이고 水木합이 식재됨을 보고 안다.

　＊ 木오행은생명이 있는 것으로 水中의 木은 생선이고 金은 숙살지기(肅殺之氣)로 金이 없어야 활어(活魚)가 되고 설영 있다 해도 合去 또는 설기로 무력하면 된다.
회는 살아있는 고기라야 하는데 壬癸亥子 水
또는 甲乙木 寅卯辰, 丁壬合木으로 水木의
조합이 있으면 생선이다.

위 사주는 丙辛合水 子辰合水로 水가 만국(滿局:가득 찼다)에 甲木과 卯木이 설기 신으로 용신이 되므로 이 사람 회집이 천직이다. 子卯 형은 칼 쓰는 것으로 회 뜬 다로 보면 된다.

```
坤  戊 癸 壬 乙
命  戌 亥 寅 巳
```

위 戊戌 생 남자는 壬수가 乙木 상관에 설기당하고 寅亥 合木으로 木기가 강하다. 戊戌관살이 忌神이지만 戊癸合火 寅戌合火로 合去되어 좋고 壬癸亥水에 食神木이 寅亥合木 되어 회집으로 성공한 사람이다. 이사주도 합 형이 많은 사주로 역시 칼잡이 사주로서 회는 칼을 쓰는 것이니 회집이 천직이다. 대운역시 북방水운에서 동방木운으로 운행 되어 용신인 木 운이었으므로 사업 번창하였을 것이고 수로(水路)가 확 트여 막힘없는 삶을 살라했으니 건강장수에 부귀영화까지 보이는 좋은 명조이다.

坤命	壬	壬	甲	乙
	寅	子	申	亥

위 壬寅생 여명은 子월의 甲목이 지지에 申子水局과 亥수가 있고 천간에 쌍 壬水가 나타나서 물바다이다. 비록 甲木 이라도 旺水에 浮木 될까 두려워하지만 寅에 뿌리내리고 寅亥합하고 水中에 용신 寅목이니 횟집 여사장의 팔자이다.

乾命	丁	壬	己	丙
	亥	寅	未	寅

위 丁亥생 남명은 수산물유통업에 종사하는 팔자이다. 사주 원국에서 丁壬合 木局을 형성하고 지지에서는 寅亥 합과 동시에 亥卯合木局으로 수산물과 인연 있는 팔자이다.

乾命	甲	乙	戊	甲
	寅	亥	寅	寅

위 甲寅생 남명은 활어를 수송하는 운반차 기사로 木이 많아 종관살사주로 역마가 지지에 다 있어 역마는 이동, 움직임, 으로 역동성을 의미 활어운송 일을 하는 팔자이다.

乾命	戊	庚	癸	辛
	寅	申	酉	酉

위 사주는 양어장 운영하는 남자의 팔자인데 甲子대운에 양어장을 시작하였으나 잘 안 된다고 하는데 金이 많은 것이 흠이다. 양어장은 숙살지기인 金이 이렇게 많으면 활어가 상하는 형상으로 잘 안 된다.

-쉬어갑시다-

六 親 論

1, 육친은 사주분석의 꽃이다.

 육친은 "나 식 재 관 인"으로서 각자의 운동관계가 되는데요, 이 육친들이 육친간에 서로 짝을 잘 이루어 균형이 잘 맞느냐 안 맞느냐 로서 그 사람의 삶이 어떤 운동과 행위 속에 연출되고 있느냐 그리고 그 나타난 양상은 안정적이냐 고정적이냐 역동적이냐를 가늠하는 수단이라고 보면 된다. 결국 그런 음양운동이 **나와 재관, 식상과 관, 인성과 재성**, 사이에서 발생한다는 것이다. 예를 들어 말하자면 자신이 木이라면 財官은 土와 金이 되는데 生 剋, 관계로만 생각하기 보다는 木과 土金사이에서 일종의 음양 관계가 형성되어 운동성이 발생한다는 것이다.
木을 기준하여 火는 식상이요, 官은 金으로 음양 관계 형성으로 운동이 발생하는데 음양운동이 어떻게 발생하느냐를 보는 것이 사주간명의 중요한 수단이 된다. 고로 자신이 木이라면 土金에 해당하는 財官과 소통하는 수단의 火水가 있느냐 없느냐 에 따라 육친 해석의 기초를 삼는 가장 큰 틀이 된다,
 더욱 쉽게 이해를 돕기 위해 예를 들어가며 설명합니다.
머리속에 육친을 그려 보세요, 재성은 재물의 창고도 되고, 시장도 됩니다. 이 재물의 현금화를 위해서는 여러 가지 수단과 무대가 필요한데 육친 작용에서 노래하는 가수로 친다면, 식상이 바로 노래로 노래는 있는데 무대(재성)가 없다면 노래는 잘 하는데 발표할 무대가 없어 인기나 히트를 치지 못한다는 거죠, 반대로 무대(재성)은 있는데 노래(식상)가 없다면 노래라는 수단(식상)을 쓸 기회가 없으므로 다른 방법을

강구해야하는 비상수단을 써야 한다. 이것도 저것도 없다면 다른 글자로 짝을 지어 써야겠지요, 이와 같이 그림이(오행) 놓여있는 형태에 따라서 그 사람의 삶의 양상이 달라진다는 것이다.

2. 사주팔자를 산수화처럼 바라보면 무엇인가 보인다.

사주 여덟 글자를 펼쳐놓은 산수화처럼 바라보면 무엇인가 보인다. 이 공간을 사람이 사는 도시로 생각해보자는 것이다. 식신이 있는 팔자라면 멀지않은 공간 안에 밥식(食)자가 있다는 말로 소풍 온 사람으로 비유했을 때 맛 나는 도시락을 싸 온 사람은 먹을거리 걱정을 안 해요, 그러나 그냥 달랑 몸만 왔다면 이곳저곳을 기웃거리게 되니 바쁩니다. 이것이 食이 있는 사람과 없는 사람의 차이입니다.

육친을 좀 더 구체적으로 넓혀 분석해 보자면 甲木이 甲木을 만났을 때는 방향도 생각도 하는 운동도 같게 되는데 함축해서 말하자면 동색(同色)으로 육친 환경이나 활동에서 형제, 친구, 등으로 무엇인가 행동과 행위가 같은 친교행위, 순행성, 우정, 동업, 협동, 분배, 의 행위에 해당된다. 그런가 하면 비견이라는 인자는 소비나 지출로 낭비성도 내포 되어 있다는 것이다. 반면 겁재는 대체적으로 타의적인 낭비로 본다, 고로 비견은 더 많은 량을 들 수 있는 효과도 있지만 경쟁과 다툼의 호쟁(好爭)성은 겁재와 비슷하다. 비견은 쉽게 포기도 하는데 겁재는 끝까지 물고 늘어지는 대단함도 보여줍니다. 또한 甲이 甲을만나면 동질성(同質性)이지만 寅을 만나는 것은 달리 생각해야한다. 寅중에는 戊丙甲 이라는 지장간이 있기에 다른 성향이 있는 것이고 寅은 12운성으로 건록이 되므로 록 자리에 이르면 건강이나 수명을 상징한다.

3, 부자의 팔자는 겁재가 있는데 겁재는 빼앗아 가기도 하지만 빼앗아 오는 성향도 있다.

사주에서 비견은 동업자라면 겁재는 경쟁자라고 생각하면 된다. 우리가 육친을 처음 배울 때 겁재는 이복형제 성이 다른 형제 또는 손재 불화인자 배신도 잘 한다, 그렇게 배웠지만 겁재는 동업 협조가 아니라 투쟁성 동요 파란 적대감정 강탈 차압 부도 우환 폭력 변덕 대립적으로 간다. 겁재라는 행위 자체는 결국 내가 살아남기 위한 몸부림이다.

겁재는 천간적인 부분에서의 겁재와 지지적인 면에서의 겁재는 차이가 나는데 천간은 주로 정신적인 면에서의 잔인성이라면 지지는 양인성이 되기 때문에 상신, 횡액, 손재,(傷身 橫厄 損財) 등의 부정적인 형태로 들어나기도 한다.

4, 양인을 프로페셔널(Professional)의 별로 봐라,

현대사회에서의 양인(羊刃)은 프로의식이 강하다, 그러므로 능력과 역량이 있는 사람으로서 프로이기 때문에 오르막과 내리막이 있으며 좌절과 실패가 있다는 것이다. 그래서 운명적으로 겁재성에 머물러서는 안 된다는 것이다.

하늘을 날던 독수리가 땅에 떨어져 죽었다고 한다면 그것은 너무 큰 날개와 너무 큰 부리와 너무 큰 발 때문입니다. 그러나 독수리가 비상하면 모든 잡종의 새들은 부러워한다.

양인이 있다는 것은 독수리로서 비상 할 수 있는 큰 압력과 힘이 있다는 것으로서 사람의 삶의 내용에서는 여러 가지 성공과 번영의 과정을 프로답게 이룩할 수 있다는 하나의 징표로서 양인이 있는 팔자는 일단 그 사람이 프로로서의 전문자격이나 기술을 이룩할 수 있는 조건을 갖추었다는 말로 같은 겁재라도 천간에 있는 겁재와 지지에 있는 겁재는 전혀 다른 성향을 가진 것이다.

5. 식신(食神)이 유기(有氣)하면 승재관(勝財官)이다.

　모든 생활 수단이나 조건이 식에 달려 있다, 그만큼 사람에게 중요한 수단이다. 그러므로 식신 유무와 강약(有無와强弱)이 매우 중요한 것이다. 식신은 표현의 수단 건강한 배설의 수단으로 살아가면서 긍정적이고 낙천적이며 지혜의 별로도 보고 수명장수의 별로도 본다. 상관은 식신과는 많이 다르다. 글자를 놓고 보아도 食神은 밥식,(먹을 식)에 귀신 신을 쓰지만 傷官은 상할 상자에 벼슬 관을 쓰므로 관청을 상하게 한다는 의미로서 규칙이나 법칙을 따르지 않는다는 것, 비판적이고, 반발성이며, 불화의 뜻도 된다. 그래서 식신을 무궁화 꽃으로 비유한다면 상관은 벗 꽃으로 본다. 무궁화는 오래 지속적이지만 벗 꽃은 왕창 피었다가 질 때는 같이 지는 묘한 속성을 가졌다고 보면 된다. 식상이 잘 발달되어있으면 食傷生財요, 財生官 하므로 승재관이란 표현을 쓴 것이다.

6. 상관이 득세했거나 상관격 또는 상관이 잘 발달 되었다면 직업의 다양성을 찾아보아야한다.

　상관은 직업적으로도 가장 다양하다. 그러나 공통적인 것이 있다. 일반적으로 조직사회에, 규격화된 것 또는 정형화된 것을 매우 싫어해서 묶여 살지 않는다는 것이다.

상관은 자유분망(奔忙-달릴분 바쁠망:조급하다)하다. 반면에 천재적인 예술성이나 창조성이 뛰어나다. 하나를 가르쳐주면 열 가지로 써먹을 정도이다. 약삭 바르다고나 할까 참새뒷다리에서 고기 세근을 발라낼 정도로 비상하다. 그러므로 위법행위를 잘 저지르기도 한다.

7, 재성은 내가 극하는 별로 자신이 컨트롤 할 수 있어
   야 한다.

　재성은 글자그대로 재물의 별이다. 내가 극하는 인자라는 것인데 극한다는 것은 영어로 컨트롤(control),조절하고 제어해야 되는 별이다. 얼마나 피곤한 별인가, 내가 파헤치고 뒤집고 조절해야 재물이 생기니 말이다. 그런데 재미도 있다. 왠지 아세요? 반대끼리 음양을 충족시키기 때문이거든요. 예를 든다면 木은 발산력(發散力)이고 추진력인데 土는 중화와 응집해주는 작용을 하니까 그 추진력과 응집력이 조화를 이루면서 음양운동을 하게 되므로 재미가 있어 신나는 것이다. 그런데 기(氣)소모가 많이 되서 강한 팔자는 컨트롤 할 수 있어 좋지만 약한 사주에서 재운을 만나면 놀아나서 재에 끌려 다니는 결과로 되고 마는 것이고 재 운동을 할여고 부단히 노력하는 이유는 생명이라는 것은 결국 음양운동으로 나와 반대편의 것을 채워야 하는 것이기에 인간사는 결국 재관(財官)이라는 글자 속에서 음양운동을 하면서 짝짓기하려고 하는 거라고 보면 된다. 그래서 재는 결국 우리의 삶을 움직이게 하고 죽음으로 이끌어가는 인자인 것이다.

8, 관성은 나를 극하는 별로 호랑이와 같으나 호랑이와
   자주 놀다보면 투쟁성이 생긴다.

　편관은 말 그대로 호랑이(武官-무관)로 무장을 한 존재다. 그냥 제어하는 것이 아니라 총칼로 강제로 제어 제지하는 것으로서 군인 경찰 검찰 특수기관 그와 비슷한 조직체가 다 편관이다. 인간관계에서 특히 여자팔자에서는 기둥서방 애인 남편이라도 반밖에 안주는 서방 이다, 요즘 남편의 의무가 뭔고 하니 금전 애정 동거죠, 그런데 하나는 꼭 빠지는 것이 있다.

편관은 치우쳐서 채워주는 것이어서 돈을 주면 사랑을 다른데 가서 하든지 사랑을 주면 돈을 안 주든지 이런 문제로 일단 피곤하지요, 그렇게 되면 자연히 이런 말이 나오게 되어있다, 인간아 밥만 먹고 사냐? 사랑도 있어야지, 그런가하면 사랑만 하면 인간아 살 수 있냐? 거기서 밥이 나오느냐, 옷이 나오느냐, 인간아 왜 사니, 그러죠, 돈도 주고 사랑도 주는 사람보고는 뭐라고 하는지 아세요, 잘났어, 정말, 이런 말이 나오는 거죠, 이것이 바로 정관이다. 편관은 결국 한쪽은 부실하게 한다, 이말 이지요, 그러나 정관은 완벽하게 채워줄 수 있는 관성이므로 여자에게는 남편이고 남자에게는 음양이 다른 것으로 자식을 의미하지요, 조직속성으로 말하면 행정이고 공평무사 질서 정의사회구현이라면 편관은 난세에 득세라 일단 무시하고 돌파하는 기질이 있는 것이다.

9, 편인은 콩쥐의 눈물이라면 정인은 팥쥐의 당당함이다.

편인은 말 그대로 계모의 역할이다. 계모의 눈치 밥을 먹으려면 동작도 빨라야 하고 눈치가 빨라야 하는데 그 이유를 물어보면 잘 모른다고 한다. 甲木에 편인은 壬水죠, 식신 밥그릇이 뭣인가요, 丙火죠, 壬水는 丙火만 보면 엎어버려요(倒食-도식)그래서 눈치 빠르고 동작 빠르지 않으면 굶어야 하는 이유로 생각하면 된다. 편인은 날개는 없지만 카운트다운과 함께 우주공간을 날아간다. 그래서 편인은 다른 사들이 가지지 못한 기술이나 기능 또는 예술적 재능 의약으로 일반적인 분야가 아닌 재능 순발력 순간적으로 힘을 쓰는 스포츠 등으로 보는 것이다, 대체로 인성은 문서형태로의 재산이다. 그래서 편인도 문서 또는 재산이 되는데 부동산일 때는 팔기 어려운 땅이 되는 것이다.

그러나 한번 뛰면 엄청나게 오르는 그런 땅이다.

정인은 편인과는 다른 친어머니 같은 면이 있고 대충 해 놓고서도 당당하게 버틸 수 있는 팥쥐의 당당함이 여기서 나온 말이다, 자기 과신의 인자도 된다. 도덕성 학문성 정통성 그리고 적당한 제어와 조절력도 된다는 것이다,

육친적 또는 환경적으로는 모친 엄마 학자 선비 예절 덕망 보수성 대체로 글과 학문성의 속성이다. 편인은 이공이라든지 전문성 자격증으로 본다면 정인은 대체로 인문 명예를 추구하는 글공부 등의 속성을 가진다.

10. 육친은 기본적으로 상호작용에서 육친 전체를 조금 더 확장해서 보는 방법을 생각해야 합니다.

비견과 겁재를 볼 때는 그 글자가 가지는 뜻 외에도 재성을 극한다는 것을 생각할 수 있어야 한다. 식상은 관을 극하고 재성은 인성을 극한다. 식상이 관을 극하는 것을 생각해 볼 필요가 있다. 주로 남편의 덕을 삭감시키는 작용을 하는데 식상은 여명에서는 자식이 된다. 모친은 자식으로 애정이 이동하면서 남편의 덕이 대체적으로 줄어들게 되는데 이것은 자연운동으로 보아야 하고 남자나 여자나 마찬가지다, 남편을 얻었을 때 관심이나 애정이 남편에게 머물러 있다가 시간이 흐르면서 그 비중이 남편에서 자식으로 옮기게 되는데 이는 식상운동이 활발해지면서 남편의 별인 관성이 극하게 되기 때문입니다. 이와 같이 모든 것을 이런 방법으로 정리해 보면 이해가 될 것이다.

11. 辰戌丑未의 속마음을 알면 사주가 보인다.

고급스러운 논리를 펼쳐나가려면 辰戌丑未의 속마음을 읽어야 한다. 우선 甲木의 편재 戊土부터 살펴보자, 지지에는

辰戌토가 있고 그다음에 寅申巳亥 속에 戌土가 들어있다. 戌土의 숫자가 7개가 있다. 戌辰戌土는 편재의 개념으로 보아도 무방하다. 다만 辰戌은 왕 쇠를 12운성으로 가늠 할 수 도 있다. 그러나 기운적인 왕 쇠는 전혀 다르다, 寅卯辰월은 木운동을 하다가 申子辰삼합 될 때와 子辰 辰酉등 六合 할 때는 색깔이 달라진다, 方合으로 진행될 때는 木으로 행세하다가 三合이 될 때는 水로 놀고 子辰은 水요 辰酉는 金으로 논다, 戌은 方合에서는 金으로 행세 하고 三合에서는 火로 놀고 午戌 火로 놀다가 그 시기가 지나면 고유의 土로 행동한다는 것이다, 이해가 잘 가지 않는 학인들을 위해 월의 개념으로 설명하려한다. 寅卯辰 까지는 木으로 놀고, 巳午未 월은 土로 행세하다가 申월을 만나면서부터 水운동이 시작 되는데 이때 辰토는 나는 물이야 하고 물 행세를 하는 간사한 잡것이 된다. 실제로 辰토가 土로서의 본분을 다하는 시기는 辰월의 끝부분부터 巳午未월까지만 土로 행세할 뿐 그 나머지는 잡것 행세를 한다. 이걸 알아야 辰토의 모습을 바로 볼 수 있는 것이다. 이번에는 개술자의 戌土의 노는 모양을 살펴보기로 하자. 戌土는 가을 끝에 놓여있어서 불씨를 약간 보존하고 있을 뿐이다.(寅午戌) 申酉戌은 金운동을 하지만 亥 방향으로 흐르면 戌亥라는 乾金에 만족 할 뿐 水운동은 안한다. 그러나 辰토는 다르다 분명 水 운동을 한다,(子辰合水)그래서 辰戌丑未의 마음을 파악할 줄 알면 오행의 절반은 파악 한 것과 같다 말하는 것이다.

12, 육친을 변용하고 확장하여 사용하는 융통성이 있어야 개안이 된다.

육친을 변용한다함은 의미를 바꾸는 것이 아니라 기본 골격은 놓아둔 채 육친의 뜻을 확장해 사용하는 습관을 가져야 눈이 열린다. 육친이라는 것은 실제로 사람들의 행위전부에 적용할 수 있는 운동인데 일종의 관계가 발생한다는 것은 기운의 기우러짐이 있다는 것으로 보면 된다. 사주에서 비유해 말하자면 木이 木을 만나는 것은 비견겁재를 만난다는 것인데 동질성으로 木이 봄을 만남으로써 자기 뜻을 가장 활발하게 실현시키는 성장이라는 동작을 하게 된다. 이 동작이 실현되면 결과적으로 많은 부분에 확장을 할 수 있고 거기에 해당하는 동작을 하는 사물 또한 육친관계로 설정하게 된다는 점이다. 육친을 동작의 개념으로 해석하면 무한대로 변용될 수도 있다는 점을 잊지 말아야한다. 이렇게 생각해보자고요, 우리가 말하고 행동하는 동작을 육친에 붙여보면 식상인데 식신 상관이라고 하는 것은 자신이 가지고 있는 것들을 밖으로 내어놓는 행위에 해당한다. 즉 창작물이나 언어 표현에 관련된 행위 동작이 바로 식상에 해당된다.

　木은 火를 식상으로 삼지만 火 입장에서 보면 木은 인수에 해당된다. 그러므로 火는 木의 통제에 따라서 제어되니 바로 이런 관계로 보아 무한대로 변용할 수도 있고 움직이는 생명이기 때문에 육친은 무한대로 확장해서 쓸 수 있는 것이다. 이번에는 가족관계를 변용하여 써보자고요, 나를 낳아준 존재가 있다면 나를 낳은 존재 또한 있을 것인데 이것이 바로 엄마라는 존재지요, 그래서 인성이라 하는 것은 엄마 역할을 하는 것을 알 수 있다. 그렇다면 엄마와 짝을 지은 사람이 재성 이겠구나 ~ 이렇게 가족관계로 확장해 나간다면 내가극하는 존재인 재성이 아버지라면 나를 극하는 존재 즉 관성이 자식이 되는데 여기서 극한다함을 부정적으로 보지 말고 글자 상으로 볼 때 尅은 "이긴다." 라 는 것은 자연의 기운에서 이기는 동작으로 생각해야한다.

<춘하추동 사주학에서 발췌>

어찌 알리오? -<049>

> **이미용업(理美容)업인 것을 어찌 알 수 있었나요?**
> 木火通明에 戊己土 桃花 印綬 天醫星이 있음을 보고 안다.

 이 미용 업 이라면 머리를 주로 다루는 곳으로서 모발은 자라는 것이니 甲乙 목이 되고 나무가 가장 아름다울 때는 꽃이 필 때로 木火가 만나 목화통명(木火通明)이 되어야하고 도화살은 美를 추구하는 것이니 치장이고 인수는 단장과 치장에 예절을 갖추는 것이고 戊己토는 피부로서 투간 되어야만 얼굴로 보기 때문이다.

 이 미용업소 표시등을 보면 홍, 청, 백, 색으로 된 둥근 통이 돌아가는 것은 동맥, 정맥, 붕대, 를 의미한 것으로 그 유래는 18세기까지 유럽지방에서는 이발사가 외과의를 겸했다고 한다. 그래서 이 미용 업에 종사하려면 천의성이나 천희성이(116쪽 참조) 있어야 되는 것으로 본다.

| 坤命 | 甲午 | 丙寅 | 乙卯 | 戊寅 |

 위 사주는 5木 2火 1土로 구성된 목화통명(木火通明)의 명조로서 卯 인수도화가 있고 戊토가 시간에 나타나고 있어 천직이 미용사인데 사주에 인수가 없으나 甲子대운 子인수 운부터 미용업을 시작했다고 한다.

坤命	己	丁	丁	乙
	卯	卯	未	巳

위 사주는 乙卯木이 丁巳로 목화통명이고 卯 도화가 인수이고 己土 까지 천간에 나타났으니 이 여인도 미용실 업이 천직인 셈이다. 본 명조도 3木 3火 2土로구성 된 팔자이다.

乾命	戊	壬	乙	丁
	午	戌	巳	亥

위 사주의 주인공은 남자미용사로 사주구성이 목화통명이며 午도화가 인수인 壬수와 암합(暗合-午中丁火와 壬水가 丁壬合)까지 하고 戊토가 투간 되고 午화가 천희성이라서 미용업에 종사한다.

1974년02월220일戌시생

坤命	甲	丁	乙	丙
	寅	卯	卯	戌
수	3	13	23	33	43	53	63
대운	丙寅	乙丑	甲子	癸亥	壬戌	辛酉	庚申

위 사주의 주인공은 강남에서 미용사로 일하는 여명의 명조이다. 천간에 甲乙木과 지지엔 寅卯木이 3개나 되니 5木 2火로 목화통명이고 卯도화가 두 개나 되니 미(美)를 추구하는 업인 미용이 천직이다. 업종은 미용이 천직이라지만 이명조의 삶은 어떠할까? 비겁이 중중에 간여지동이고 무관사주이니 결혼하여 일부종사 할 수 없을 것이고 식신생재로 이어지는 팔자라서 돈은 벌겠는데 모아지지 않을 것이고(卯戌合

火로변함)신체로 말하면 가분수이니 하체에 문제 발생 가능성이 보인다. 다행인 것은 운이 북방水운에서 서방金운으로 흘러 무난한 삶을 살겠지만 나이 들어 건강관리 잘 해야 될 팔자이다. 신경과민 풍기(風氣)가 문제고 金水가 허약하니 폐와 대장 뼈에 문제발생 가능성 보이고 水도 문제이니 신장 방광 자궁이 약한 형상이다.

乾命	庚子	壬午	己巳	0 0

위 남명은 미용사로 왕년에 이름을 날렸고 현재는 정릉에서 부부가 미용실을 운영하고 있다. 본명은 午화 인수도화에 己토는 얼굴이니 얼굴 치장하는 미용사가 천직이다.

坤命	辛丑	己亥	甲子	甲戌

위 사주도 甲木일주에 己토가 투간 되고 子 도화 인수를 깔고 앉아 있으며 戌토 천의성 까지 있어 미용사의 명조이다. 이 명조는 亥子丑 북방水국을 이루고 火기가 없어 동목(凍木)으로 수목응결 될까 염려스러운데 戌토에 己토가 나타나 제방을 쌓고 청년기부터 동방木운에서 남방火운으로 흘러 무난하게 살 것이다. 이사 주는 火土가 희용신(喜用神)이고 金水는 기흉신(忌凶神)이다.

坤命	壬子	丁未	乙卯	己卯

위 사주도 목화통명의 사주이다. 子수 편인 도화를 놓고 未월의 卯木이 천희성 인데 둘이나 있으니 미용사 사주이다.

|坤命|乙未|癸未|庚寅|己卯|

 위 여명은 원국에서는 목화통명이 안 되지만 火왕절인 未월이고 丙戌대운을 만나서 목화통명으로 변하고 己토 인수가 卯도화에 앉아 있으면서 천희성을 가진 사주로 미용사가 천직이다. 원국에서 월간상관을 놓아 기술자로 가야하고 생재로 이어지므로 미용실운영을 하면 많은 돈을 모을 수 있는 사주이다.

<관 인 국으로 형성(官印局으로 形成)된 사주>

|坤命|壬子|戊申|壬辰|癸卯|

 위 사례의 팔자는 관성이 월간과 일지에 드러나 있고 인성이 월지에 있으면서 申子辰으로 무리지어 있는 특징이 있고 양인이 시지에 나타나있으면서 비겁이 중중하고 4오행이 끊임없이 이어집니다. 그렇다면 이 命은 財 官 中에서 어떤 것을 써야 할까요?
官印相生하면서 편관이 천간에 나타나 있으므로 官을 써야 하는 命으로 편관이므로 내무보다는 외무가 적격이죠, 양인은 힘이 센 인자이므로 프로입니다. 그래서 외무에 프로로 나서야 하는 팔자다 이겁니다. 이 사주에서는 申역마가 편관이죠, 그러므로 공직이긴 한데 공공기관이 아니라 사기업으로 가는 경우가 있는데 그런 경우는 財가 드러나 있어야 하는데 본명은 財가 빠져 淸하므로 공공기관이 맞습니다. 이사주의 주인공은 외무고시 합격자로 해외공관에 근무합니다.

어찌 알리오? -<050>

**피부관리(皮膚管理)업인 것을 어찌
알 수 있었나요?**

土가 金水에 순리적으로 설기되고 도화 천의성이
있음을 보고 안다.

피부 관리는 금백수청(金白水淸)으로 구성 되고 피부인 土는 윤습해야 만이 관리가 잘 되기 때문에 金水로이어지고 도화로 아름답게 가꾸고 천의성 또는 천희성이 있어야 피부 관리를 잘 하게 된다.

坤命	辛	丁	丁	戊
	亥	酉	酉	申

위 사주는 시간의 戊土상관이 申酉금에 순설(順洩)되어 亥수에 연결되어 금백수청(金白水淸)이다. 酉金 도화에 戊土가 투간 되고 申金이 천의성이니 피부관리사의 팔자이다.

坤命	己	壬	庚	戊
	未	申	午	寅

위 사주는 庚午일주가 壬申월을 만나고 戊己토가 천간에 뜨고 午도화까지 일지에 놓아 금백수청에 未토가 천의성이어서 피부미용 학 을 전공했다. 대운흐름이 좋아 북방수운에 왕성한 활동으로 축재(蓄財)하는 등 입신양명할 것이다.

坤命	己	己	戊	庚
	酉	巳	子	申

위 사주는 戊己土가 庚申금과 巳酉 금으로 순설 되고 申子 合水까지로 연결 되니 금백수청에 酉子도화가 있어 피부관리사가 천직이다. 巳酉가 인합(引合)丑하여 丑이 천희성 이고, 申子 인합 辰하여 천의성 으로 예쁘게 하는 신이 둘이나 있고 대인관계가 매우 좋다.

1971년01월20일05시생					
坤命	辛	庚	辛	庚		
	亥	寅	未	寅		
수	6	16	26	36	46	56	66
대운	辛卯	壬辰	癸巳	甲午	乙未	丙申	丁酉

위의 사주는 사주천간에는 庚辛금이 지지에는 木왕절에 三合木局을 형성한 특이한 팔자이다. 사주의 기가 잘 흐르는 사주로 대인관계도 원만하고 또한 대운이라는 운의 흐름도 반드시 필요한 木 火 金운으로 운행되어 좋습니다. 사람은 누구나 태어나서 하고 살아야할 일이 결정 된다고 합니다. 시장바닥에 나가 장사해야 할 사람이 관직에 가면 오래가지 못하고 관직 즉 월급자로 살아야 할 사람이 사업이나 상업의 길로 진입하면 적지 않은 고생을 하게 되는 것입니다. 본 사주를 보면 태어난 날이 신미(辛未)라는 보석금으로 양날 태어나고 사주구성이 사업가로 그것도 예쁘게 하고 멋을 추구하는 사업가 팔자로 태어났으므로 예쁘게 하는 업이 천직이다. 이런 사주를 가진 사람은 용꼬리보다는 뱀 머리가 될 사람이거든요. 辛 금라는 보석이 범 달 범 시에 나서 재성(財星

-재물의 별)의 별이 강하므로 사업 또는 상업으로 살아가야할 팔자다. 지금까지는 사주구성을 분석한 것이고 金水로 설기되는 사주로 재성으로 이어지므로 금백수청으로 보아야 한다. 그러나 겁재성이 강해 이기주의자이고 무관사주이지만 26대운부터 관운이 들어 결혼성사는 될지라도 巳대운에 파경을 맞았을 것이다. 현재 피부관리와 속눈썹 전문샵을 운영하다가 운영이 잘 안되어 접고 乙未대운에 다시 시작하려한다는데 잘 될까요? 라고 물어온 사람인데 글쎄요, 乙未운은 썩 좋은 운은 아니다. 재성이 병사묘(病死墓)에 입고되면 불리한운으로 보고 겁재성이강해 빼앗아오기도 잘 하지만 빼앗기는 것도 남달라 마음씀씀이부터 바꾸어야 성공한다.

<식상생재 국으로 형성(食傷生財局으로 形成)된 사주>

| 乾命 | 丙午 | 辛丑 | 辛卯 | 己亥 |

위 사례의 팔자는 식상이 재성으로 통기되는 팔자로 이런 형국을 食傷生財格 그럽니다. 그런데 월지 편인이 시간에 편인이 나타나서 편인성이 강합니다. 현침살(辛辛午卯)이 대세를 이루는 군요 침쟁이니 의사로 가면 좋습니다. 그런데 식상생재로 이어지므로 개업의 하면 돈 많이 번다 그러죠, <의대 졸업 의사로 활동 중>

| 乾命 | 丙戌 | 己亥 | 丁未 | 庚戌 |

위 사례의 팔자는 식상이 재성으로 이어지는 命이지만 식상이 병이라 官을 쓸 수가 없으므로 財를 써야 하는데 命이 허하여 내 것으로 만들기는 어려운 팔자입니다. 문화사업인 출판업으로 평생 밥 먹고 사는 팔자지요, 사주에 木이 있었더라면 상황은 달라졌을 겁니다. <목인 인성이 약 신이고 용신이라 출판인성업에 종사함>

어찌 알리오? -<051>

화장품(化粧品)업인 것을 어찌
알 수 있었나요?

丑辰土 화개가 있고 도화가 합하며 식상이 관살을
제거함을 보고 안다.

피부를 화려하게 덮는 것이 화장품이므로 화개(華蓋)가 있고
도화가 있어야 예쁘게 하고 화려하게 하여야하기에
火기가 있고 관살은 피부를 거칠게 하는 것이니
식상으로 合去 沖去를 해야 한다.

坤	癸	辛	丙	戊
命	丑	酉	子	戌

위 사주는 丑土 화개가 子水 도화와 합하고 癸水 관살은 戊土 식신과 合去 되고 子水관살은 子丑 합거 되니 丙화가 戊戌식신으로 화려하게 만드는 기량을 발휘 화장품 업에 종사한다.

坤	丙	乙	乙	丙
命	申	未	巳	戌

위 사주는 상관성이 강한 여명으로 巳화 상관이 申금 관살을 合去 시키고 상관생재 하는 命이라서 기술자로 화장품 제조회사에 근무한다. 이 여명은 상관성이 火라서 화장품과 인연이 있고 피나는 노력으로 살아가는 팔자로 일간 乙木은 巳中庚금과 암합(暗合-乙庚合)하고 상관 丙화는 戌中辛금과 암합(丙辛)하니 불륜의 끼가 있어 일부종사 불가한 팔자다,

坤命	乙	庚	壬	壬
	未	辰	子	寅

위 사주는 辰토화개가 子수도화와 합을 하고 未토 관살은 乙木 상관이 개두(蓋頭)하여 극하고 있는 명이라서 화장품과 미용 겸업한다.

乾命	戊	辛	丁	己
	午	酉	酉	卯

위 사주는 지지전국이 도화 즉 왕지로만 구성 된 사주로 특수한 일을 하면 좋습니다. 재성인 金이 득세해서 비견을 써 주어야할 명조입니다. 火가 허약하지는 않으나 재성이 강 할 경우는 인성보다 비겁을 쓰는 것이 효과적입니다. 이사람 화장품회사에 근무한답니다. 어쩌면 사주대로 살아간다고 보아야겠습니다. 도화가 많으니 멋이고 예쁘게 하는 것이고 화가 용신이니 환하게 만드는 일입니다. 화장품이 바로 그런 것입니다. 식상 土가좋아 식상생재로 이어지므로 좋은 명조이고 지금은 월급자로 있지만 언젠가는 자기 업을 할 것입니다. 유통업이 맞습니다.

<多者法을 이해할 수 있어야 합니다.>
(木이 많은 경우)

무자법(無者法)을 이해했다면 多者法은 쉽게 생각 됩니다.
木多의 경우 곡직성이 강하다. 유연성 융통성으로 보고 품성이 어질다 木은 仁也라 했으므로 학문 또는 정신적인 것을 생각해야 합니다. 木이 많으면 土가 약해지죠, 木일간 이라면 재물이 약하다보고 건강으로는 비위 등 소화기능이 약합니다. 火가 없으면 다음운동을 못 열어주므로 답답합니다. 정신적으로 문제 있다지요.

어찌 알리오? -<052>

운수(運輸)업인 것을 어찌 알 수 있었나요?
역마가 재가 되고 식신이 용신됨을
보고 안다.

역마와 지살은 이동수단인데 운수업이란 사람이나 물건을
수송하는 업으로 재와 식신이 있어야하고
또는 용신인 경우 용신과 합이 되는 것으로 본다.
역마와 지살은 년주나 일주를 기준하고
寅申巳亥를 역마와 지살로 본다.

坤命	丁	乙	壬	辛
	亥	巳	子	亥

위 여명은 壬子양인살을 놓고 乙木상관이 있어 기능직이고 巳火가 역마살이고 亥水가 지살이다. 이사주의 장단점을 짚어보자면 시간 辛금으로부터 연간丁화까지 생생불식(生生不熄)의 사주로 삶은 윤택하나 상관성이 강하고 생재(生財)로 이어지면서 壬子양인에 무관(無官)사주여서 독신의 팔자이며 역마지살이 강해 운수업이 천직인데 택시기사로 살아간다니 사주팔자는 못 속인다는 말이 딱 이다.

乾命	辛	辛	庚	丁
	丑	卯	子	亥

위 사주는 버스기사의 명조인데 寅목이 지살이고 申금이 역마다. 희용신이 水木인데 인수가 申금역마와 동주(同柱-한 기둥에 있고)하고 申금 역마는 戌土財와 방합(方合)을 한다.

乾命	癸	壬	甲	壬
	未	戌	寅	申

위 사주는 KTX기관사의 명조로 식신亥수역마가 卯木재성과 합을 하고 용신 丑토와는 亥子丑 方合을 한다. 상관성이 강해 기능직이다.

乾命	辛	丙	戊	甲
	丑	申	辰	子

위 사주는 丙辛合水에 申子辰 水局을 이룬 사주로서 종재(從財)해도 아무런 하자 없는 사주로 재벌 금호그룹 박인천 회장의 사주이다. 광주여객이라는 운수회사를 시작으로 큰 재벌이 되었는데 식신인 申역마가 財局을 이룬 사주로 운수업에 성공한 것이다.

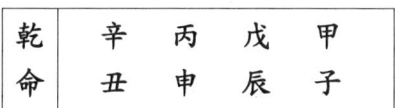

이 사주는 지지에 역마가 많아 자동차바퀴를 달고 살아가는 사람이다. 庚申관살이 강하여 일주는 신약하지만 월간에 壬수가 나타나서 관인상생으로 자신을 도우니 관을 써야할 팔자이다. 철도공무원의 명조이다. 이사주의 장점은 申금으로 시작하여 시지 辰토까지 쉼 없이 상생 되어 삶이 막힘도 없고 잘 살아가는 팔자이다.

乾	乙	甲	癸	丁
命	亥	申	亥	巳

위의 命은 식상인 甲乙목이 있고 재성(財星)인 丁巳가 유기(有氣)하여 재성을 써야하는 사업가의 팔자인데 지지에 4역마를 놓아 운수업이 천직인 명조이다. 다만 巳亥 충 巳申형살이 있어 사고가 많을 것이다.

乾	戊	癸	戊	癸
命	戌	亥	申	亥

위 사주는 土金水 3신의 사주로 식신생재로 재성이 강하여 일주가 신약하므로 비견 戊토를 用해야 할 팔자이다. 무역회사 운전기사로 활동하면서 자동차판매업도 겸하고 있다고 한다.

(火가 많은 경우)

火多의 경우는 화려함 명랑 쾌활 성급그 다음이 예의입니다. 그래서 세속성과 명예를 추구합니다. 직업적으로는 정치인 사업가 방송인 이고 그다음이 金이 약해지므로 건강상으로는 폐와 대장이죠, 그리고 土燥도 보아야 합니다. 잘 못하면 無用土로 만들 수도 있다는 겁니다. 火가 많으면 土가 메마르므로 만약 여자의 命이라면 식상 즉 자식에 문제가 발생합니다. 火土重濁도 되지만 水의 작용을 약화시키므로 잉태의 환경을 나쁘게 만드는 겁니다.

(土가 많은 경우)

土多의 경우는 중화 중재 타협으로 말 그대로 중재역할을 잘 합니다. 다만 辰戌丑未라면 入墓작용도 염려해야 하지요, 財庫는 돈을 묻는 것이므로 재복은 좋으나 여자복은 별로이고 다른 고장도 육친을 보아 入墓로 보아야 합니다. 직업적으로는 土와 인연 있는 부동산 농사 중매 중재자역할이고 잡기이므로 이것저것입니다.

어찌 알리오? -<053>

**차량 정비 판매(整備 販賣)등 관련업인 것을
어찌 알 수 있었나요?**

역마와 재와 식상이 용신됨을 보고 안다.

차량관련업도 역마와 지살이 있어야하고 운수업과 거의 동일하다 또는 용신인 경우 용신과 합이 되는 것으로 본다. 다만 관련 직종에 따라 특징이 있을 뿐이다.

乾命	1979년01월23일申시생			
	己	丙	丁	戊
	未	寅	巳	申
수	5	15	25	35	45	55	65
대운	乙丑	甲子	癸亥	壬戌	辛酉	庚申	己未

위 남명은 GM대우자동차회사 연구실에서 근무하는 자이다. 각주(各柱)가 유력(有力)하고 역동성이(역마성)강하며 무엇인가 기획하고 생각하고 만들어내는 재주가 특출한 명조로 자동차 연구실 디자이너가 천직인 사주다. 木火가 강하므로 식상과 재성이 희용신인데 시주에 식상생재로 연결어 사주구성이 예사롭지 않은 좋은 사주이다. 다만 고독하고 외로운 사주이고 현재 운이 북방水官운이고 향후 운도 서방金 財운으로 용재(用財)하는 사주라서 큰 발전이 기대된다. 이와 같이 차량 관련 업무를 주관하는 팔자는 역마와 재와 식상이 용신으로 연결 되어야 하는데 본 명조는 식상생재로 연결 되면서 역마성인 寅巳申 삼형을 이루고 있어 자동차 관련업

이 딱 이다. 이렇게 좋은 직장에서 근무하면서도 40이 다 되어 가는데 결혼이 잘 이루어지지 않아 부모님들은 걱정이 태산 같다고 상담 온 명조인데 丁酉년에 결혼성사 가능한 해라고 보면 된다. 재성인 酉금이 배우자궁으로 육합 되어 드는 해라서 한 말인데 육합으로 들어오는 해에 결혼성사가 잘 된다.

```
乾   丙  己  甲  戊
命   午  亥  戌  辰
```

위의 사주는 亥월의 甲목이 丙午 식상과 戊辰土 재성으로 연결 되는 명조로서 官을 쓸 수 없고 財를 쓸 팔자로 보아야 한다. 명문대 경영학과를 나왔으나 무관(無官)사주라서 직장인으로 살지 않고 자동차 중고 매매 상으로 거액의 수입을 올리는 능력을 발휘 하고 있다니 인수인 亥역마가 있다하여도 신약하여 재다신약(財多身弱)으로 보아야 하는데 대운이 북방水운에서 동방木운으로 흘러 신왕해진 甲목이 丙午화로 능력발휘 하여 많은 財를 내 힘으로 좌지우지 하는 것이다.

```
坤   戊  己  戊  庚
命   戌  未  戌  申
```

위의 여명은 화성시조암읍에 거주하고 있으면서 모자동차 화성공장 기술직에 종사하는 사람으로 연봉 5천 이상을 받고 있다고 한다. 사주에 병이 비겁인데 약인 동방木운으로 흘러 잘나가는 사람이고 사주원국에서도 식상 庚申금의 역할이 좋아 잘 살아왔지만 현재는 북방 水운으로 운행 되는 재성 운이라서 돈 버는 것은 걱정 없지만 원국이 편고 되고 약신 운이 지나서 가정적으로 문제가 발생 하게 된다. 이 사주는 무관사주로 남편이 없는 팔자인데 운에서 머문 남편은 운이 지나면 가게 되는 형상이므로 남편이 바람을 피워 속을 썩인다든지 없는 듯이 살아야 할 팔자인데 고집불통으로 남편에 대한 집착이 강해 부부불화가 예상 된다. 다만 戌未양 형살과 申역마가 있어 자동차 공장에서 일하는 근로자인 것이다.

| 乾命 | 己酉 | 癸酉 | 己酉 | 己巳 |

위 사주는 식신酉금이 3개나있어 巳화가 용신이다. 식신과 용신 酉金이 합을 한다. 식신은 기술이고 용신과 합을 하면 차량관계직업이라 하였으니 이 사람은 정비공장을 운영하는 사람으로 식신이 많아 벌리는 것을 좋아한다. 정비공장외에도 다른 업에 손을 댔다가 손해를 많이 봤다고 한다.

| 乾命 | 戊戌 | 乙丑 | 丁酉 | 戊申 |

이 사주는 식신상관성이 강한 팔자로 식상이 재성과 합하니 장사꾼의 사주다. 乙목 인수가 丑토 식신과 동주(同柱)하여 일지에 합으로 들어온다. 자동차 매매는 역마지살이 용신과 합이 되어야하고 중고차는 역마 천간에 戊己토 먼지가 앉아있어야 중고차이다. 이 사람도 중고차 매매업자의 팔자인데 슈퍼 사업에 손대 실패 했다고 한다.

乾命	庚	戊	丙	甲
	子	寅	戌	午

위 사주는 寅월 丙화가 寅午戌 火局을 이루어 조열하다. 壬수로 화염(火炎)을 제압해야 하지만 壬수는 없고 子中癸水가 있어 수돗물로 寅역마 자동차위의 戌土 먼지를 털어 내냐 하므로 자동차 세차장을 한다. 대체적으로 역마가 있고 조열한 사주를 가진 사람들에게 자동차 세차장 하면 돈 많이 벌겠다고 조언을 한다. 이사주도 식신생재 하는 팔자에 시간 甲목으로 부터 연간 庚금 재성까지 상생이 잘 되고 다시 재성 庚금에서 부터 子수와 寅목에 이르도록 꺼지지 않고 살아(生生不熄) 숨 쉬니 좋은 사주이다.

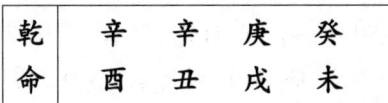

위 사주는 시상 상관성을 놓고 丑戌未 삼형으로 연결되고 있어 그리고 지우고 자르고 만드는 일이 천직인데 자동차디자이너 라고 한다.

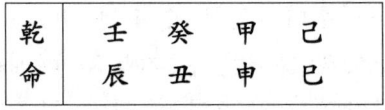

위 사주는 丑월 甲木이라도 巳시에 나고 오행을 다 갖춘 팔자이고 대운이 木火로 운행되어 무난한 삶을 살겠다. 본명조의 주인공은 재생관(財生官) 하는 팔자여서 30년간 한국투자신탁 공채 1기로 입사해 지점장까지 하고 명퇴한 사람인데 명퇴 후 己未대운에 사 금융업을 하다 망하고 현재 대리

운전기사로 노후를 보내는 사람이다. 申역마가 지살이고 巳역마가 財를 생하니 대리운전기사가 맞다. 이 사주는 丑中癸水가 월간에 투간(透干)되어 정인격(正印格)이다. 정상적으로 살아가야 할 사람이 사금융이라는 비정상적인 일을 하면 실패한다. 역마가 식신과 합을 하고 재또한 일간과 합을 하여 돈에 대한 집념 애착이 크다. 그러므로 대리기사로 노후에도 자신의 역할을 하게 된다.

乾命	壬	壬	丙	壬
	子	子	申	辰

위 명조는 종살격의 사주이다. 어두운 밤 壬子속에 申역마가 丙화 라이트를 켜고 壬水 편관이 지시하는 방향으로 달리는 대리운전 업인데 사주대로 대리기사의 팔자이다.

(金이 많은 경우)

金多의 경우는 혁명성 의리 군인기질 시비를 즐기고 타협이 부족합니다. 金이 많으면 결실 단결 등 결정이므로 끝장을 보아야 직성이 풀립니다. 직업적으로는 무관 외무행정 요식 유흥이고 금이 강하면 목이 약해지므로 간담이 약하고 솟아오르는 기운이 둔화 되므로 시작을 잘 못합니다.

(水가 많은 경우)

水多의 경우는 지혜 융통성 밤의 원리가 되므로 직업적으로는 행상 무역 외교 밤에 돈 들어오는 일 숙박유흥 등이고 물은 한자리에 머물지 못함으로 표류 주거변동이 심하고 약물중독 우울증 음란성도 참작할 부분이고 冷하므로 暖함을 요구합니다.

어찌 알리오? -<054>

바다 해양 선박(海洋 船舶)등 관련업인
것을 어찌 알 수 있었나요?
水역마 용신 또는 水 역마에 용신 합됨을 보고 안다.

水가 용신이 되면 水 왕한 바다에 나가 일하게 되고 水역마인 申亥가 申亥와 巳申이 합이 되어 水로변하는 巳火도 水역마가 되며 辰이 용이니 역마 같은 의미로 쓰인다.

1954년07월10일戌시생						
乾命	甲午	壬申	丙申	戊戌		
수	10	20	30	40	50	60	70
대운	癸酉	甲戌	乙亥	丙子	丁丑	戊寅	己卯

위 男命은 해군대령으로 예편한 해군출신 장교로 바다와 인연 있는 팔자이다. 본명은 재생관하는 사주로 식재관이 강해 신약해 보이지만 午戌火局을 이루고 甲木이 도우니 신왕관왕(身旺官旺)으로 해군장교로 별은 달지 못했지만 대령으로 예편했다. 50대 운까지 관운이 비쳤지만 丁丑대운에 丑戌刑하면서 식상이 발동 水관을 강하게 극하고 丁火는 丁壬合으로 官을 合去시켜 옷을 벗었지만 재생관이 역마여서 해군생활을 했고 30년동안 水운이와 서 바다에서 생활 한 것이다.

乾命	乙亥	庚辰	癸丑	甲寅

위 사주는 바다산업의왕인 동원참치 김 재철 회장의 사주이다. 亥水역마가 식상인 寅목(생선)과 합을 한다. 丙子대운 戊申년에 동원산업을 설립 참치 잡이 업을 시작했다는데 亥子丑북방수운에 申역마의 해이고 사주에 亥丑 辰등이 子를 불러들여 물과 인연 있다.

乾命	庚申	甲申	壬申	乙巳

위 사주의 주인공은 해양대학출신 마도로스의 팔자이다. 지지에 3申역마가 巳역마와 합을 하고 있다 庚申申申은 거대한 선박이고 甲木은 깃발이고 巳화는 뱀처럼 물위를 달린다는 상징이다. 대운이 서방금운에서 북방수운으로 흘러 바다에서 마음껏 기량을 발휘 했을 것이다.

乾命	丙申	庚子	丙子	丙申

위 사주는 해군출신으로 제대 후 원양어선에서 일하고 있다고 한다. 지지는 申子水局을이룬 바다 사나이이고 3丙화는 밤바다의 등대 불이다. 丙화의 용신은 申금위의 비견 丙화인데 동주(同柱)하니 바다 위가 이 사람의 생활터전이다.

```
┌──┬──┬──┬──┬──┐
│坤│癸│甲│戊│丙│
│命│未│子│申│辰│
└──┴──┴──┴──┴──┘
```

위 여명은 지지에 申子辰 水局을 하고 甲木 관성남편은 바다위의 甲木 이니 바다 사나이 선원이고 용신 丙화로 바다위의 등대불이다.

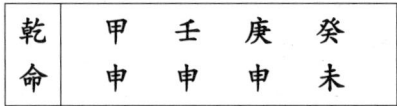

위 사주는 비견 3申금과 未토인성이 도우니 신강한 명조로 설기신인 壬癸水가 용신이다. 위 사주 주인공은 해운업계의 유명인사인데 庚申申申은 거대한 선박이고 甲木은 깃발이다. 바다와 인연 있는 팔자로서 바다사나이의 팔자이다.

<육친이 많을 경우도 살펴보아야 합니다.>
(比肩이 많을 경우)

비견이 많을 경우는 나누어 먹을 놈이 많은 것이어서 분배 경쟁 승부욕 성취욕 고집 이런 것이 세다 로 보면 됩니다. 직업적으로는 군인 깡패 건달 의속성이 강하고 처자의 풍파가 많습니다. 여명에서는 남편을 놓고 서로 다투는 형국이라 소실 재취 로 봅니다.

(劫財가 많을 경우)

겁재가 많을 경우는 분배나 경쟁이 아니라 약탈로 바로 빼앗는 속성입니다. 약탈 배신 변절 배신은 당하기도 하지만 자기도 할 수 있다 입니다. 그런가하면 큰 재물을 장악하는 힘으로 劫財라는 것은 재물을 겁탈 당함도 되지만 겁탈해옴의 의미도 충분합니다. 빼앗고 빼앗기고 항상 경쟁의 원리로 보면 됩니다.

어찌 알리오? -<055>

**항공업(航空業)등 관련업에 종사하는 것을
어찌 알 수 있었나요?**

木일주 또는 일주와 木이 합되고 역마가
용신됨을 보고 안다.

木은 바람을 일으켜 하늘을 날개 하는 것이니 木이 일주가 되거나 일주로 木이 합해오는 경우 또는 용신이 역마가 되면 결국 바람을 타고 하늘을 날개 되는 것이다. 특히 항공은 寅申巳亥와 辰이 역마 되고 火가 왕 해야 비상하게 된다.

```
乾  庚 己 丁 丁
命  申 卯 亥 未
```

위 사주는 대한항공 조중훈 회장의 사주인데 亥卯未 木局을 형성하여 바람을 일으킨 것으로 자연적으로 火를 생하니 비상하는 丁화가 亥역마와 丁壬합 木으로 다시 바람을 일으키고, 申역마가 용신이 되어 항공업을 하게 된다. 이 사주는 식신생재 하는 사주로 재물 복이 많다.

```
乾  乙 乙 乙 庚
命  亥 酉 卯 辰
```

위 사주는 庚辰 흰 용이 3乙木의 바람을 타고 비상하는 형상이다. 용신은 亥수역마가 되고 乙卯 바람과 합하니(亥卯)이사주의 주인공은 전투비행사이다.

乾命	癸	丁	丁	壬
	巳	巳	亥	寅

 위 사주는 KAL기 조종사로 일한 비행조종자의 팔자이다. 四支에 역마가 있고 木에 합이 된 명조다. 이 사주를 공식대로 간명하자면 관인상생 하는 팔자로 신왕 관왕 하여 소기의 목적과 책임을 다할 수 있는 능력의 소유자로서 순탄한 삶을 살았을 것이다.

坤命	庚	癸	丙	癸
	申	未	午	巳

 위 사주는 丙午일주가 巳午未 남방火局을 이룬 사주이다. 비록 木風은 없어도 巳申역마가 스튜어디스로 일할 수 있게 큰 역할을 했고 대운에서 동방목운이 와서 비행기와 인연 있는 일을 하게 되었을 것이다.

坤命	丙	庚	戊	甲
	申	寅	午	寅

 위 사주는 양 팔 통사주로 역마성이 강한 팔자이다. 甲寅木이 일지로 합하여 역마로 바람을 일으켜 火왕의 상승을 타고 스튜어디스가 되었다.
 위 사례에서 보았듯이 항공은 寅申巳亥와 辰이 역마 되고 火가 왕 해야 비상하게 된다는 것을 다시 한 번 확인했다. 사주를 간명하면서 역마성이 강한 명조를 만나면 꼭 짚고 넘어 가야 할 것이 항공이나 해운 철도 등의 문제를 살펴서 정확하게 말해주어야 한다.

어찌 알리오? -<056>

> **국가공무원(公職)인 것을 어찌 알 수 있었나요?**
> 관인상생과 관 인 식이 용신 또는 용신 합됨을 보고 안다.

관살(官殺)은 국가이고 인수는 록이고 식상은 활동공간이니 일터다. 그래서 국가의 일을 하는 공무원이 되는 것이다. 官印이 同柱해야 國祿이고 육합이나 삼합으로 들어와도 가능하다. 또한 식상이 官印과 同柱하거나 합이 되어도 공직이며 官印食이 용신이면 공무원이 될 가능성이 있다.

1974년05월03일午시생							
乾命	甲寅	庚午	甲午	庚午			
수	5	15	25	35	45	55	65
대운	辛未	壬申	癸酉	甲戌	乙亥	丙子	丁丑

위 사주의 주인공은 행시사무관으로 서울시청에 근무하는 행정관이다. 甲목이 월 시간에 관살을 차고 甲寅木에 뿌리내리고 午火3상관이 일터이니 국가 공무원의 팔자이다. 현재 대운이 서방金운으로 관운으로 흘러 승승장구한다. 45대운인 북방水운으로 흐르면 한자리 할 팔자와 운을 다 갖춘 사주이다. 다만 조열한 사주라서 건강이 문제가 될 수 있다. 甲午년에 건강문제로 1년간 휴직하고 乙未년에 다시 일하고 있다. <甲午년 비견이 午화를 달고 옴으로 조열 하야 불리하다. 이런 해에는 특히 건강조심 해야 한다. 잘 못하면 큰 문제가 발생할 수 있다. 午

午가 자형인데 쌍으로 4午화가 자형을 한다. 불바다가 되면 庚金 官도 본인 甲木도 견뎌낼 재간이 없는 것이다.>

　丙申년에 척추협착증으로 인하여 병원에 입원 치료중이라면서 어찌 될 것 같으냐고 물어왔다. 이 명조는 甲寅목이 3개나 있음에도 午화가 3개나 되고 庚금이 월 시간에 떠서 신허(身虛)하다, 흙이 없어 뿌리내리지 못하고 물이 없어 제하 설금(制火泄金)치 못해서이다. 그런데 丙申년을 만나면 丙화로 불 지르고 申금 칠살은 寅申상충으로 甲목을 자른다, 그러므로 건강이 악화 될 수밖에 별 도리 없다. 丙申월이 지나고 丁酉월이 되면 좋아진다고 말해주었다.

1980년09월23일辰시생						
乾命	庚申	丙戌	丁丑	甲辰		
수	2	12	22	32	42	52	62
대운	丁亥	戊子	己丑	庚寅	辛卯	壬辰	癸巳

<대기업 직원에서 행시 합격한 명조>

　이 사주는 상관성이 강한 명조지만 인수가 큰 역할을 하는 사주다. 팔자에는 무관사주지만 운에서 만난 관운(官運)으로 행시에 합격하여 입신양명하는 사람의 사주이다. 본 명조는 삼주(三柱-세 기둥)가 백호살로 구성된 백호격으로 대발(大發)하는 사주다, 식상관(食傷官)이 강해도 인겁(印劫)이 좌우에서 부조(扶助)하고 생생불식(生生不熄)으로 이어지고 식상이 발달 되서 머리 또한 비상하니 시험 승진 재물 운 좋을 것이고 막힘없이 잘 살 것이니 흠잡을 데 없는 사주지만 이 사주도 단점을 들춰내자면 배우자궁에 丑土 금재고(金財庫)를 차고 있으면서 丑戌 형살 하므로 조강지처와 해로하기 어려울 것이고 무관사주(無官四柱)에 관성이 미약하여 정년을 할

수 있을지 의문이다. 그러나 지금 잘나가는 사람에게 헛소리 같은 말은 삼가 하는 것이 도리일 것이다. 대운이 북방水운에서 동방木운으로 운행되기에 운 또한 한없이 좋다 할 것이다. 현제 창조경제부에 근무하는 잘나가는 공무원이다.

| 乾命 | 己酉 | 甲戌 | 庚午 | 丁丑 |

위 사주는 午戌 火局으로 관성이 유력한데 甲목이 生火하니 더욱 좋다. 丁화 정관이 丑토 인수에 동주(同柱)하여 관인 상생하며 식상이 丑中癸水에 있으므로 공직인데 정통부 4급으로 재직 중이란다. 酉금 양인이 가까이 있었더라면 甲戌과 丁丑이 백호 살이라서 사법 직으로 갈 수도 있는 사주였다.

| 乾命 | 庚申 | 戊子 | 己卯 | 甲戌 |

사례<1>행시최종합격자

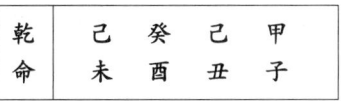

사례<2>행시중도탈락한자

위의 두 사주는 癸巳년 행시(행정고시5급)응시자들로 한사람은 3차까지 최종합격했고 한사람은 중도 탈락한 사주들입니다. 운이 좋다 해도 너무 어렵고 힘든 시험이라 근본적적으로 사주와 관운이 좋아야 하고 그 해와 달 등의 시험 운이 좌우하게 된다. 癸巳년 총 응시자가 9,268명이었는데 최종 합격자는 272명이었다니 경쟁 율도 율이거니와 1-2차합격하고 3차에서 떨어진 응시자들의 마음은 아마도 많이 아팠을 것이다. 희비가 엇갈린 두 사람의 명조을 세멀하게 분석해 보겠습니다.

사례<1> 세운과 월운이 합격을 좌우한 명조이다.

이 사주는 己卯일주가 년 월 일 시를 잘 만나서 식상이 생재하고 재성은 관성을 생하는 상태에서 관성은 인성이 없어 생인 할 수 없어 답답한 상태였는데, 다행인 것은 卯戌이 합하여 火를 만들 긴해도 유약한 형편이어 성취하기 힘겨운 상태에서 癸巳년을 맞이하여 癸水는 官인 卯木을 생하고 巳火는 인수로 己土를 생하는 해로서 금상첨화의 해입니다. 그래서 사주에서 약간 부족한 것을 조화롭게 연결시키고 도와주는 해에 발복하게 되는 것입니다. 己卯일주는 시간에 정관인 甲목을 투출시키고 卯木에 뿌리내려 하늘이 정한(天定) 행 정관의 팔자이지만 그동안 운이 나빠서 낙방한 것이다.

사례<2> 년운에서 조화롭지 못해 낙방한 명조이다.

이 사주는 己丑일주로 시간에 甲木 정관을 투출 시켰음에도 뿌리가 없고, 오히려 동수 동토(凍水 凍土)에 木이 상하는 상태이고, 癸巳년이 되면 癸水는 생관(生官)하지만 巳화가 巳酉丑 三合金局을 형성하여 관성인 甲木을 쳐내는 형상으로 매우 불리한 해였다. 앞으로 맞이할 己巳대운이 예사롭지 않아 합격하기 어려울 것이 눈에 보인다. 그러나 열심히 최선을 다하는 수험생들에게 고추 가루를 뿌릴 수 없어 甲午년의 운이 좋으니 요행을 바라는 마음으로 격려한 것이다.

결론적으로 위의 두 사주를 깊이 분석하면서 역시 타고난 사주와 대 세운이 조화롭게 중화 된 자만이 성공할 수 있다는 것을 확연히 볼 수 있었습니다.

1931년04월28일 午시생							
乾命	辛未	甲午	庚子	壬午			
수	2	12	22	32	42	52	62
대운	癸巳	壬辰	辛卯	庚寅	己丑	戊子	乙亥

　위 사주는 주봉(周峯)심 선생님의 명조로 午월의 庚금이 午시를 만나고 일지에 子수를 놓았으며 월시지 정관을 놓았으니 정확한 분이어서 시간 하나도 정확하게 지키시는 분이구나 하는 생각을 해 보았다. 초면부지의 고객을 만나면 무엇으로든 말을 터야 하는데 고객 대부분은 무엇인가 맞춰주길 바라기 때문에 핵심적인 한마디를 건네주어야 소통이 됩니다. 주봉선생님은 팔자에 정통 관료팔자인데 관료로(用官-관을 써야하는 팔자)가셨으면 무난한 삶을 살았을 것이고 財(사업이나 상업을 했다면)를 썼다면 기복이 심했을 팔자인데 젊어서 무슨 일을 하셨나요? 라고 물었더니 문교부 사무관으로 시작해서 국장으로 정년을 하고 문교부산하 단체에서 늙었습니다.
　참 잘하셨네요, 조강지처와 해로하기 어려운 팔자인데 해로하고 계신지요? 어쩐지 초년에 고생을 많이 했습니다. 결혼하고 6개월 정도 살다가 헤어지고 16세연하의 여성과 41세에 재혼해서 4남매 두고 잘 살고 있습니다. 아이들도 다 잘 됐습니다. 젊어서 고생을 많이 했다하여 대운을 살펴봤더니 22세 辛卯 대운이 예사롭지 않아 보여서 한 말씀 드렸습니다. 10년간은 고생하셨을 것 같군요(辛卯운-辛금은 겁재요 卯목 재성은 子卯刑으로)10년이 뭐니까 아마 15년은 고생하였을 것입니다. 고시공부 한다고 고생하고 이혼하고 독신으로 마음고생 많이 했지요. 사법고시라면 일찍 공부를 포기했어야 했는데요. 왜요? 사주에 그런 것도 나옵니까? 주봉선생님은 행정 관료지 사법 관료는 아니거든요. 월시지에 午화 정관을 놓아 한 말입니다. 편관성이 강하다면 법관이죠. 아 그렇군요. 내 팔자에 조강지처와 못사는 살이라도 있나요? 꼭 그런 것은 아니고요. 배우자궁의 子수가 쌍 午에 충을 당하고 사주에 편재가 나타나고 정재는 未中乙木으로 암장되어있으나 年干 辛금에 제지당해(乙辛沖)무력해서 한 말입니다.

　41세에 재혼해서 잘 살았다기에 대운을 보니 己丑 인수대운이었습니다. 더군다나 丑未 충까지 하여 많은 발전을 하였겠 구나 생각했습니다. 사무관으로 출발해 이사관으로 승진도하고 탄탄대로를 걷지만 누구나 만나는 50대의 월지 충을 만납니다. 주봉 선생님은 누구보다도 강하게 충을 하는군요. 그런데 삶의 변화는 있을지라도 큰 문제는 없습니다. 2子수와 2午화가 쌍으로 충 하는 것 같이 보이지만 충 불충(沖 不沖-충은 충이로되 충이 되지 않는다)입니다. 충은 충이되 충이 미약하거나 하지 않을 수 있습니다. 싸움은 강약의 차이가 있어야 하는데 이놈들은 막상막하여서 싸움이 잘 안 되는 것입니다. 또 충은 발전이기도 하고요. 子대운에 정년하고 문교부 산하 단체로 이직하셨다고 해서 대운을 살펴보니 62대운은 丁亥운인데 丁壬합으로 官을 잡아주고 亥수 식상 운이라 식상은 활동무대요, 亥수는 역마니 역동성이 강해 왕성한 활동으로 노익장을 과시 할 수 있었겠다, 싶어 다음 대운을 살펴보니 72세 丙戌운은 합 충이 많이 연결 되는 것으로 보아 삶의 변화를 가질 수 있는 운이 구나 라는 것이 보였습니다.

위 사주는 바로 여기(官殺은 국가이고 인수는 축이고 식상은 활동공간이니 일터다. 그래서 국가의 일을 하는 공무원이 되는 것이다.)에 해당하는 팔자로 천직이 공무원인 팔자이다.

乾命	庚	壬	甲	甲
	辰	午	午	子

위 사주는 午월의 甲木이 설기신인 상관성이 강하여 壬子水를 용신해야 하는 명조인데 관인상생으로 이어진 오행이 식상생재로 까지 이어져서 삶의 흐름이 매우 좋다. 재성인 辰土는 子辰 합으로 子午 충이 감소되기도 하지만 午中丁火가 壬水와 암합하기 때문에 子午 충은 안하게 된다. 이 사주는 재생관 관생인 인생아 아생식(財生官 官生印 印生我 我生食)으로 연결되기 때문에 공무원이 천직인 팔자이다.

乾命	壬	戊	癸	壬
	子	申	未	子

위 사주는 戊申월주와 일지 未토가 관인상생으로 이어지는 사주인데 신왕관왕(身旺官旺)하고 未中乙木이 식신으로 활동무대이니 未土정관으로 행정 공무원의 팔자이다.

乾命	己	甲	丙	壬
	亥	戌	寅	辰

위 사주는 행정고시출신인데 관인이 합(寅亥合) 되고 관인이 역마여서 외교관으로 발탁되어 해외공관에 근무한다.

乾命	壬	甲	辛	戊
	午	辰	卯	戌

위 사주는 戊戌인수가 午火 관성과 합(午戌)을 하고 토다금매(土多金埋)로 土가 병인 사주에 약 신인 甲木이 월간에 나타나서 재생관 土가 인성인 팔자로 농촌지도소장이다.

어찌 알리오? - <057>

경찰공무원(警察職)인 것을 어찌 알 수 있었나요?
양인 상관과 라망 수옥이 관살 됨을
보고 안다.

　경찰(警察)은 사회의 질서와 안녕을 위해 존재하므로 안녕을 문란 시키는 모든 불법과 폭력 등을 다스려야 하므로 제압할 수 있는 총검(銃劍)이 있어야 하듯이 사주에 강한 살인 양인이 있어야 하고 아울러 불법이나 폭력은 편관 칠살인데 상관이 있어야 그를 제압할 수 있다. 또한 천라지망이나 수옥살(天羅地網, 囚獄殺)이 관이 되거나 동주(同柱)나 합으로 연결되면 체포나 감금이 되므로 이 살이 있어도 경찰이다.

| 乾命 | 己卯 | 甲戌 | 戊戌 | 辛亥 |

<무술경찰관의 명조>

　위 사주는 괴강 백호살이 강한팔자에 편관이 양인을 차고 있어 무술경찰관의 팔자이다. 태권도 고급유단자로 청년시절 군 제대 후 5.16군사정부가 들어서면서 깡패소탕작전에 쓸 무술경찰관 특채케이스로 경찰관이 되어 착실하게 정년을 한 모범 경찰관의 사주이다. 본 명조 일지에 戌土 천라지망이 있고 상관이 시간에 나타나 고 칠살이 천라지망과 동주로 경찰관이다. 본 명조는 甲己合 卯戌合은 유정인 것이고 상관이 생재하는 형국이라 부자는 아니더라도 의식주 걱정은 없을 것이지만 비겁이 기신이라 형제우애가 깊지 못할 것이며 대운이 南方火운이라서 승승장구 했을 것이고 관성이 유력(有力)하니 정년을 할 수 있었던 것이다.

건장한 거구의 노신사가 손님으로 오셨습니다. 사주를 적어놓고 첫 마디가 남자사주로는 좋은 사주입니다. 노무현 전 대통령의 사주가 양 팔 통 사주였는데 선생님의 사주팔자가 양 팔 통 이군요. 이정도 사주라면 출세하면 판검사요, 경찰서장이며 최소한 경찰관이라도 해야 하는데 젊어서 무슨 일 하셨나요? 라고 물었더니 경찰서장 출신입니다. 라고 하더라고요, 이정도면 이야기는 자연스럽게 풀어갈 수 있습니다.

<경찰서장 출신 남명>

1979년06월08일0시15분				0	木
乾命	庚辰	丙戌	壬辰	丙午	3	火
					3	土
수대운	7 丁亥	17 戊子	27 己丑	37 庚寅	47 辛卯	57 壬辰	67 癸巳	1	金
								1	水

이 사주의 특은 3주가 괴강 백호에 양팔통사주로 관이 충살을 먹었다. 편관이므로 사법이고 경찰이다. 그래서 판검사 경찰관이라 말한 것이고 17세 戊子대운이 칠살, 편관이 子水 양인을 달고 와서 충을 하니 틀림없이 형권을 잡았을 것이고 己丑정관운은 형권을 잡았으므로 무난하게 넘길 운이다. 관살이 천라지망이어서(天羅地網:辰戌) 형권을 잡아야한다. 만약 형권을 잡지 못하면 죄인이다.

이사주의 특성이 또 있다. 재관(財官)이 강한데 식신木이 없어 통기가 안 되서 재물에 욕심을 부리면 화(禍)를 몰고 올 팔자이다. 돈을 밝히면 재앙이 오게 되는데 쌍 丙火가 나타나서 丙壬 충을 하고 있으므로 午년 같은 경우에는 탈재 손재 또는 재물로 인한 관재가 벌어지는데 아마도 57壬辰대운이 경찰관 옷 벗을 운이었음으로 관운이 끝이 났다고 말

했더니 말습니다, 라는 말만 하고 자초지종은 말을 피하는 것으로 보아아마 재물관계로 옷을 벗은 것 같았다. 사주에 돈이 많은데요, 많이 벌었느냐, 고 은근슬쩍 물어봤더니 그 시절에는 돈만 벌려고 마음먹으면 벌 수 있었다고만 말 하면서 辛卯년에 지인에게 몇 천 만원 빌려 줬는데 언제쯤 들어오겠느냐? 라고해서 선생님 사주는 돈이 나가면 안 들어오는 팔자이니 재물 거래는 안 하시는 것이 좋고(丙壬 충으로 財가 충을 하므로)금년 壬辰운세도 관재수가 보여 불리하고 손재도 따르는 해라고 말했더니 주식해서 반 토막 났습니다. 어느 역술인이 辛卯년 운세가 안 좋다고 했는데 그 말을 명심했어야 손해가 없었을 것인데 큰 손해 봤다며 너털웃음을 짓 터라고요. 辛卯년 운세는 상관 운이라서 한 말이고 壬辰년 운세는 丙壬沖 辰戌 沖하여 財官이 충 함으로 관재구설과 손재가 이어진다고 한 것이다.

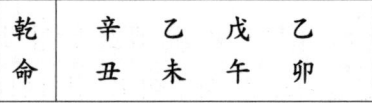

위 사주는 戊午 양인이고 辛金상관이고 상관이 丑未 沖을 하고 정관 卯목이 년지 수옥 살이다. 그러므로 경찰관으로 근무한 팔자이다.

수옥 살이란? 수옥(囚獄-가둘 수 감옥 옥)이라는 글자가 뜻하듯이 감옥과 인연 있는 팔자란 뜻도 된다. 12신 살로 재살이 수옥살인데 경과적으로 子午卯酉가 수옥에 해당된다. 위 사주의 경우 년지 수옥이 卯목이 된다. 년지를 삼합해서(巳酉丑해서 寅이 겁이고 卯가 재살이다.)

坤命	癸	甲	己	甲
	巳	子	未	戌

위 사주는 여명으로 정보과장출신인데 관성이 천라지망과 동주(同柱)하고 戌未 형살을 하고 있어 경찰관이 천직인 사주이다.

천라지망이란? 천라지망(天羅地網: 하늘천 새 그물 라, 땅지 그물망)이란 글자가 말하듯이 그물에 갇친다, 는 말이다. 丙午일생이 戌亥를 보면 천라이고 壬癸일생이 辰巳를 보면 지망인데 일지에 辰이나 戌이 있어도 천라지망이 된다.

乾命	丁	丙	丁	甲
	未	午	丑	辰

위 사주는 경찰대학 출신으로 경찰간부의 명조인데 사주 네 기둥에 특징이 있다. 년주와 월주에 양인을 놓고 일주와 시주에 백호살을 놓은 특이한 팔자이다.

양인이란? 양인(羊刃: 양 양 칼날인)이란 글자가 가지는 뜻은 양의 뿔을 칼날로 자른다, 라는 의미도 부여되어 사주에서는 신강 함이 극에 이르러 재앙을 초래하는 것으로 일간위주로 보지만 양인은 형벌을 집행하는 별로 작용하면 출세하지만 거꾸로 형벌을 받을 수도 있다는 의미도 된다. 양인은 양일간에만 적용되고 음일간은 약하다하여 적용하지 않는 경우도 있지만 본 장에서는 양음일간을 다 기록하니 참고하기 바란다.

일간	甲	乙	丙	丁	戊	己	庚	辛	壬	癸
양인	卯	辰	午	未	午	未	酉	戌	子	丑

<경찰서장으로 퇴임한 사주>

| 乾命 | 己 卯 | 丁 丑 | 乙 卯 | 丙 子 |

위 사주는 丙화 상관이 子卯형살을 하고 있고 신왕하고 식상이 강해서 머리가 비상하고 범죄자색출에 천재적인 소질이 있는 팔자이다. 관인상생 되어 관록도 좋았고 승승장구하는 팔자이다. 식신생재 하여 이재에도 밝고 부자의 명조로 丑月生이지만 丙丁火가 투간 되어 조후도 잘 되고 만사형통의 팔자로 보여 진다.

경찰관의 팔자란? 사법관인 검판사와는 달리 사주 격국이 정신기 삼기가 부족하고 형 충 파 해로 인한 사주가 탁해진 경우 사법시험에 합격하지 못하고 말단 경찰관으로 종사하는 사람이 많다. 경찰관의 팔자라도 운의 흐름이 좋으면 치안 총수도 될 수 있다.

(食神이 많을 경우)

식신이 많을 경우는 다재다능 으로 먹여 살릴 것이 많음으로 의식주걱정 없다 입니다. 그러나 헛수고의 요소, 유흥의 요소, 소비지출로 실속이 적다. 주어야 편한 사람 관성을 용납하지 않음으로 잘못하면 백수가 많다 입니다.

어찌 알리오? -<058>

법관 판사(判事)인 것을 어찌 알 수 있었나요?
水일주거나 양인에 천을 귀인과 관살
천라지망을 보고 안다.

水일주이거나 水오행과 합을 하고 양인이 있거나 천라지망이 관살로 수사 구속 선고 등의 권한 이 되고 천을 귀인으로부터 죽이고 살리는 생살권(生殺權)을 부여받아야 한다.
法자를 파자하면 삼수(氵)변에 갈 거(去)자로 물은 자연의 이치와 순리대로 내려간다는 의미로 치우침 없이 공정함을 의미한다.

1955년09월27일酉시생						
乾命	乙 未	丁 亥	丙 子	丁 酉		
수	1	11	21	31	41	51	61
대운	丙戌	乙酉	甲申	癸未	壬午	辛巳	庚辰

위 사주는 일지 子水관살을 놓고 관살亥수는 천라를 놓고 일간의 천을 귀인 亥수가 있고 壬수 관살의 천을귀인 卯를 亥卯未로 引合한다 그리고 子水가 壬水관살의 양인으로 법관인 판사의 팔자이다.

천을귀인이란?
천을 귀인이 있으면 남의 도움을 받는데 능하며 좋은 형태로 도움을 받습니다. 위기를 오히려 기회로 만드는 능력이 있으며 이 과정에서 좋은 조력자를 만나게 됨을 암시합니다. 그러나 천을 귀인의 지지가 형이나 충을 맞게 되면 길함이 떨어집니다. 또한 양의 귀인은 양(陽)계절에, 음(陰)귀인은 음의 계절에 출생해야 작용력이 더 커집니다.

일간(천간)	甲 戊 庚	乙 己	丙 丁	壬 癸	辛
천을 귀인	丑 未	子 申	亥 酉	巳 卯	寅 午

　천을 귀인(天乙 貴人)을 알기 전에 천상삼기, 지하삼기, 인중삼기의 삼기를 알면 좋습니다. 천상삼기는 甲, 戊, 庚, 이며 인중삼기는 辛, 壬, 癸, 지하삼기는 乙, 丙, 丁 이 해당됩니다. 보통 천을 귀인은 조후를 조절하며, 甲戊庚에 해당하는 천을 귀인은 丑,未 인중삼기 중 辛금만이 단독으로 두개의 천을 귀인을 寅, 午를, 거느리며 壬, 癸는 巳, 卯입니다. 지하삼기의 乙은 申, 子며 나머지 丙 丁은 亥, 酉 입니다. 참고로 己토는 어디에도 속하지 않는 중립의 성분이나, 乙木과 같이 차용해서 씁니다. 참고로 辰토와 戌토는 괴강의 글자로 그 기운이 너무 강하여 천을 귀인의 글자가 배속되지 않습니다. 강한 글자이므로 귀인의 덕이 깃들지 않는다고 봅니다. 사주 원국이 오행의 조화를 이루며 귀인의 글자까지 포함되어 있다면 격이 높아지게 됩니다. 위의 도표에 정리해놨습니다. 참고로 대운에서 천을 귀인의 글자가 온다 하더라도, 희 용신에 해당되면 길함이 배가 되지만 기신에 해당하면 오히려 좋지 않을 수 있습니다. 사주 기신에 해당하지만 오직 천을 귀인에 해당하는 운이라고 하여 좋아지는 것은 아닙니다. 원국 상 부족한 오행과 천을 귀인 같은 길신이 합쳐질 때 크게 시너지를 발휘하는 것입니다. 또한 남 여 간의 궁합을 확인할 때도 천을 귀인은 작용력이 있습니다.

| 乾 | 癸 | 辛 | 丁 | 辛 |
| 命 | 酉 | 酉 | 亥 | 亥 |

위 사주는 왕년의 잘 나가던 고법 판사의 명조인데 일주가 丁亥로 水일주이고 亥수가 정관이고 천라이다. 丁화일간에는 亥水가 천을 귀인이고 둘이나 있는 팔자로 재성이 강한 반면 관성 또한 강해서 강하고 곧은 판사였다.

| 乾 | 丁 | 甲 | 庚 | 丙 |
| 命 | 酉 | 辰 | 午 | 戌 |

위 사주는 양인 酉金이 합살(合殺)로 판사의 命이다. 丙화가 戌토 천라위에 앉아있고 관살인 丙火의 천을 귀인이 酉금이고 양인 합살 격에 丙화 관살의 양인인 午화를 일지에 놓아 강직한 판사였다.

| 乾 | 甲 | 己 | 己 | 丙 |
| 命 | 子 | 巳 | 未 | 寅 |

위 사주 주인공은 현재 군법무관으로 재직 중인 군인의 팔자이다. 음일간이기는 하지만 己未는 양인이고 천을 귀인이 관살과 동주하니(子水가 천을 귀인 인데 甲子로 관살과 한 기둥) 생살권(生殺權)을 가진 법관이다. 화토중탁(火土重濁)으로 土가 병(病)인데 甲寅이라는 木 약(藥)신이 있어 발전성이 강한 사주로 관인상생 하여 좋은 직장인으로 살아갈 것이다. 대운이 반드시 필요한 서방金운에서 북방水운으로 60년간 운행 되어 순탄한 삶과 안정된 사회활동을 할 수 있다.

乾命	丁	壬	癸	壬
	巳	子	亥	子

　위 사주도 군 법무관 출신 사주인데 水일주에 巳亥 천라지망에 암장 된 巳中戊土가 관살이고 일간 癸水의 천을 귀인이 巳이다. 이 사주는 겁재성이 강한 팔자로 壬水 겁재가 양인 자수를 놓고 있어 천하를 호령할 강성이고 더욱 기쁜 것은 음습한 팔자에 丁巳 火가 조후하니 조화를 잘 이룬 명조이다.

乾命	庚	辛	壬	壬
	午	巳	申	寅

　위 사주는 壬수인 水일간이 巳 지망에 巳화는 일주에 천을 귀인이다. 이 사주는 사주정설에 나오는 사법관의 명으로 사법관이란 판검사를 칭하는 말이다. 특히 역동성이 강한 팔자이고 삶이 막힘없이 흐르는 형상이라서 귀인의 팔자이다.(寅木용신인데 水路가 확 트였다)

(傷官이 많을 경우)

　상관이 많을 경우는 관을 손상하므로 무법 범법 등 법을 초월하는 그런 행위가 많다지요, 대체로 건강요소가 부족하고 자연스런 생산을 막는다는 것으로 유산 또는 남의 자식을 키우는 요소가 되고 여명의 경우는 남편을 상하게 하므로 남편의 번영요소가 부족 위축 되므로 무덕으로 보아야 합니다.

어찌 알리오? -<059>

> **법관 검사(檢事)인 것을 어찌 알 수 있었나요?**
> 추월생(秋月生) 또는 金일주거나 양인에 천을 귀인과
> 관살 라망(官殺 羅網)을 보고 안다.

검사의 명조는 판사와 달리 檢의 참 뜻이 살피다, 이기에 범죄자들의 수사기록을 살펴 보안 수사 또는 구형량을 결정하는 것이므로 水오행의 형평성 원리보다는 삼엄한 수사와 체포와 구형 이므로 숙살의 기운이 강해야 하기에 가을인 秋月生 또는 庚辛금 일간이어야 하며 괴강(魁罡)살에 刑殺이있고 상관성이 강해야 한다.

| 乾命 | 丁卯 | 壬寅 | 癸卯 | 乙卯 |

위 사주는 癸수가 지지는 4 寅卯木 이고 丁壬이 合木化出로 종아격(從兒格)사주 이다. 식 상관으로만 구성 되어 머리회전이 빠르고 천을 귀인 卯목이 3개나 되고 특출한 팔자로 현직 검사의 명이다.

| 乾命 | 戊午 | 辛酉 | 庚辰 | 丙戌 |

위 사주는 庚금 일간이 秋월 생이라서 숙살의 기운이 강한 命으로 양인 살을 놓고 丙화 관살이 辰戌 천라지망 위에 있고 양인을 찬 일간에 관살이 양인까지 찼으므로 무서운 검사이다. 이 사주의 주인공은 대검찰청 검사장인데 양인합살격(羊刃合殺格-辰酉合 午戌合)으로 검사 즉 살피고 체포하고 구형하는 검사가 천직이다.

| 乾命 | 癸卯 | 壬戌 | 己亥 | 甲戌 |

위 사주는 서울지검 검사의 팔자로 몇 가지 특색을 지닌 팔자다. 첫째 겁재성이 강해 주관이 뚜렷하고 숙살(肅殺)의 기운이 강한 가을 생이고, 둘째 戌亥 천라위에 甲木 관살이 앉았고, 셋째 관살인 甲木이 卯木 양인을 놓아 누구보다도 강한 검사라는 것이다.

| 乾命 | 甲戌 | 甲戌 | 甲寅 | 甲子 |

위 사주는 왕년의 유명했던 부장검사의 팔자이다. 일명 천원일기격(天原一氣格)인데 신왕하나 실령(失令)하여 신약한 것 같지만 일시지 子수가 생부(生扶)하여 신강 하여 용신을 설기 신인 火로 써야한다. 이 사주도 秋月생이 천라 戌土가 둘이나 되고 戌中辛금이 정관으로 정관의 천을 귀인이 寅목이다.

| 乾命 | 壬午 | 丁未 | 庚寅 | 甲申 |

위 사주는 일간이 庚金이고 천을 귀인이 未토이며 천을 귀인이 丁未로 양인이 동주하고 정관 丁화가 午未 火方局을 이루어 유력하다.

| 乾命 | 辛酉 | 庚子 | 庚申 | 丙戌 |

위 사주는 庚申금일주가 상관성이 강하고 丙화 관살이 戌토 천라에 앉아있고 양인이 酉금이니 숙살의 기운이 강한

명조로 강직하고 의리 있는 검사다. 庚申일주에 겁재성이 강하므로 子수상관이 용신인데 상관은 머리회전이 빠르고 범죄수사에 탁월한 재주를 가진 자이고 의리는 있으나 사적인 정이나 사사로움에 치우치지 않는다.

| 乾命 | 丁未 | 壬子 | 辛亥 | 戊戌 |

위 사주는 지방검찰청장의 명조인데 상관성이 아주 강한팔자로 수사기관의 수사 명수로 보아야한다. 丁火관살이 未土 양인(음양인)을 놓고 亥水천라와 귀인과 합을 한다(亥未)신약한 명조에서 대운이 서방金운으로 30년이 흘러 승승장구 출세하지만 丙午 대운 말미에는 丙壬충 子午 충으로 천지가 충을 하면 인생 대 변화가 발생하게 된다.

| 乾命 | 癸未 | 丁巳 | 丙寅 | 壬辰 |

위 사주는 巳월의 丙화로 火氣 태왕한데 壬癸수가 천간에 뜨고 일지 寅목이 통기시켜 좋은 사주로 변했다. 壬辰 괴강이 편관 칠살 이고 寅巳가 형을 하니 형권을 잡으면 좋은 팔자이다.

| 乾命 | 辛酉 | 甲午 | 丙午 | 己丑 |

위 사주는 午월 丙화가 일지에 午화를 다시 놓아 양인이 둘이고 己丑상관성이 강해 머리가 비상하고 무관사주지만 중년기 이후 북방 水운으로 안정된 직장에서 잘 살아가는 형상이다.

다시 한 번 강조하건데 검사는 삼엄한 수사와 체포와 구형 이므로 숙살의 기운이 강해야 하기에 가을인 秋月生 또는 庚辛금 일간이어야 하며 괴강(魁罡)살에 형살(刑殺)이 있고 상관성이 강해야 한다.

(偏財가 많을 경우)

편재가 많을 경우 인수가 무너지게 됨으로 부모와의 인연이 박하고 편재는 재성이라는 무대지만 偏 즉 한쪽으로 치우쳤다하여 편법으로 버는 투기나 또는 이리저리 떠도는 장돌뱅이로도 보지요, 또 인성이 파괴됨으로 학문적 논리가 약하고 남자는 이 여자 저 여자를 오가며 살게 되고 남자팔자에서는 처의 활동성이 강하다고 봄면 됩니다.

(正財가 많을 경우)

정재가 많을 경우 기본적으로 자기세력만 좋으면 문제가 없는데 허약하면 흔들리고 어쩌면 처가 여럿인 경우이니 처가 많다는 뜻도 되지만 多者無者라 하여 없는 경우도 있다. 그래서 아내로 인한 애로가 있고 처로 인한 덕이 전무 할 수가 있다.

(正官이 많을 경우)

정관이 많을 경우 관은 일이고 직업이니 일복이 많아 피곤하고 간섭이나 제약이 심하니 피곤한 삶이다. 직장 이동이 심하고 여명의 경우 늦게 결혼해야 하고 일찍 한다면 부덕이 적거나 다른 남자에 여러 번 시집가기도 한다.

(偏官이 많을 경우)

편관이 많을 경우 호랑이를 키우는 형상이라 칠살이라 말하는 것이고 행동에 제약이 많아 피곤한 삶이다. 편관 칠살이 많은 경우 인수를 사류ㅋ보아야 한다 인수가 있어 잘 소통 되면 좋은직장 고관대작으로 칼자루를 휘두를 수 있어 검 판사 등 사법권을 손에 쥐지만 소통되지 못하면 사환 하급직 막노동 노점상으로 노동력에 비해 보상이 적고 내 몸을 치는 것으로 질병에 걸려 고생한다.

어찌 알리오? -<060>

> **변호사(辯護士)인 것을 어찌 알 수 있었나요?**
> 일지 비겁에 식상제살 또는 화인(化印 生身)을
> 보고 안다.

변호사의 명조는 검사와는 달리 식상이 있어야 한다. 판검사는 공직자로 공무원이지만 변호사는 같은 법조인이라도 공직자가 아닌 개인 사업자이다. 소득을 배출해내야 하고 말로 변호를 해야 하기 때문에 식상이 필요한 것이다. 변호사는 사건의 병을 고치는 천의성(天醫星-活人星)과 하늘로부터 죄의 사함을 받는 천사성(天赦星)이 있어야 한다.

乾命	丙	甲	癸	乙
	申	午	丑	卯

위 사주는 癸수가 지지에 丑토를 놓아 백호살로 식상까지 강한 명조에 생재로 이어지는 사업성이 특출하니 변호사의 팔자이다. 午월 癸水라서 약해보이지만 丑中癸수가 있고 申金의 생조(生助)로 식 상관을 감당 할 수가 있다.

坤命	壬	己	庚	丙
	子	酉	申	戌

위 사주는 庚금 일간이 秋월 생이라서 숙살의 기운이 강한 命으로 양인 살을 놓았으나 합살(合殺-申酉戌)격으로 검판사가 될 수있는 팔자지만 식상이 왕성하고 일지 申금이 천의성이니 변호사가 되었다. 변호사가 되려면 일지비견이 있어야하고 관살을 견제할 식상이 반드시 있어야 한다.

乾	辛	戊	乙	丙
命	丑	戌	酉	戌

위 사주는 종재격(從財格)사주로 戌月의 酉金이 천의성이고 식상생재에서 재생관(食傷生財에서 財生官)으로 이어지는 변호사가 천직인 팔자이다. 변호사로 축재한 명(蓄財한 命)이다.

坤	庚	癸	甲	戊
命	午	未	午	辰

위 사주는 식상생재로 이어지는 호명(好命)으로 午火가 천의성이다. 년의 庚금으로 부터 시간 戊土까지 생생불식(生生不熄)이니 막힘없는 무난한 삶을 살아갈 것이다. 말로 벌어먹고 사는 변호사가 천직이다.

乾	甲	戊	丁	壬
命	申	辰	卯	寅

위 사주는 오행전구에 인성이 강한 학자풍이지만 상관성이 강하고 관인상생으로 교수요 변호사로 왕성한 활동을 하는 법조인의 命이다. 신왕 식왕 관왕으로 호명(身旺 食旺 官旺으로 好命)이다.

乾	癸	乙	甲	乙
命	卯	卯	寅	亥

위 사주는 水木사주로 식상이 없어 변호사의 사주는 못되고 법무사로 일하고 있다. 변호사는 법정에서 변론 가능하지만 법무사는 법정에 제출하는 서류만을 작성할 수 있는 것이 특징이다.

어찌 알리오? -<061>

은행원(銀行員)인 것을 어찌 알 수 있었나요?
身弱 金財 食傷이 日支 合으로 들어옴을
보고 안다.

은행은 대중의 저축으로 돈이 쌓이고 그 돈으로 대출하는 곳이다. 돈은 金이고 財가 돈이니 金 財가 되거나 財가 金으로 合하고 식상은 나의 활동하는 직장이니 食財가 일지에 합이어야 한다. 많은 돈이 쌓여있어도 내 것이 못 되므로 신약이어야 하고 만약 신왕 재왕 하면 財를 운용하려는 기운이 강하여 타 직종으로 전직 이직 또는 독립하게 되어 오래도록 은행 근무가 어렵게 된다.

```
坤  丙 甲 丁 丁
命  寅 午 亥 未
```

위 사주는 財가 金인 사주로 식상이 일지로 합되어(亥未半合) 은행원이다. 부부가 우리은행 직원인데 일주가 같은 丁亥로 金이 財가 된다.

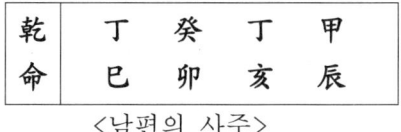

<남편의 사주>

남편은 관인상생 하는 팔자로 관성과 인성이 강하고 관인이 동주하고 일간과 근접하며 비록 무재(無財)라도 상관성이 발달 되어 40대 후반 서방金운에 발복하여 부자가 될 것이다. <배우자 궁의 官이 길신역할을 하므로 배우자 덕이 있다>

| 坤命 | 丁卯 | 戊申 | 辛卯 | 癸巳 |

　위 사주의 주인공은 은행에 근무하는 일반은행원이다. 사주의 구성을 살펴보자면 오복 즉 오행을 다 갖추고 태어난 사람으로 年支 卯목으로부터 시작해서 時干 癸水까지 끝이지 않고 상생되고 있는 사주인데 이런 사주를 생생불식(生生不熄-살아서 꺼지지 않는)하는 사주로 어려움 없이 잘 살아가는 팔자다. 대운이라는 살아가는 운로(運路)또한 전반기 30년은 북방水운으로 왕성한 활동을 하게 되고 후반 30년 운도 서방金운으로 辛금이 뿌리내리는 운이라서 만사형통 할 것입니다. 이런 사주를 가진 사람은 첫째 살아가는데 큰 막힘이 없고 둘째 재물복도 타고나서 궁색함 없이 잘 살아갈 것이며 직업 또한 좋아 말로 벌어먹고 사는 교육자나 재물을 관장하는 은행 증권 등의 일을 해도 좋고 인기 살이 있어 언론방송계에 진출해도 두각을 나타내는 좋은 팔자입니다. 이 사주의 장단점부터 짚어보자면 장점은 四柱 중 三柱 즉 세 기둥이 유기(有氣-뿌리가단단함)하여 좋고 辛금으로 태어나서 시간에 癸수까지 나타나서 반짝반짝 빛이 나는 사주로 노력한 만큼 소득도 있는 팔자입니다. 사주가 균형을 이루고 서로도우니 인간적인 면에서도 반듯한 사람이다.
　이사주가 은행원이 된 것은 卯中乙목과 申中庚금이 합으로 들어온 거시 결정적인 원인인데 신왕 재왕 하면 장기근속이 어렵다 했으므로 정년은 못할 것인데 벌써 이직이나 전업 전과를 물어 온 사주로 丙申년 원숭이 띠 해는 丙화 붉은 태양이 원숭이를 달고 와서 붉은 원숭이 띠 해라고 한다. 丙화는 관성이라 하여 직업의 별이고 申금 원숭이 역마를 달고 오는 해라서 변화를 생각게 하는 해이다.

| 乾命 | 丁丑 | 庚戌 | 丁亥 | 丁未 |

丁亥일주가 신약하고 庚금 財와 丑토 식상이 일지 亥수에 方合 또는 未토 식신과 亥未로 반합 되어 평 은행원에서 지점장까지 승진 했고 다시 지방은행 지점장에서 신한은행 이사로 영전한 사람이다. 이사주의 특성을 찾아보자면 3丁火가 투간 됐지만 3土식상관 관성이 지지전국을 점령했으므로 財는 旺 하나 身은 虛하여 財인 돈이 내 것이 못되고 관리하는 은행의 임직원이 된 것이고 머리가 비상하여 기획 성 업무에 뛰어난 재주가 있어 금융권에서 이사라는 임원으로까지 발탁 된 것이다. 대운역시 서방금운에서 남방火운으로 운행되어 金운엔 평 은행원으로 재물관리인이었다면 火운에서는 身이 보강 되어 내 것으로 만들 힘이 생겼으므로 지점장도 되고 이사에 발탁 될 수 있었던 것이다.

위 사주는 亥월 癸수가 시간에 壬수까지 투출시켜 신강이다. 그러나 卯戌火局 亥卯木局 등으로 균형을 이룬 사주로 보아야한다. 조후로 보아 木火가 좋은데 대운이 동방木운에서 남방火운으로 흘러 기쁘다. 丙 財가 申금위에 앉아 金財가 되고 申戌방합하고 식신 卯목이 戌土 관성과 합하여 은행원이 된 것이다.

```
乾  甲 丁 己 癸
命  申 丑 丑 酉
```

 위 사주는 丑월 己토지만 酉丑 합으로 金으로 化했고 癸水 財가 酉金에 동주하여 金財 되고 일지 金庫에 酉丑으로 합하여 은행원을 하다가 신보로 이직하여 지점장을 하고 있다. 金庫를 둘이나 놓고 있어 남의 금고지기가 된 것이다.

 역술인들은 관상이나 대인관계만 보더라도 그 사람의 사주를 대략 짐작할 수 있는데 필자가 자주 찾는 은행 여직원분이 너무도 친절하고 고객관리를 잘해서 저 여성은 어떤 사주를 타고 났을까 궁금하던 테에 오늘도 은행에서 들려 그 직원에게 적금이라도 하나 들어주고 싶어 순번대기표를 받아들고 은근히 다른 직원이 담당하는 차례가 오면 어쩌지 하고 걱정하고 있었는데 마침 그 직원이 나를 불러 마음 편히 일을 보고 돌아왔습니다. 오늘도 그 여직원은 나를 알아보고 사주도 보시나요? 라고 살짝 물어 와서 그런은요, 사주 봐서 이매일로 보내드릴 테니 생년월일을 알려주세요, 라고 했더니 명함에다가 생년월일을 적어주더라고요,

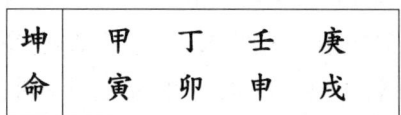

 사주팔자란 생년월일의 네 기둥에 여덟 글자라 해서 사주팔자(四柱八字)그러는데요, 네 기둥이 튼튼하고 조화를 잘 이루고 같은 글자가 많이 한곳에 모이지 않으면 좋은 사주라 말합니다. 양 선생님의 사주팔자는 도표에서 나타나듯이 오행을 다 갖추고 태어나고 중화를 잘 이룬 사주라서 좋은 팔

자를 타고났다 그럽니다. 시를 잘 모르고 저녁시간 이라 해서 戌시로 임의 결정했는데요, 맞을 겁니다. 그 이유는 未시나 戌시라야 관인상생으로 직장의운이 좋은 것이거든요, 좋은 직장인인 것으로 보아 밤 시간인 戌시로 본 것입니다.

사주팔자를 자동차에 비유한다면 액쿠스는 아니더라도 중형고급차 정도는 되는데요, 이 자동차가 달려야 될 도로를 우리는 운이라 말하는데요, 10년을 주기로 바뀐다 해서 10대운 그럽니다. 33세에 바뀐 대운이 42세까지 달리게 되는데 기유 대운이라 해서 준 고속도로입니다. 지금 현재의 운인데요, 잘 달리고 있어요, 43세가 되면 戌申대운이라 해서 고속도로로 진입합니다. 52세까지 무난하게 승승장구 할 운이네요, 도로는 무난하니 걱정 마세요, 운이 나빠 잘 안될 운은 아닙니다. 혹 살아가면서 일이 잘 안될 때가 있다면 운타령하지 말고 노력이 부족했구나 하고 자신을 볼아 봐야 합니다. 다만 무엇인가를 결정하는 것은 당년 당년의 운인데 2014년도는 甲午년이라 해서 말 띠 해였고 2015년도는 乙未년 양 띠 해가 되는데요, 甲午년은 무난했을 운이었고 돌아올 乙未년은 상관생재(傷官生財)라 하여 재물복은 있겠는데 조심 할 것이 보이는 군요, 고객과의 분쟁 또는 자녀로 인한 근심 등을 항상 생각하고 조심만 한다면 좋은 해로 보여 지고요, 워낙 사주구성이 좋아 운이 약간 불리해도 잘 넘길 수 있는 사주랍니다. -생략-

이사주가 은행원이 된 이유를 찾아보자면 金이 일지로 方合됨이다. 재성이 유력하고 金이 일지에 않함으로 들어오고 (申中庚金과 卯中乙木이 合)財가 일간과 합(丁壬合)함이다. 식상관이 강하며 재성과 연결 되는 것으로 보아 이재에 밝고 庚申金이 도와주어도 일단 식상재가 강하여 신약사주이다.

어찌 알리오? -<062>

> 증권회사원(證券會社員)인 것을 어찌
> 알 수 있었나요?
> 暗祿 財合에 財用神 空亡
> 으로 안다.

증권이란 종이문서에 불과한 財로서 그 가치의 변동을 알 수 없으니 財가 공망 되고, 재의 증식을 바라는 것이니 재가 용신이며 행운을 불러들이는 암록(暗祿)으로 합이 되어야 좋고 또 財가 공망 되거나 일주를 공망 시켜야 한다.

坤命	壬	丁	辛	戊
	戌	未	亥	戌

위 사주는 무재(無財)이면서 辛金이 土가 많아 매금(埋金)된 상태다. 이런 경우 財인 木이 약 신이고 용신으로 써야하는데 원국에 약이 없는 것이 흠인 사주이다. 亥中甲木과 未中乙木이 반합하고 丁壬合木이 化出되어 용신역할을 하지만 干合과 半合으로 재성이 불안하며 일주 공망이 寅卯木이 된다. 이사람 財 용신에 寅卯財가 공망으로 증권회사 직원이다.

乾命	丙	甲	丁	丁
	申	午	巳	未

午月 丁화가 甲丙이 천간에 나타나서 조후가 급선무이다. 다행이도 대운이 西方金운에서 北方水운으로 흘러 증권회사에 근무했다. 財星 申金이 조후용신 壬수의 장생지이고 일주를 공망시켜 증권회사가 적성에 맞는 것이다.

| 乾命 | 庚子 | 甲申 | 戊辰 | 甲寅 |

위 사주는 庚申금 식신과 甲寅목 관성을 통기시키는 水가 용신이다. 일주 공망이 亥水財가 공망 되고 年柱에 공망 辰土가 申子辰 水 財局을 이룬다. 丙戌 丁亥 대운 중 丁대운까지는 불리하여 학업을 접고 증권회사에 입사 亥대운에 승승장구 하였으나 戊子 대운 子水大運에 관재구설이 끼어 지점장자리도 물러나고 힘겹게 산다. 子수는 삼합수국을 이루어 수가 통관지신이라도 불리하다.

| 乾命 | 癸卯 | 戊午 | 戊子 | 壬子 |

위 사주는 午월 戊土가 戊癸合火로 신왕해진 명조로 변했다. 은행에 근무하다가 증권회사로 전직한 팔자인데 財가 용신이긴 한데 癸未년에 판산 한 것으로 보면 겁재와 정재가 동시에 떠서 탈재로 이어진 것이다. 금이 사주원국에 없는 것이 흠인 사주이다.

| 坤命 | 壬戌 | 丁未 | 丙申 | 庚寅 |

위 사주는 丁壬合木이 化出 되고 未월이라서 신왕 하므로 庚申금이 용신이다. 재성이 충을 먹어 공망을 대신 한 결과로 증원회사에 근무한 것이고 식상생재로 이어지는 팔자라서 재산증식에 관심도 있고 남의 재산을 증식시켜주는 일도 하게 된다. 그러나 편재가 용신이고 겁재가 월상에 떠서 금전이동과 변동이 심하게 된다.

암록(暗綠-일간을 기준 한다.)

일간	甲	乙	丙	丁	戊	己	庚	辛	壬	癸
암록	亥	巳	申	未	申	未	巳	辰	寅	丑

<암록은 두뇌 총명 재능 있고 보이지 않는 음덕의 길신이다.>

(偏印이 많을 경우)

편인이 많을 경우 성장에 방해 되는 별이라서 병고에 시달리거나 약골로 고생도 하며 식상을 저해하므로 활동력이 소극적이고 진취성이 떨어진다.

(正印이 많을 경우)

정인이 많을 경우 엄마가 많아 성장이 불충분하므로 연약하여 온실 속의 화초 같이 여리다. 그러므로 의타성이 강하며 착하기는 하나 남의 신세로 살아가기도 한다.

많다함은 3위 이상을 말하는데 같은 오행이 3~4개 되면 많은 것이고 더 지나치면 편고로 본다. 대체적으로 천간지지에 함께 나타나면 더 힘이 센 것이라서 힘이 배가 된다. 다만 월일지라면 천간 두세 개나 지지 하나나 그 힘을 같다고 보면 된다.

어찌 알리오? -<063>

> ## 보험회사원(保險會社員)인 것을 어찌 알 수 있었나요?
>
> 官殺 沖去 財合 暗綠에 時柱에 用神 있음을 보고 안다.

관살은 나를 극하는 별로 괴롭히는 것이니 재앙이요, 질병인데 충이나 합 형으로 去시기면 재난으로부터 보호받는 것이요, 미래를 대비하는 것이니 財를 暗綠이 합하고 時柱에 있어야 한다.

| 坤命 | 戊戌 | 甲子 | 丁卯 | 庚戌 |

위 사주는 관살인 子水를 戊戌토가 剋 去시키고 子卯 형을 한다. 재성이 시주에 있고 식신성이 강해 설득력이 강하므로 보험회사 설계사가 천직이다. 현재 보험영업자로 팀에서 항상 1등을 하는 실적 좋은 설계사로 이름이 난 여명이다. 우연인지 필연인지 필자와 띠 동갑에 같은 달 같은 날 같은 시에 출생한 팔자로 7~8년 전에 인연 맺어 지금까지 왕래하는 사람으로 혹 일이 잘 안 풀리면 찾아와 필자와 대화만 나누고 가도 일이 잘 풀린다고 한다. 본 남편은 일찍 죽고 재혼하여 잘 살고 있는데 본남편이 일찍 죽은 것은 관살의 형을 란 원인이고 관인상생 하는 이유로 재혼남편 덕과 직업의 덕이 있는 것이다. 특히 대인관계가 좋고 머리가 비상하며 재성이 유기하여 재물 복도 있는 것이다. 子월 한동(寒凍)의 丁화라서 남방火운에 발복하는 것이다.

| 乾命 | 丙辰 | 丙申 | 戊申 | 丙辰 |

위 사주는 陽八通 사주에 역마성이 강한 팔자에 申금이 戊토의 암록이고 申辰合水로 財合을 한다. 이런 여러 가지 여건으로 보아 보험회사가 천직일 것이다. 역술인들이 역마성이 강한 팔자에 단골로 써먹는 말이 역마살로 움직이는 일, 발로 바쁘게 움직이는 업 또는 무역 교역을 하면 좋다고 한다. 이사주의 주인공도 보험회사에 근무하는 사람이다.

| 坤命 | 丁未 | 丁未 | 己亥 | 甲戌 |

위 사주는 未토 암록이 亥수 財와 합을 하여 官을 만든다. 그러므로 보험회사 일이 적합한데 보험회사설계사로 근무하다가 대리점을 내고 영업을 하고 있다고 한다.

| 坤命 | 戊午 | 甲寅 | 乙丑 | 乙酉 |

위 사주의 주인공은 보험 설계사로 일하는 사람이다. 칠살 酉금이 合去 되고 시지에 용신 酉금이 놓이고 丑토 재성과 합을 한다. 이사주의 주인공은 평범한 가정의 주부로 두 아들을 둔 엄마로 생활력 강한 여성이다. 다만 비겁이 강하지만 木이라서 어질고 착한기운이 많으며 寅午가 合하여 식상으로 설기시켜 좋으며 청년기인 38세까지는 북방水운으로 인성 운이라서 무난하였다면 39세운부터는 서방金용신운이라서 발전할 운이다.

어찌 알리오? -<064>

의류업(衣類業)인 것을 어찌 알 수 있었나요?
火土용신에 식상 합을 보고 안다.

의류는 木으로 섬유지만 천으로 짜여 지면 土가 된다. 土는 피부이며 표피(表皮-겉 표 가죽피)로 의류가 된다. 의류가 사람에게 입혀진 기원이나 설은 여러 가지가 있지만 신체보호와 예절에서 기인된 것이다. 그런가하면 신체보호 중에서도 방한(防寒)으로 火가 되기에 木火土가 희용신이고 식신과 합하여야 한다.

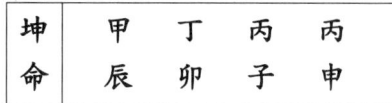

위 사주는 오행전구(五行全具)에 申子辰 水局을 이루면서 도화 성이 강하고 식신과 三合局을 이루면서 식신인 토가 용신으로 의류상이 천직인데 현재 청계천 의류도매업으로 일본의류상과 직거래를 하고 있는 사람이다. 丙申년 癸巳월에 간명(看命)의뢰한 팔자인데 필자는 한마디로 이성(異性-남자)로 인한 구설과 고민이 싸여있는 형상이라고 말 해 주었더니 삼각관계로 고민 중이라서 상담 차 왔단다. 이사람 사주구성부터 분석해 보자면 관살이 형(刑)을 하고 합거(合去)되어 일부종사 어려운 팔자이며 현재 아들 둘 낳고 이혼하였고 다른 남자와 오랫동안 사귀고 있는데 다른 남자가 나타나 삼각관계가 된 것인데 전 남자가 알고 죽자 사자 한단다.

무엇을 보고 이성(異性-남자)로 인한 구설과 고민이 싸여있는 형상이라고 말 해 주었는가요? 丙申년은 배우자궁에 합이 들어 이성 인연 발생에 癸巳월은 관살이 巳申형을 함을 보고 알게 된 것이다.

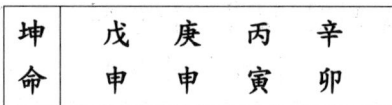

위 사주 辰월의 壬水라도 년과 일이 申금을 놓아 申子合水를 만들므로 水氣 태왕하여 戊土를 용신 하여야 한다. 이 여명은 어려서 백화점에 근무하더니 나이 들어서는 옷장사로 바꿔 20여년을 의류 업에 종사하는 명조이다. 대운이 현재 壬子 水운이라서 申子辰 三合水局되어 만고풍상 나 겪지만 용신이 유력하여 큰 어려움 없이 잘 살아간다. 辰中乙木 식신이이 申中庚金과 합을 하여 의류 업을 하는 것이다.

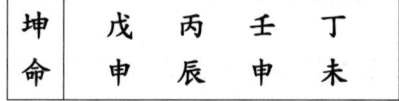

위 사주는 丙화가 일시지에 寅卯木을 놓았지만 재성인 金이 강해서 신약하므로 木을 용신해야 한다. 목용신인 사람들도 의류 업을 하게 되는 경우가 많은데 역마가 충을 함으로 의류유통으로 본다.

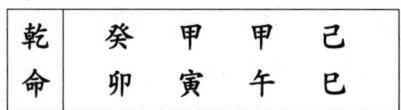

위 사주는 寅월의 甲목으로 강한데 年柱와 月干에 印比가 있어 일지 午火식신이 용신이고 신신이 寅午로 합을 하여 의류상이 천직이다. 다만 현재 북방亥水대운을 만나 운이 안 좋아 고전을 한다고 한다. 서방금운 발복할 수 있다.

| 坤命 | 庚子 | 丙戌 | 癸未 | 甲寅 |

<남대문 시장 아동복도매업>

위 사주는 남대문시장에서 오랫동안 아동복 도매업을 하는 여명의 사주이다. 왜? 아동복 의류를 전문으로 할까! 이 사주는 억부(抑扶)로 풀 사주가 아니고 병약(病藥)으로 풀어야할 사주로서 土가 병이고 木이 약인데 식상관이 약이므로 아동복이다. 다시 설명하자면 월주와 일지에 火土를 놓아 관살과 재성이 기신이 된다. 재생관(財生官)으로 관살이 강해지므로 火土는 기신(忌神)이고 癸수는 의지할 곳이 없다 年柱 庚子는 丙戌에 맥을 못 추는 형상이라서 도와 줄 수 없다. 그러므로 상관인 甲寅木이 약신으로 용신이 되는데 상관은 수하(手下)이니 어린이요, 木은 의류니 어린이옷이 된다. 癸巳년 丙辰월 丁巳일에 夫君이 물에 빠져 死亡했다. 몸이 아파 대학병원에 입원시켰는데 병원을 탈출하여 한강에 투신자살 한 명조로 丁巳일을 전후해서 丙辰일이나 戊午일 모두 불리한 날짜다.

| 坤命 | 甲子 | 丁丑 | 乙丑 | 庚辰 |

위 여명도 의류상을 하는 팔자인데 식신생재로 장사꾼의 팔자이며 음습한 사주라서 火가 용신인데 火는 식상이기에 의류상인 것이다. 본 명조는 관고(官庫-丑)를 둘이나 놓고 있어 일부종사가 어렵고 식상이 용신이므로 자손을 끔찍하게 생각한다.<두 자녀와 별거 중>

어찌 알리오? -<065>

> **의상(衣裳)디자인 인 것을 어찌 알 수 있었나요?**
> 도화 인수에 金 식상 용신임을 보고 안다.

의상을 디자인 한다함은 의상의 맵시를 중요시하기 때문에 도화의 아름다움을 가져야 하고 金이 식상이거나 金과 합을 하고 용신이거나 용신과 합을 함을 보고 안다. 金이란 경장 (更張-새롭게 넓히고 크게 하다)과 혁신(革新-가죽 즉 표피를 새롭게 단장함)함이 근본이고 신(伸-펴다, 펼치다) 와 신(新-새롭게) 자원 동음(字源同音)으로 뉴 스타일이 되기에 土가 주가 아니라 섬유인 木이 주가 된다.

| 乾命 | 乙亥 | 乙酉 | 庚子 | 丙戌 |

위 명조는 의상디자이너로 당대 유명했던 앙드레김의 사주인데 섬유인 乙木에 도화가 동주(同柱)하고 庚금 일주에 양인합살(合殺)되고 子수 도화가 식상이고 酉戌로 申금을 인합(引合)하였으며 申금이 일지 상관에 합하여 디자이너가 된 것이다.

| 坤命 | 甲寅 | 丙子 | 甲午 | 庚午 |

위 명조는 패션 디자인 교수로 활동하는 자의 명조다. 子월 甲목이 甲寅목이있어 신강 하므로 설기신인 丙午화가 용신이다. 子午 도화가 상충하지만 식상용신이 도화이므로 디자인이고 인성과 식상이 발달 되어 교수로 봉직하는 것이다.

어찌 알리오? -<066>

> **군 출신(職業軍人)인 것을 어찌 알 수 있었나요?**
> 일지 관성에 비겁 충 양인합살 망신 화개 합을 보고 안다.

군인은 과감성이 특별히 요구되기에 양인 칠살 괴강 백호 등 흉 폭한 기질로 구성 되어야 한다.

乾	丁	辛	庚	戊
命	巳	亥	申	寅

위 사주는 군인 박정희의 명조이다. 비록 양인 괴강 백호는 없지만 庚申일주에 辛금 겁재를 투출시켜 그 힘이 대단하다. 독재자라고는 하지만 대한민국을 반석위에 올려놓은 대통령으로 기록된 박정희 장군은 대통령으로 출세도 했지만 寅巳申 삼형을 넘어 生支인 寅申巳亥 역마가 다 모인 특징을 가진 사주로 크게 발전도 하지만 대형사고도 내고 감당해야 하는 기구한 운명이기도 합니다. 이 사주는 생지가 모두 충으로 엮어진 팔자입니다 (寅申沖 巳亥沖) 대체적으로 이런 사주들은 젊어서는 건달로 나이 들면서 막노동꾼으로 험한 삶을 사는 사람들이 많다고 하는데 유독 이 분만은 권세도 누리고 시해도 당하는 등 파란 만장한 삶을 살아 온 것을 보면 결코 좋은 명조는 아닌 것 같습니다. 역동성 하나는 끝내주는 사주이다. 다시 사주원국으로 돌아가 보면 오행전구에 겁재도 나타나 뺏고 빼앗기는 기운도 있고 대운이 서방金운에서 남방火운으로 운행되어 청년기는 힘겨운 삶이고 중년기는 관운이 좋았다고 본다. 62대운인 甲辰 대운은 甲목 財가 깨지고 식신 水가 入墓되는 운이라 불행한 운이었다.

| 乾命 | 壬申 | 戊申 | 庚戌 | 丁丑 |

위 사주는 군인 노태우의 명조이다. 庚戌 괴강이 연일지에 두 申금을 놓고 시에 백호를 얻으니 군인으로 출세할 팔자다. 대운이 26세까지는 서방金운이라 고생을 하였으나 27세부터 30년간 북방水운은 희용신운이어서 승승장구하고 출세가도를 달리다가 57세운부터 동방木운을 맞이하여 財生官하는 운이라 대통령에 당선 되지만 67세乙卯대운 은 天地 합으로 묶여 영어의 몸도 되고 고달프더니 77세丙辰운은 丙화 칠살이 辰토 편인성을 달고 들어와 충을 하므로 병고에 시달리며 살아가고 있게 된다.

| 乾命 | 壬寅 | 癸丑 | 壬戌 | 壬寅 |

위 사주는 壬戌괴강이 월주 癸丑 백호까지 놓였으며 丑戌로 官이형살까지 하고 있어 무관의 팔자임은 틀림없는데 25대운이 丙辰대운으로 일주를 天沖地沖하여 대 변화가 예상되었는데 32세 甲戌년에 관재구설인 관이 丑戌로 兩刑을 먹어 제대하게 되었다.

| 乾命 | 甲子 | 乙亥 | 壬子 | 己酉 |

위 사주는 壬子 양인일주가 년에 다시 子수양인을 놓고 金水태왕에 식상이 有氣하니 특수한 임무를 띤 특전사 군인으로 출세하게 되는데 대청년기 부터 동방木 용신 운으로 30년을 살게 되어 운이 좋은 군인의 팔자다.

|坤命|癸亥|丙辰|辛卯|丙申|

위 사주 여군 간호장교의 사주이다. 월에 정인을 놓고 辛卯일주가 모두 현침살이라 간호요, 월시간의 쌍丙화官이 일간과 합을 하여 직업군인이 된 것이다. 그런가하면 아래에 기록하는 사주는 이 여군의 남편사주인데 작전참모로 손색없는 작전통의 팔자이다.

|乾命|乙丑|戊子|丁酉|庚戌|

위 사주는 상관성이 강한 팔자로 기획이나 작전에 능통한 팔자이다. 오행전구에 대운까지 木火 운으로 운행 되어 승승장구할 팔자이며 官을 써야할 팔자로 직업군을 종사하면 좋다. 이 사주는 칠살용인격(七殺用印格-子수편관에 신약하므로 인성 木을 씀)으로 본다.

|乾命|辛丑|丁亥|丁未|辛丑|

위 사주는 음팔통에 丁未일주가 丑未 충을 하고 양인합살(未토양인과 亥未로 合殺)에 상관성이 강해 (식신이 셋 이상이면 상관으로 변함)불의를 보면 못 참는 성격이다. 정직하고 내성적 인 면이 있고 반듯하면서도 큰 욕심은 없으나 편재성이 강해 허욕을 부리기도하며 천상 참모로 출세할 팔자였는데 己未년에 巨事를 행하는 범행함은 丑未가 쌍 충 되고 己未土가 生金으로 재성을 키우니 과욕을 했고 庚申년은 財生官으로 칠살을 키우니 사형이 집행 된다. 김재규 장군 사주다.

어찌 알리오? -<067>

> **한의사(韓醫師)인 것을 어찌 알 수 있었나요?**
> 일주가 木火이고 制官殺에 천의 懸針殺을 보고 안다.

　의사는 한의든 양의든 침쟁이든 간에 관살을 제압하는 식상이 있고 천의성이나 천희성 또는 현침살이 있거나 합이 되어야 한다. 특히 동양의학인 한의는 동방은 木이고 形而上學적인 사고는 炎上인 火에 있으므로 木火일간이 대부분이며 또 木火가 왕성해야만 한의이고 서양의학은 서방金에 形而下學적인 사고는 潤下인 水에 있으니 金水일간이 대부분이며 金水가 왕하면 양의로 본다.

乾命	己	己	甲	乙
	酉	巳	戌	亥

　위 사주는 인산 김 일훈님의 사주이다. 甲목 현침 살이 있고 木일주에 관살은 酉금인데 巳酉합 金국을 이루면서 쌍己土의 생을 받은 강한 酉금을 亥수가 다시 생을 받아 官印相生으로 연결되기에 관살이 무력해진다.
년지 천희성이 巳이고 일지 戌이 천의성이며 천간 甲목이 현침살이고 甲己가 합을 하고 戌亥가 天門星이므로 김 일훈님은 신약을 개발한 천재 한의사였다.

年日支	寅	卯	辰	巳	午	未	申	酉	戌	亥	子	丑
天醫星	丑	寅	卯	辰	巳	午	未	申	酉	戌	亥	子
天喜星	戌	亥	子	丑	寅	卯	辰	巳	午	未	申	酉

< 현 침 살: 甲 辛 卯 午 申 未 >

| 乾命 | 辛酉 | 庚寅 | 丙子 | 癸巳 |

위 사주는 성남 경희 효 한의원 원장의 사주이다. 丙火일주에 월시에 寅巳가 있어 한의가 맞다. 酉년에 巳가 천희성이고 官印相生하는 명조로 재성이 有氣하니 부자의 命이다.

| 乾命 | 丁巳 | 壬寅 | 丙申 | 壬辰 |

위 사주는 일간이 丙火로 편인 寅목이 丁壬合木으로 化出되어 편인격 사주로 寅巳申 삼형도하고 申금 현침살이 있고 칠살이 극성하지만 겁재 丁화가 合殺하고 일지申금에 辰土가천희성이라 하의사가 천직인 팔자이다.

| 乾命 | 甲辰 | 戊辰 | 壬子 | 乙巳 |

위 사주는 壬子양인 일주가 괴강 백호(戊辰甲辰)를 둘이나 놓고 있으며 칠살(戊辰3土)이 有氣하지만 양인 合殺(子辰)과 식신제살로 살을 제지하여 한의사로 활동이 왕성하다.

| 乾命 | 丁酉 | 甲辰 | 丙申 | 甲午 |

위 사주는 현침살이 네 개나있다(兩甲木申午)비록 실령은 했어도 木火의 기운이 강하여 印綬用財格으로 현침 申금을 써야할 팔자이다. 사상의학의 대가 이제마선생님의 팔자다.

어찌 알리오? -<068>

> 양의사(洋醫師)인 것을 어찌 알 수 있었나요?
> 일주가 金水이고 制官殺에 천의 懸針殺을 보고 안다.

의사는 한의든 양의든 별로 다를 바가 없지만 양의는 바다와 같이 金水가 왕 해야만 양의로 본다. 관살은 합 충으로 去하거나 또는 합하여 인성으로 化해야만 하고 식상이 있어 관살을 제압하고 천의성이나 천희성이 있고 현침살이 일주로 합이 되면 양의다.

| 乾 | 乙 | 戊 | 壬 | 辛 |
| 命 | 巳 | 寅 | 寅 | 丑 |

<외과수술의사의사주>

위 사주는 현직 외과수술의사의 명조다. 일주가 壬水이고 제관살(制官殺:戊土 七殺은 兩寅木이 制殺)했다. 현침 살은 인성인 辛금이고 寅巳 刑殺로 수술의다.

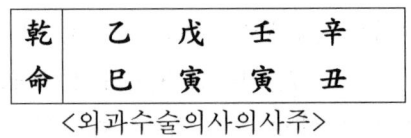

위 사주는 일간이 癸水이고 제관살했다. 현침 살은 인성인 辛금과 甲목상관이다. 대학병원의사로 잘 나가는 사람이다.

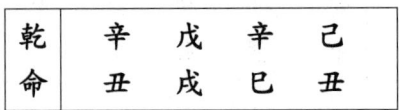

위 사주는 辛金일주로 현침살이 두 辛금이고 巳관살이 巳 丑으로 酉금을 불러合殺 되어 金으로 化하고 축토가 천희성이며 丑戌 형을 하고 있어 수술의인데 정형외과의사다.

- 254 -

1981년02월03일22/10분생						
乾命	辛酉	辛卯	乙酉	丁亥		
수	1	11	21	31	41	51	61
대운	庚寅	己丑	戊子	丁亥	丙戌	乙酉	甲申

위 사주는 외과의사 팔자인데 辛卯 현침살이 세 개나 있고 관살이 沖去 되고 식상 丁화가 제살한 命으로 의사가 천직인 팔자이다. 이 사주를 간명(看命)한다면 무재사주에 배우자궁이 双沖, 물론 亥卯 합도 되지만 관살이 강하지만 順하며 官印相生으로 七殺이 나를 도우니 사주가 중화된 命으로 보아야 한다. 얼른 대강 살펴보면 卯酉가 상충하고 관살태왕해서 별로인 사주로 보이지만 깊이 살펴보면 좋은 사주로 보이지만 위에서 잠시 언급 했듯이 무재사주에 배우자 궁이 상충되어 배우자인연이 적을 수 있다, 로 보아야 하는데 모친께서 결혼성사가 잘 안 된다고 상담해온 命이다. 잘 나가는 현직외과의사가 결혼성사가 잘 안 된다는 것은 팔자소관으로 돌려야 한다. 전반 30년 북방水운으로 현재 운세는 좋은 편이지만 후반 30년운 중 乙卯대운에는 변화가 크게 있을 것이다. 배우자와의 인연문제 또는 직업 직장의 문제로 대 변화가 예상 된다. 대체적으로 월주와 일주가 상충하는데 다시 대운에서 일주 간지를 상충하면 대 변화가 있게 된다.

天地沖운 바로알기

일주의 干支를 정면으로 沖하는 것을 天地沖 또는 天搨地沖 이라하고 한다. 甲寅日生이 庚申을 乙卯日生이 辛酉를 丁巳日生이 癸亥를 庚午日生이 丙子를 辛亥日生이 丁巳를

보는 경우를 말한다. 이는 日主의 주군을 정면으로 공격하고 이를 꾸짖는 주군에 대해서 노골적으로 반전(反轉)을 감행하는 것이니 반역(反逆)이 분명하다. 적을 보면 필사적 투쟁을 함으로서 자기역량을 최대한발휘하고 선전 선투하여 최대의 업적과 공을 세우지만 적과의 대결에 모든 것을 잃고 또 빼앗기게 된다. 적이 기습을 하여 불의의 화를 당하는 것이니 미처 손쓸 여지도 없이 억울하게 당하는 것이다. 비록 싸운다 해도 역진탈기(力盡脫氣-힘을 다해 기를 빼앗김)하여 무능 무력한 상태로 전락한다. 그와 같이 天地冲의 운에는 지나가는 나그네가 갑자기 강도로 변하여 나의 손발을 묶어놓은 것처럼 뜻하지 않은 사태 때문에 모든 것이 뿌리 채 뒤엎고 꼼짝 달싹 을 할 수가 없이 그대로 당한다.
하늘이 무너지고 땅이 꺼지니 속수무책이다. 모든 것이 동결되었으니 새로운 길을 찾을 수밖에 없다. 현업을 정리하고 새로운 출발을 하니 거구영신(去舊迎新-옛것은 보내고 새것을 맞이한다)이요 신상 변동이 불가피하다. 만사가 막히고 무너지니 마음이 편하고 몸이 온전할 리가 없다.
사업의 전환과 좌충우돌의 격돌과 방해 본분을 망각한 제삼개입으로 인한 막대한 피해 불의의 급습으로 도난횡액 노상봉변과 교통상해 등 부실한 사태가 발생한다. 하늘이 무너지고 땅이 꺼지니 부모의 이변과 처자(妻子) 또는 부자(夫子)의 비운을 암시하며 사면초가로서의 고군분투와 기진맥진하여 마침내 손들고 마는 패배를 면하기 어렵다. 적은 예고가 없듯이 언제 어디서 쳐들어올지 예측할 수 없으니 불의의 재난은 헤아릴 수가 없다.

감정과 기분을 억제하고 이성과 인내로서 사물을 처리하며 일체의 대인관계를 피하고 경제활동을 자중하면 무사히 지내되 건강의 이변인 질병 등 무엇인가 손재하고 근심 걱정할 일이 생기게 된다. 특히 가정과 배우자의 건강과 화목에 세심한 주의를 기우려야하고 이사나 출가를 하면 그것으로 이변을 상살(相殺)할 수도 있다. 신규 사업이나 업무확장은 금물이며 현상유지하면 대 성공 이라고 조언해야 한다.

<용신이 팔자를 좌우하는 만병통치약은 아니다>

용신이란 편고 된 명조를 잡아주는 요소로 보아야 한다. 용신이 전부인양 용신에 목숨 걸면 사주가 안 보인다. 사주팔자는 무조건 중화이다. 중화보다 더 좋은 것은 없다 그래서 팔자보다 운을 중요시 하는 것이고 용신은 기우러진 배를 잡아주는 것 정도로 보면 된다. 5년~10년을 공부했는데 사주가 안 보인다고 하는 이들을 더러 볼 수 있는데 그 사람들은 공부를 잘 못한 것이다. 음양오행에 미쳐야 사주가 보이는데 사주에 미쳤기 때문이 사주가 보이지 않는 것이다.

어찌 알리오? -<069>

약사(藥師)인 것을 어찌 알 수 있었나요?
식신이 용신됨을 보고 안다.

의사는 관인상생 되고 또한 관살을 무력화 시켜야 하고 약사는 제살하는 식상이 용신 된 사람들이다. 물론 천의나 천희성이 있어야 하고 현침살도 한몫을 하다.

坤命	辛	丁	癸	乙
	丑	酉	亥	卯

위 사주는 乙卯식신이 용신으로 제살하고 관성과 인성이 합살 했으며 辛금과 卯목이 현침살이고 酉금이 천희성으로 약대를 나와 약사로 활동 하였으나 도화가 相沖 相合(卯酉 酉丑 亥卯)하여 연예인 기질이 다분한 팔자여서 가수로 데뷔하여 일약 톱스타가 된 주현미의 명이다.

坤命	壬	庚	乙	庚
	戌	戌	酉	辰

위 사주는 乙庚합 金 化格으로 壬수식상이 용신인 命으로 서유금 천의성도 있어 약사의 팔자가 분명하다.

乾命	壬	丙	戊	甲
	午	午	戌	寅

위 사주는 현침살이 세 개다. 조열한 팔자에 壬수가 용신이고 金식신이 희신며 午화가 천희성으로 약사 명이다.

어찌 알리오? -<070>

> **간호사(看護師)인 것을 어찌 알 수 있었나요?**
> 인수와 식상이 일지로 합됨을 보고 안다.

간호사는 어머니처럼 따뜻한 사랑을 가져야 환자를 돌 볼 수가 있다. 그래서 인수와 관살을 식상이 일주에 합을 하고 천의나 천희성이 있어야하고 현침살이 있어야만 간호사의 명이다. 간호사를 백의천사라 부르는 이유는 백색인 庚辛금이 식신이든 金과 합이 되어야 한다.

아래의 사주는 아산병원 중환자실 간호사의 팔자입니다.
천직이 간호사라서 중환자실에서 봉사하는 것을
소명이요 기쁨으로 생각하며 살아 왔답니다.

坤命	1975년04월18일13시생				3	木
	乙	辛	甲	庚	2	火
	卯	巳	戌	午	1	土
수	3	13	23	33	43	53	63
대운	壬午	癸未	甲申	乙酉	丙戌	丁亥	戊子

(재배치)

坤命	乙	辛	甲	庚
	卯	巳	戌	午

수	3	13	23	33	43	53	63
대운	壬午	癸未	甲申	乙酉	丙戌	丁亥	戊子

3	木
2	火
1	土
2	金
0	水

위의 사주는 현침살이 네 개나 주중에 있는 팔자로(甲 辛 卯 午) 의사의 팔자지만 인성이 없어 간호사로 간 팔자인데 간호사는 사랑과 배려인데 식상이 왕성 (午戌 卯戌 巳午)하여 배려는 끝내주는 팔자이다. 午화가 천희성이고 庚금이 乙목과 합을 하여 백의천사가 된 것이다.

　위의 사주도 현침살이 3개나 있고 亥水 천의성과 亥水상관이 일지로 亥卯 합으로 들어온다. 그런가하면 일간 辛금이 丙火 관성과 丙辛 합을 하니 백의천사로 현재 이여성은 간호장교로 부부가 직업군인인 팔자이다.

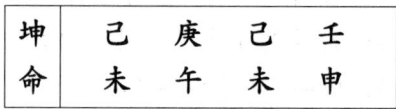

　위의 사주는 庚금 상관이 午화 인수와 同柱하고 일지로 午未 합하여 들어오며 庚申금이 상관으로 백의천사이며 午火가 현침살에 천의성이고 현침 申금을 다시 시에 놓으니 간호사의 팔자이다.

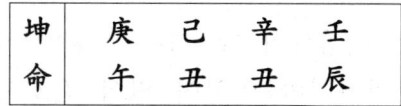

　위의 사주는 식상관인 巳화가 酉금에 합으로 들어오니 백의천사요, 시간 辛금이 현침살로 이 여성은 간호조무사로 활동하는 여성이다.

```
坤  庚 己 辛 壬
命  午 丑 丑 辰
```

　위의 사주는 庚辛이 백의천사이고 辛금현침과 午화 현침살이 있고 酉丑 引合하여 酉금이 천희성이니 간호사의 팔자로 이사주의 주인공은 현직간호사로 활동하는 여명이다.

1984년윤10월15일午시생							
坤命	甲子	丙子	乙亥	壬午			
수	10	20	30	40	50	60	70
대운	乙亥	甲戌	癸酉	壬申	辛未	庚午	己巳

   위의 명조는 현직 간호사로 활동 중인 여명의 팔자인데 甲과 午가 현침살이고 인수가 태왕하니 천직이 간호사의 팔자인 것이다. 본명(本命)은 무관무재(無官無財)로 기술이나 면허 자격증으로 살아가야 하는 팔자여서 간호사라는 자격증으로 살아가야만 무난한 삶을 살아갈 수 있다.

<格局과 用神을 새로운 차원으로 바라봐라>

   격국이란 종자 그릇 배기량정도로 봐야한다. 보통 우리는 사주팔자를 자동차로 비유하기도 한다. 배기량이 크고 잘 만들어진 차인지 아니면 규모가 작은 소형차인지 아니면 농업용 농기구인지 아니면 중장비인지의 그릇의 크기를 보는 것이다. 그리고 운을 봐야 하는데 운이란 도로요 환경이 되므로 계절적 감각으로 살펴야 한다. 그다음이 꾸며진 내용물이다. 건실하고 고르게 구성 되었는지 치우치고 편고 된 내용물인지 구별하여 치우치고 기울고 균형이 잡히지 못하다면 나누고 고이고 바로 잡아주어야만 쓰러지지 않을 것이니 균형을 바로 잡아주는 것이 바로 용신의 역할이다.

   사주공부에서 격국과 용신을 배우면서 우리 역학인들은 애꾸가 된다. 강약도 마찬가지다. 강약은 참고정도로 활용해야 하는데 강약이 전부인양 강하면 눌러주고 약하면 부조 해준다, 로 보는 것이다. 자금부터는 격국 용신 강약은 참고만하고 사주의 형태를 잘 살펴 환경을 관찰하는 습관을 길어야만 한다.

어찌 알리오? -<071>

> 언론 방송인(言論 放送人)인 것을 어찌
> 알 수 있었나요?
> 인수가 용신이고 식상과 역마가 임함을 보고 안다.

신문기자는 편관과 역마가 합하고 식상 공망 이어야 하고 방송은 전파의 방출이니 식상이 용신이거나 火식상 또는 火와 합해야한다. 인성은 자신이 얻은 지식이고 식상은 내가 가진 지식이나 정보를 타인에게 전달하는 것이며 경쟁과 과감성 움직임이니 편관 인수 식상 역마가 합 되거나 공망 이어 야만 언론 방송인이다.

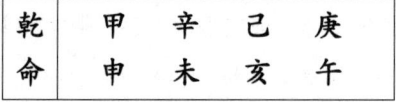

위의 사주는 상관성이 강한 命으로 말로 먹고사는 팔자입니다. "인수가 용신이고 식상과 역마가 임함을 보고 안다." 에 해당하는 팔자로 방송인이고 정치인 이윤성님의 팔자입니다. 원래 상관성이 강하면 독설가지요, 한때 방송인으로 인기가 많았었는데 독설 또는 바른말 때문이었을 겁니다. 정치인으로는 크게 두각을 나타내지는 못했으나 국회 부의장까지 했으니 입신양명은 한 거지요. 未월 己토 라도 식재관이 강하여 신약으로 본다. 이와 같이 상관성이 강한사주를 가진 사람은 면허나 자격증으로 살아가라 했다. 그 이유는 관성이 약하여 정상적인 고정 월급 받는 직업은 불리해서다. 청년기에 재성 水운으로 흘러 財生官으로 좋았으나 戊寅대운은 불리하다. 겁재로 탈재로 빼앗기기도 하지만 寅목 정관성이 申금 상관성을 만나니 상관견관(傷官見官)으로 직업 운이 다한 것이다. 늦지도 젊지도 않은 나이에 공천도 못 받고 백수가 되었으니 불여대운(不如大運)이라는 말이 여기에 해당된다고 하겠다.

乾命	己	辛	辛	壬
	亥	未	亥	辰

위의 사주도 상관성이 강한 命이지만 신강 하므로 상관이 용신인 사주지요, 丙申년은 겁살해로 불리한데 까불다가 망신당했지요, 상관성이 강한 사람들을 노조위원장이라고 하잖아요, 독설 또는 불의를 못 보는 성격입니다. 방송인 국회의원 한선교의원의 팔자입니다. 상관성이 강한 팔자들이 아나운서 기자 등 언론인이 많다. 상관은 남에게 주다라는 의미이기 때문이다.

乾命	癸	己	己	庚
	巳	未	卯	午

위의 사주는 未월의 己토가 巳午未 火방국을 이룬 조열한 명조인데 조후로 癸수가 용신이고 신강 하므로 상관으로 설기시켜야 하므로 상관 庚금이 희신인 사주지요, 己토는 말을 잘합니다. 아난운서 출신 정치인 정동영의 팔자인데 대선주자까지 되었으니 성공한 정치인이지만 대통령 깜은 못 되는 팔자랍니다. 인성이 강해 끈기가 적은편이어서 문 아무개같이 악착같이 덤비지 못합니다.

| 乾命 | 庚申 | 乙酉 | 壬辰 | 庚戌 |

위의 사주는 언론계에서 종사하는 기자의 팔자인데 從强格인 명조로 인수로 從하여 근본이 착합니다. 乙庚합 金 辰酉合金 申酉戌 金旺節의 壬수이니 인수로 終해야 하는 命입니다. 신문사 주필 깜인 사주지요, 인수가 많아 종하면 종강격 비겁이 많아 종하면 종왕격이라 말합니다.

| 乾命 | 辛酉 | 甲午 | 戊寅 | 癸丑 |

위의 사주는 午월 戊土라도 식재관이 5개나 되어 신약인데 甲寅목 편관 칠살이 寅午合과 아울러 官印相生하고 식상관 酉금이 酉丑 합하니 기자의 命으로 현재 신문기자로 활동하는 사람이다.

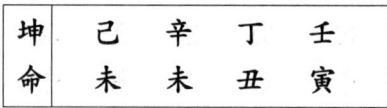

위의 사주는 식신4土가 왕성한 팔자로 식신은 활동의 별이고 언어의 별로 이사람 방송국기자로 활동하는 사람이다. 시지寅木이 약신 이고 용신이다 만약 寅시가 아니고 丑시였다면 未中乙목이 깨져서 기자가 안 되었을 것이다.

어찌 알리오? -<072>

문인 작가인(文人 作家)인 것을 어찌 알 수 있었나요?

식상 문곡(食傷 文曲)과 卯戌이 용신과 합함을 보고 안다.

卯戌은 春秋 합이고 상관은 예리한 감각과 번득이는 지혜로 천부적인 文才가 된다. 문창성 또는 문곡성과 천을 귀인 이 식상에 임하고 임하면 글 쓰는 재주가 있다.

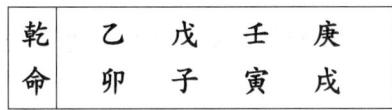

<서정시인 박목월사주>

위의 사주는 유명한 문필가인 박목월시인의 명조로 卯木 상관성이 천을귀인 이고 식상에 임한 경우이며 卯戌 합으로 문필춘으로 文才가 된 것이다. 子月壬水에 火가없어 염려 되는 命이지만 대운이 남방 火운으로 30년동안 흘러 청장년기가 좋았으나 壬辰대운 63세에 辰戌 충으로 卯戌 합이 깨지면서 세상을 하직하게 된다. 이 사주는 식상이 발달 되고 官印相生하는 팔자라서 글재주가 천재적이었다.

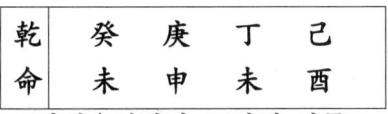

<현대유명작가 조정래 사주>

위 사주는 현대작가로 모르는 사람이 없는 조정래님의 命造인데 食神生財하고 식상과 재성이 유력하여 허약한데 운이 南 東方 운으로 흘러 말년에 부귀가 겸전하게 된다. 식상

관이 발달 되어 번득이는 지혜 예리한 판단으로 대작을 쓸 수 있고 酉금이 천을귀인 이어서 작가인 것이다. 부인도 시인이고 젊어서는 출판업과 월간지 발행도 하였던 것으로 기억 된다.

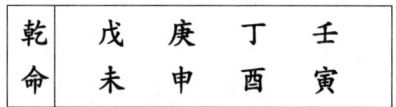
<생명파시인 유치환 사주>

위 사주도 식상과 재성이 강하여 寅木 정인이 용신이 팔자로 酉금 천을귀인이 문곡성이고 申酉戌방합으로 戌土상관을 끌어들여 문재가 뛰어났던 것이다.

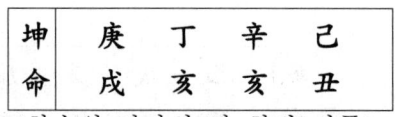
<한승원 작가의 딸 한강 사주>

위 사주는 유명한 원로 작가 한승원님의 딸 한강작가의 命인데 역시 상관성이 강한 명조에 인성이 용신이고 戌土가 문필 춘추로 글 쓰는 일이 천직일 것이다.

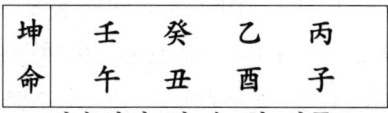
<방송작가 김 수 현 사주>

위 사주는 유명한 방송작가 김 수 현의 명조로 역시 子수가 천을 귀인에 문곡성이고 식상이 유기하고 문창성 午화가 상관과 동주하니 문필가의 팔자이다. 특히 도화인 子午가 문창 문곡에 천을 귀인에 임하여 인기방송작가가 된 것이고 인기살인 도화가가 지지에 3개나 놓여있어 말년까지 인기를 누리는 방송작가로 활동 한 것이다.

이상과 같이 문필가는 반드시 식상관이 있어야 하고
천을 귀인과 문곡성이 있어야만 작가로 소질이 있게 된다.

어찌 알리오? -<073>

교육자인(敎育者)인 것을 어찌 알 수 있었나요?

인수의 문창 문곡(文昌 文曲)을 보고 안다.

작가는 식상이 문창 문곡을 필요로 했지만 교육사인 교사는 인수의 문창 문곡을 필요로 한다. 다만 인성만 있어도 교육자 교육 사업에 맞는 명조라고 말할 수 있다.

| 乾命 | 丙午 | 癸巳 | 丁巳 | 甲辰 |

<고대총장 유 진 오 박사 사주>

위 사주는 왕년의 유명한 교육학자 대학총장 유진오 박사의 명조이다. 火旺節의 丁화가 丙巳巳午 四火가 천지간에 나타나 조열한 팔자로 癸水칠살이 용신인데 다행히 대운이 서방金운에서 북방水인 희용신운으로 흘러 교육자로 성공할 수 있었고 교육자가 된 것은 시간 甲木 정인이 있음일 것이다. 庚子대운에 노욕으로 정치에 관여하여 고생을 한 것은 왕신충발(子午 沖)로 구설에 휘말리기도 했다.

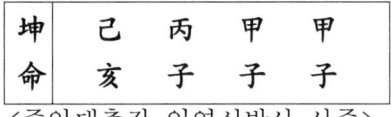

<중앙대총장 임영신박사 사주>

위 사주는 여장부로 교육부장관도 지낸 중앙대 임영신 총장의 사주로 인수가 태왕한 팔자에 식신丙화가 조후용신인 사주로 정인이 3개나있고 지지에 모두 인수를 놓아 교육다가 천직인 팔자. 무관사주여서인지 평생 독신으로 교육계에 몸 바쳐 살아온 여장부의 팔자다.

업종에도 가지가지로 구분할 수 있듯이 교육도 분야별로 세분할 수 있다.

[73-1] 국어교사인 줄 어찌 아는가?

인수와 문곡성이 있고 丑寅이 인수와 합 또는 합 用神이 됨을 보고 안다.
* 국어란 우리나라말이다. 한반도는 간방위(艮方位)로 丑과 寅이 바로 우리나라에 해당되며 가르치는 교육이 인수이니 인수에 합해야 한다.

乾命	乙	己	辛	戊
	丑	丑	丑	戌

<국어교육학 양주동박사 사주>

위 사주는 왕년의 유명했던 국어교육학의 대부 고 양주동 박사의 사주로 丑土인수가 세 개나 있고 인수 태과한 팔자로 교육자의 사주인데 丑이 한반도 우리나라이므로 국어교육자 이었다.

坤命	癸	丁	己	庚
	亥	巳	酉	午

위 사주는 인수 巳화가 일지로 합하고 인수가 유력하며 巳酉丑 삼합국으로 丑을 불러들이니 국어교사다.

乾命	甲	乙	乙	戊
	子	亥	卯	寅

위 사주는 亥수 정인이 일지卯와 합하고 寅목이 동방이고 子수가 문곡성 이면서 亥子丑으로 丑을 불러 寅丑이 한반도요, 인성 局을 만드니 국어교사다.

[73-2] 수학교사인 줄 어찌 아는가?

인수와 문곡성이 있고 水가 인수이거나 인수와
합이 됨을 보고 안다.

* 수학이란 數인것이니 水로 보고 水는 지혜로서 인수이거나 印綬局을 이루면 수학교사다.

| 坤命 | 庚申 | 戊寅 | 乙卯 | 丁亥 |

<수학교사의 사주>

위 사주는 亥水가 인수요, 인수가 일지로 亥卯木局을 이루는 木은 仁也라하였으니 어질고 지혜로 數이니 수학교사다.

| 坤命 | 戊申 | 己未 | 己卯 | 己巳 |

위 사주는 巳화가 인수로 巳申이 合水되어 水는 數學이므로 수학선생이다. 일지 卯가 문곡성으로 선생의 팔자이고 水와 木이 희 용신이므로 수학강사로 명성이 자자하다.

| 坤命 | 辛酉 | 丙申 | 戊午 | 戊午 |

위 사주는 丙午 3火가 인수인데 丙辛合水로 인수丙화가 水로 化出 되어 수학교사다. 현재 고등학교 수학 교사로 재직 중인데 戊午양인을 둘이나 놓아서인지 아직 미혼이다. 30대 후반 적지 않은 나이인데 30대 초반에 모친과 함께 필자를 찾은 것이 인연이 되어 오랜 기간 여러 번 궁합을 봐 주었는데도 성사가 잘 안 된다. 그렇다고 남친이 없는 것은 아니고 항상 있는데 성사가 안 됨은 식상관이 많음이다.

[73-3] 국가별 외국어교사인 줄 어찌 아는가?
인수와 문곡성이 있고 해당방위를
보고 안다.

* 국가별 방위이란 우리나라는 艮方으로 丑寅에 해당하고 일본은 震방으로 卯에 해당하고 중국은 坎방으로 子에 해당되하며 호주는 離方으로 午에 해당하고 서양은 兌방위로 酉에 해당도기 때문에 각 방위를 참고하여 국가를 가름한다.

乾命	戊	丁	乙	庚
	申	巳	酉	辰

<영어강사의 사주>

위 사주는 乙庚合化金格으로 볼 수도 있으나 化格은 불가다 丁화가 있어서이고 지지에 巳화를 놓아 巳申이나 巳酉합이 되어도 巳화의 질이 변했다고는 하나 절대로 合化는 불가능하고 합만 했을 뿐이라고 보아야 한다. 그 이유는 간단하다. 食월이면서 천간에 丁화가 나타나서 巳火가 절대 化할 수는 없다. 그러므로 丁화가 기신인 것이다. 보통 역술인들이 역마성이 강하면 외국과 인연 있다 말하고 외국어전공도 권한다. 본명은 金氣가 有力하므로 金이 주체가 되고 酉금이 서방으로 서양이 되어 영어교사다. 巳화가 문곡성고 金이 주체인데 金의 인수인 辰토가 辰酉 합으로 들어왔다.

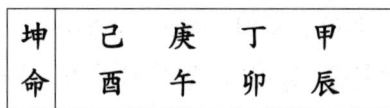

坤命	己	庚	丁	甲
	酉	午	卯	辰

위 사주는 午월 丁화가 다봉인수(多逢印綬)하여 酉金財가 용신이다. 酉가 문창성이고 卯가 문곡성 이면서 甲목 정인이 甲己 합하고 辰토가 酉금용신에게 辰유합 아니 영어교사다.

坤命	丁	壬	戊	戊
	巳	子	午	午

위 사주는 인수 태왕한 사주로 교육자의 팔자이고 巳역마성이 서방 酉금과 巳酉 합하고 있어 영어교사로 활동하는 곤명이다.

坤命	壬	壬	丙	辛
	寅	寅	戌	卯

위 사주는 인수 寅卯3인수가 있고 인수인 寅목이 문곡성이어서 외국어와 인연 있는 영어교사이다.

乾命	己	丁	丁	丁
	酉	卯	酉	未

<일본어전공한 사람의 사주>

위 사주는 3丁火가 천간에 나타났지만 지지에 兩酉금절지에 놓여 인수인 卯木이 없었더라면 태약한 사주인데 다행이다. 월지 卯木편이 좌우 酉금에 沖剋 당한 상태다. 卯木인수가 문창성이고 卯는 일본이니 일본어 전공했다.
* 여기서 중요한 것은 卯木이 좌우 兩酉金에 당하는 것일까? 木旺節의 酉金이라 金이 약하다. 그러므로 卯목이 일방적으로 당하지는 않는다. 이런 경우 沖不沖으로 보아야 한다.

坤命	癸	庚	壬	乙
	丑	申	寅	巳

위 사주는 寅巳申 3형살(역마살)이 있고 巳申合 水요, 신강한 사주라서 寅목 식신이 용신이 된다. 식상관이 용신이라서 말과 인연 있는 팔자로 중국어를 전공했다.

[73-4] 유아교육과 인연인 것을 어찌 아는가?

살이 중하여 인수를 써야하는 팔자로 일지에 비견을
놓거나 인수 문창 문곡이 있음을 보고
보고 안다.

* 일지에 비견이 있어야함은 품속같이 따뜻하고 안전함을 말하는 것이고 일지에 합으로 들어옴도 가능한 것이다.
殺 重해야 함은 살은 위험을 의미함이고 부모의 사랑인 인성을 도와줌도 되는 것이다.

坤命	壬	癸	壬	癸
	寅	丑	子	卯

<유아원교사의 사주>

위 사주는 일지에 비견이 있고 관살이 일지에 합으로 들어오고 寅木이 문창성이다. 그러므로 유아교육에 관심 있고 유아원 교사로 활동하는 여성이다.

坤命	戊	乙	乙	甲
	申	丑	酉	申

<유아원원장의 사주>

위 사주는 하남시 덕풍동에서 유아원을 운영하는 원장의 사주로 金局을 이루고 지지전체가 金으로 金이 관살이다, 살이 중하여 丑中癸水 인수를 써야하는 팔자이기에 유아원장의 팔자인 것이다.

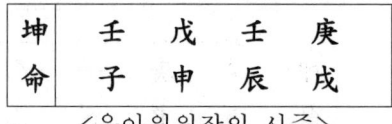

<유아원원장의 사주>

위 사주는 土金水 3神의 사주로 지지는 申子辰 三合水局을 이루니 從旺格의 명으로서 칠살이 忌神이며 일주로 합이 되며 申金이 인수이며 문곡성이다, 유아교육자의 팔자이다.

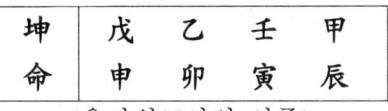
<유아원교사의 사주>

위 사주는 식상이 왕성한 팔자이므로 申金 인수를 용신으로 써야한다. 申金이 문곡성이고 식상이 方合으로 똘똘 뭉치므로 유력한 申金이 아니면 감당하기 어렵다. 그 이유는 木왕절 생으로 木方合을 이루고 甲목 식신이 시간에 나타났으므로 식상관이 왕성하다. 식상은 수하요, 내 손아래사람이니 어린이가 된다.

[73-5] 학교나 교육사업 설립운영자 인 것을 어찌 아는가?
인수가 많고 문곡성이 있고 식상생재 격을
보고 안다.

* 학교나 교육사업자는 경제적인 문제가 대두 되므로 식신생재가 되어야한다. 일반 대학총장과 대학설립자는 다르다.

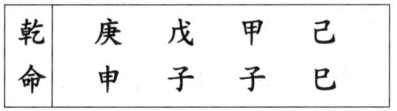
<명지대설립자 유상근 총장 사주>

위 사주는 申子水局을 이루고 식신생재로 財星이 有力하다. 인성이 많아 재성이 용신이 된다. 오행전구에 상 생이 잘 되어 교육자요, 교육사업자의 팔자이다.

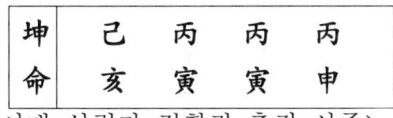
<이대 설립자 김활란 총장 사주>

위 사주는 인성이 과다하고 상관생재로 이어지는 팔자로 교육 사업이 맞지만 김환란 여사는 초대 총장이었고 학교설립에 큰 영향을 주었을 뿐 설립자는 다른 사람이었다.

어찌 알리오? -<074>

연예인(演藝人)인 것을 어찌 알 수 있었나요?
편인에 이중식상에 비겁 합 을 보고 안다.

　二重食傷에 比劫 合 偏印과 食傷 합을해야 연예인으로 성공한다는 말인데 식상은 활동의 별이고 대인관계이고 이중식상은 활동이 두 개라는 말로 내 삶과 예술인의 삶이다.

<텔런트 노 주 현 사주>

위 사주는 이중식상에 午火 식신은 午戌合火로 식상을 化出 시킨다. 壬수 인수는 午中丁화와 暗合을 하며 인수는 편인역할을 하니 연예인이다. 식상생재로 재물복도 있다.

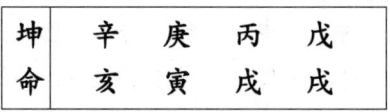
<텔런트 고 현 정 사주>

위 사주는 식신이 중중하고 편인 印목이 식신 戌土와 합(寅戌)을 한다. 戌土 화개살이 두 개이고 인목이 공망이다.

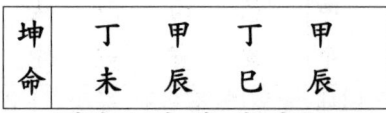
<텔런트 김 희 애 사주>

위 사주는 식상관성이 강하고 甲木 정인과 辰中乙木 편인이 2중으로 있고 화개 식상이 중중하며 무관무재의 팔자다. 木火土 3신의 팔자로 순환이 잘 되어 잘 살아간다.

- 274 -

| 坤命 | 丙寅 | 己亥 | 壬寅 | 庚戌 |

<영화배우 최은희 사주>

위 사주는 오행전구에 비견이 식신과 합을 하여 식신을 거듭 만들어 二重三重의 식신으로 활동성이 강하여 연예인의 팔자로서 當代 유명했던 스타의 사주다. 庚금 편인이 화개 戌토에 同柱하고 寅오戌 합까지 한다.

| 乾命 | 壬戌 | 乙巳 | 庚辰 | 丁亥 |

<영화배우 김진규 사주>

위 사주는 乙庚합 으로 비견이 化出 되고 식신이 이중으로 유력하여 인기영화배우로 당대 최고의 자리를 지킨 고 김진규 님의 팔자이다. 이 사주를 자세히 살펴보면 辰戌 편인이 있고 戌토는 壬수 식신과 동주하며 관인상생으로 막힘없는 삶을 살아가는 호명이다.

| 坤命 | 庚辰 | 戊寅 | 壬午 | 癸卯 |

<영화배우 김지미 사주>

위 사주는 寅卯 식상관이 2중이고 식상 木이 寅卯辰 으로 方합을 하여 식상이 연합하였으므로 일부종사 어렵고 여러 남자 거느려야 하는 팔자이다. 庚금 편인이 辰토 화개와 동주한다.

| 乾命 | 丁丑 | 乙巳 | 乙未 | 癸未 |

<영화배우 신성일 사주>

위 사주는 식상관이 년간과 월지에 있고 편인이 화개와 동주한다. 역시 이 사주도 식상이 二重이다. 그러므로 연예인으로 출세하려면 식상이 중중해야 한다.

어찌 알리오? -<075>

> ### 가수(歌手)인 것을 어찌
> ### 알 수 있었나요?
> 편인에 화개 도화 일지 합 을 보고 안다.

가수역시 예능인이므로 편인 화개 도화가 있어야 하지만 타 연예인과 다른 점은 소리를 내야 한다는 것이다. 그러므로 金과 木이 있어야 하고 金 木이 식상되어 충이나 원진으로 두드려야 소리가나는 것이다.

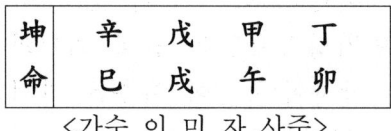
<가수 이 미 자 사주>

위 사주는 午도화가 화개 戌토와 일지로 합하고 식상이 왕성하며 巳戌 원진 하니 가수의 팔자이다. 이시대의 가장 장수하는 유명가수로 자리매김 하고 있다.

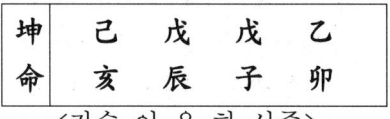
<가수 이 은 하 사주>

위 사주는 비겁이 중중하고 財官이 유력하지만 재물복도 남자복도 없는 命이다. 재성은 연월일이 연합을 이루지만 년월 일간에 戊己토 관살이 강하게 극하면서 군겁쟁재(群劫爭財)함이고 乙卯 정관은 유력(有力)하기는 하지만 자묘 형(子卯刑)하고 토다목절 수다토류(土多木折 水多土流)하여 역량발휘 못한다. 하여지간(何如之間-어떠하던 간에)일지 子수 도화가 辰토 화개와 합을 하고 있어 유명가수로 활동하지만 미혼이고 파산이야기가 나오는 것을 보면 명조의 부조화가 원인이다.

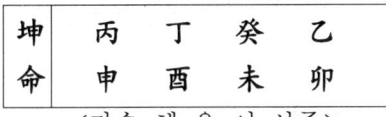
<가수 혜 은 이 사주>

위 사주는 卯도화가 식신 성으로서 일지로 午未 합을 하고 화개 합이면서 卯酉가 상충하니 金과 木이 부닥침으로 소리 고 申卯원진까지 더하니 가수의 팔자다.

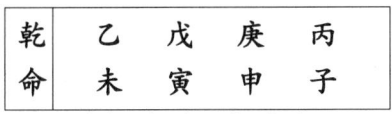
<가수 윤 수 일 사주>

위 사주는 子水도화가 일지申金으로 합하고 寅申이 상충하니 金 木이 소리 나고 子水식상이 子未 원진 한다. 그러므로 가수의 팔자가 된 것이다.

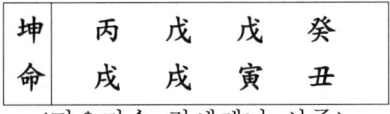
<노래자랑 MC 송해 사주>

위 사주는 오행전구(五行全具)에 식신생재(食神生財)로 사주기의 흐름이 매우 좋다. 이런 사주를 생생불식(生生不熄)이라 말하는데 장수하는 팔자요, 송 해 님은 노래도 잘하고 말도 잘하는 코미디 MC다. 식신성이 강하고 卯午도화가 있어 연예계에서 장수하는 팔자인 것이다.

<민요가수 김세레나 사주>

위 사주는 새타령으로 인기를 얻은 김세레나의 사주인데 戌中辛금을 용신으로 보고 약신이 寅목이니 상관생재하고 명예를 중시하는 여자다. 편인과 상관이 있어 가수의 길로 간 것이고 장수할 수 있었던 것은 관이 약신 이어서이다.

어찌 알리오? -<076>

개그맨(코미디언)인 것을 어찌 알 수 있었나요?
상관 도화가 양인을 이루어 합을 하고 편인이 합됨을 보고 안다.

 예능인은 편인이 있어야 하고 재능은 식상이기도 하지만 정 편관의 엄숙과 고통을 무너트리는 별이므로 코미디언이면 식상이 있어야 한다.

坤命	戊	甲	甲	丙
	子	子	辰	寅

<개그맨 박 경 림 사주>

 위 사주는 식상이 강하고 양인을 이루고 합을 한 경우로 개그우먼이 된 것이다.<丙午 식상이 양인이고 寅午합을 하고 子辰이 합하여 편인이 된다.> 이 사주를 간명하자면 무관이므로 식상인 전문기술로 먹고 살아야 하고 식신생재로 재성이 유력하니 부자로 살 것이다.

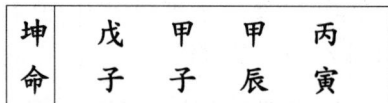

<개그맨 MC 이 휘 재 사주>

 위 사주는 특수한 명조로 구성되었으면서 지지가 모두 도화요, 양인을 이룬다. 편인이 둘이고 상관성이 강하여 말을 잘 하므로 MC로 인기를 누린다. <壬수에 子수 甲목에 卯목이 양인이고 임수가 편인이다> 水木火 3신의 팔자로 재관이 없으므로 일반적인 삶보다는 특수한 일로 살아가야 한다.

어찌 알리오? -<077>

> **화가(畵家)인 것을 어찌 알 수 있었나요?**
> 목화통명이나 금수쌍청에 상관 귀인 또는 편인이 용신됨을 보고 안다.

예술인은 편인이 있어야 하고 용신됨을 원하지만 화가는 시각적인 예술로 인성이 火이거나 火와 합을 해야 한다.

乾命	甲	辛	癸	戊
	申	未	卯	午

<海山 화백의 사주>

위 사주는 월간에 편이니 나타나고 午未로 火가 합을 이루고 있어 화가로 일평생 그림만 그리고 살아간다.

乾命	辛	壬	乙	丙
	丑	辰	酉	戌

<월광스님 화백의 사주>

위 사주는 스님이면서 화백으로 상관 생재하는 팔자라서인지 스님이면서도 재물에 대한 애착이 많은 분이다. 辰中 癸수가 편인이고 丙辛合水로 편인성이 강하여 예술에 소질이 있고 관살이 태강하여 스님의 길로 간 것이다.

坤命	丁	壬	辛	丙
	未	寅	未	申

<아동미술 교습자의 사주>

위 사주는 丙화와 합을 이루고 편인성이 강하며 壬수상관에 寅목귀인과 동주, 식상생재 로 아동미술교습소 운영한다.

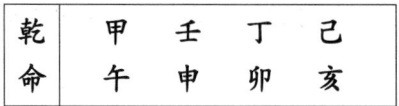

<박수용 화백의 사주>

위 사주는 편인을 일지에 놓고 식재관이 강하여 편인이 용신이 사주로 화백이 천직이다. 평생 그림 그려 전시회를 열어 그림 팔아 생활하는 화가의 팔자이다.

1977년01월01일 午시생							木	2
坤命	丁巳		壬寅		丙午	甲午	火	5
							土	0
수	5	15	25	35	45	55	65	金	0
대운	癸卯	甲辰	乙巳	丙午	丁未	戊申	己酉	水	1

이사주의 주인공은 미술을 전공한 사람이고 남편은 섬유 도매업을 하는 분이죠! 참 신기한일입니다. 얼굴을 보면 잘 모르겠는데 사주만 기록해 놓고 보면 그때 내가 무슨 말 한 것까지 다 기억이 나니 귀신이 곡할 노릇입니다.
애기 하나 더 나아야 부부관계도 좋아지고 삶이 좋아진다고 말했는데 애기는 낳아요? 예 선생님말씀대로 그다음 해에 임신해서 딸 하나 낳았습니다. 남편사업은 잘 되고요? 잘 하고 있습니다. 그런데 왜 이렇게 먼 걸음을 하셨나요?
아 ! 예 이사를 하려고 하는데요. (이사 날자와 애기들 사주도 봐 줬어요) 이 사주는 木火로만 구성된 양신성상격(兩神成象格)사 주입니다. 월간壬수가 있는데요? 라고 하시겠지만 丁壬合木 化가 되었으므로(지지 앉은자리가 寅木이라 合 化가 됨) 두개의 오행이 상생하여 좋은데 대운까지 동남방 木火운으로 흘러 더욱 좋습니다. 왜! 이렇게 사주와 운이 좋은데 뭘 하라고 하지 않고 애기나 하나 더 낳으라고 했을까요? 아무리 좋은 사주라도 세운(歲運)이 나쁠 때는 안 좋은 일이 발생하거든요. 신영님이 庚寅년에 신수 보러 왔는데 이 해에는 甲庚沖 寅巳刑 하잖아요. 이렇게 되면 인수가 상(傷)하므로 뭘 시작 해도 불리하고 되지도 않습니다. 그 해에 남편과 사이가 좀 안 좋다고 해서 금년의 불리한 운을 잘 넘기려면 제일 좋은 방법이 젊은 사람들이니까 애기 가지는 것 밖에요. 이 말을 한 이유는 여러 가지로 본 것입니다. 대운이 乙巳 막 대운인 데 어쩌면 寅巳刑이 들어가서 불리할 것이 보여 이 운만 넘 기면 丙午운이 오면 그냥 놀지 않고 활동 할 것인데 일찍이 애나 하나 더 낳고 이 좋지 않은 운을 잘 넘기라는 의미로 한 말입니다. 내가 아무리 그렇게 말 했어도 그 사람 운이 나빴다면 말 안 들었을 겁니다. 지금은 부부사이도 아주 좋 아졌다고 하네요. 이 사람들 유모 식모 따로 따로 두고 사는 부유층 사람들입니다. 오늘도 가면서 오만원권 3장 놓고 갔 습니다. 이런 사람들 보고 당신사주는 조열해서 물이 들어와 야 해요 난리 났어요. 이러면 안 됩니다. 그렇잖아도 어느 역술인이 집안에 수족관 만들고 강가를 바라보는 곳에서 살 라 그랬데요. 그 정도는 할 수 있는 말이지요. 애기다 키워 놓고 화가로 활동한답니다. 이와 같이 화기가 강한 팔자들이 라면 그림쟁이가 좋고 그길로 진입하면 성공합니다.

-실전사주108제에서 발췌-

어찌 알리오? -<078>

> **무용가(舞踊家)인 것을 어찌 알 수 있었나요?**
> 일주가 庚辛이거나 인수여야하고 식상이 乙목이거나
> 문곡성이 식상 합됨을 보고 안다.

庚辛은 敬神이므로 일주 또는 인수여야하고 식상은 감정 표현이므로 식상이 있어야 하며 리듬은 문곡성이니 문곡도 있어야 하고 춤 또한 예술이니 편인이 있어야 한다. 일주나 식상이 乙목인 사람들도 춤과 인연 있다. 새의 나르는 모습을 보고 춤이 발생했다고 한다.

坤命	甲	辛	戊	丁
	戌	未	申	巳

<중대 무용과 재학생의 사주>

위 사주는 발레를 전공하는 학생이다. 申금 식신이 문창 천주 복성귀인이고 식신이 합을 하며 편인성이 강하고 역마성까지 강하여 춤과 인연 있는 팔자인데 중대 무용학과 재학 중이고 발레 전공으로 인기를 누리고 있다.

坤命	甲	丁	辛	辛
	辰	卯	酉	卯

< 범패 살풀이춤 전수자 사주>

위 사주는 논개살풀이춤 전수자로 저서로는 우화의 꿈 바라춤 논개살풀이춤 등이 있다. 辛금일주가 卯酉가 상충하여 卯中乙목이 나타난다. <乙木은 새 을 자로 나르는 새처럼, 버드나무처럼 너울거림이 춤이므로 乙목을 춤으로 보는 것이다.>

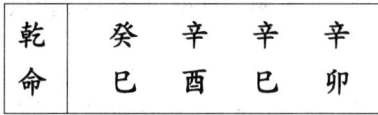
<국악인 김 인 권 사주>

위 사주는 국악인으로 춘당 김 수악 전통예술보존협회회장으로 활동하는 사람으로 춤의 대가이다. 저서로는 바라춤 그 새로움과 논개살풀이 如山 刊 공저가 있고 살풀이춤 전문가이다. 辛금일주에 辛금이 천간에 3개나 나타나있고 식신 癸수에 卯목이 있으니 춤꾼의 팔자인 것이다.

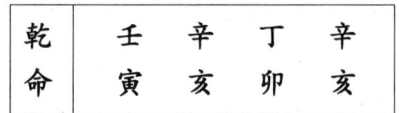
<댄스교습소 원장의 사주>

위 사주는 편인 卯목을 일지에 놓고 卯木이 문곡성이어서 춤과 인연이 있는 팔자로 亥卯合木 寅亥合木 丁壬合木 등 인성이 木이라서 교습소 강사로 활동하고 있으며 財星이 좌우 양 어깨에 놓고 있어 여자들과 춤을 추는 일을 하고 있다는 것입니다.

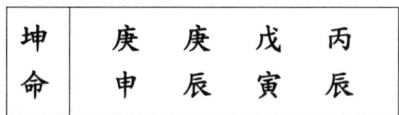
<댄스교습소 운영자의 사주>

위 사주는 庚금 일간에 戊토 편인이 있고 상관 子수도 둘이나 되며 巳화 문곡성 이라면 춤과 매우인연 있는 팔자임에 틀림없다.

坤命	庚	庚	戊	丙
	申	辰	寅	辰

<댄스 강사의 사주>

위 사주는 丙화 편인이고 식신申금이 문곡성이고 식신성이 강한 命으로 댄스강사가 천직일 것이다.

어찌 알리오? -<079>

> ### 부동산 중개업(仲介業)인 것을 어찌 알 수 있었나요?
> 이중인수이고 식상이 이중으로 합도 되고
> 식 재 합됨을 보고 안다.

 이중인수가 있어야 함은 매도 매수자의 계약문서인 인수가 각각 있어야 함이요, 매수자는 재가 유입 되어야 하고 매도자는 재의 유출이니 현금이 나가면 부동산이 들어올 것이고 현금이 들어오면 부동산이 나가니 재가 인수에 합해야하고 식신이합이 되어야한다. 또한 부동산은 土이고 소유권이동은 역마 지살이니 재가 역마지살인 사람도 부동산과 각별한 인연 있다.

乾命	乙	壬	丙	乙
	未	午	辰	未

<부동산 중개사의 사주>

 위 사주는 乙木 2重 인수가 있고 식상이 2重으로 합한 명조이면서 未토지살이 두 개나있어 부동산과 인연이 있는 팔자이다.

坤命	戊	辛	乙	壬
	戌	酉	未	午

<부동산 중개업자 사주>

 위 사주는 식상과 재성이 합하는 命으로<午戌 午未>壬인수와 午식신이 同柱한다. 그러므로 부동산 중개업 한다. 이와 같이 부동산업은 재물이 왔다 갔다 하는 것이므로 식상생재로 이어져야만 업자로 활동하게 된다.

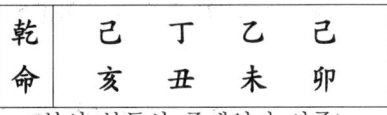

<부산 부동산 중개업자 사주>

위 사주는 亥 丑으로 인수가 이중이고 식신생재 하는 팔자이며 재성 未토가 亥卯未 삼합을 하는 팔자로서 부동산업이 천직이다. 이 사람 辛未대운에 재성이 인수 亥수와 亥卯未 삼합되면서 부동산 거래 즉 자신이 매입하여 매도하는 일 등을 많이 하여 많은 축재를 했다.

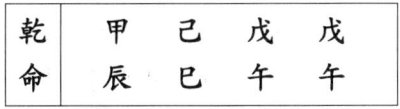

<부동산 중개업자 사주>

위 사주는 巳午인수가 이중이고 무재사주지만 辰中癸水가 재성이 되어 부동산업을 하게 되는데 癸酉대운 丙戌년에 丙화 인수가 戌토를 달고 들어와 재고인 辰土를 沖하여 開庫되어 辰中癸수가 나와서 재성 癸수가 戊癸합으로 나에게 들어오는 형상이라 큰돈이 들어왔다고 한다. 재고를 충하면 돈 들어온다는 말이 바로 이런 경우를 두고 한말이다.

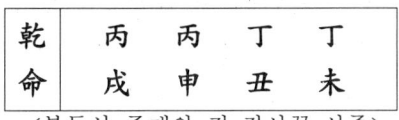

<부동산 중개와 집 장사꾼 사주>

위 사주는 식상생재 하는 팔자로서 장사꾼사주인데 달변에 수단이 좋아 중개업과 아울러 집장사를 하여 큰돈을 벌었다는데 사실 부자의 사주이다. 식상은 수단이고 머리회전이기도하고 겁재는 탈재라고하나 빼앗김만이 아니라 때로는 빼앗아 오기도 한다. 그뿐 아니라 재고 丑토가 충 된 상태라서 재고가 다시 충 되는 해에 부자 되기도 한다.

어찌 알리오? -<080>

건축 토목업(建築 土木業)인 것을 어찌 알 수 있었나요?

土 용신에 일주 재합을 보고 안다.

건축의 기본은 土요, 땅이 있어야 집을 지을 수 있기에 土용신이거나 일주가 재와 합을 해야 함은 건축을 수주한 후 이익창출이 목적이므로 재합이어야 되는 것이다.

| 乾命 | 丁亥 | 壬寅 | 甲子 | 丙寅 |

<토목기사, 토목업자의 사주>

위 사주는 木火通明의 命인데 무재사주이지만 재성 土가 용신인 팔자이다. 丁壬合木, 寅亥合木으로 비견이 태왕한데 시간에 丙화가 떠서 목화통명(木火通明)으로 보는 것이고 金보다 土가 반드시 필요하므로 土를 써야하기에 土용신인데 이사람 토목기사로 왕년에 골프장토목공사로 한때 자금 고통을 받더니 골프장이 뜨면서 공사대금으로 받은 골프장 회원권이 큰돈이 되어 부자가 되었다.

| 乾命 | 己亥 | 乙亥 | 乙巳 | 癸未 |

<종합건설사장의 사주>

위 사주는 水木이 강하여 火土가 용신인데 상관생재로이어지면서 己未土가 유력하니 土를 써야 하는 팔자이다, 종합건설회사 대표로 수백억대 재산가라고 한다. 아울러 未土재가 일지로 方合 해 들어온다.

| 乾命 | 乙卯 | 丁亥 | 庚申 | 丁丑 |

<현대건설 정주영 회장의 사주>

위 사주는 財官이 투철하여 庚申일주라도 土를 용해야 할 命인데 현대건설창업주로 돈을 많이 벌어들인 정주영 회장의 사주다. 용신이 土이고 財星인 乙목과 乙庚 합을 한다.

| 乾命 | 辛巳 | 己亥 | 辛巳 | 庚寅 |

위 사주는 3金이 나타났음에도 뿌리가 허약하고 식 재 관이 유기하여 인성 土를 용신해야 한다. 재성 寅목이 寅亥로 合木되어 건축업에 종사하는 경영인이다.

| 乾命 | 辛卯 | 丙申 | 庚寅 | 丁亥 |

<대아건설 고 성 완 종 사장의 사주>

위 사주는 건설회사로 축재하여 국회의원까지 지냈고 결국 과욕으로 목숨까지 끊고 세간을 떠들썩하게 했던 고 성 완 종의 사주이다. 재성과 식상이 합하여 일주로 들어오니 건설이고 丙丁火 관성이 월 시간에 나타나 벼슬에 관심이 많았던 것이다.

| 乾命 | 己丑 | 庚午 | 丁丑 | 己酉 |

<건설업으로 축재한 사장의 사주>

위 사주는 식신생재로 재성을 추구하는 命으로 편재가 酉丑 일지로 합된다. 그러므로 이 사람 건축업으로 蓄財한 건설회사사장의 사주다.

어찌 알리오? -<081>

금은 보석업(金銀 寶石業)인 것을 어찌 알 수 있었나요?
金인 庚申 辛酉가 희 용신임을 보고 안다.

금은보석인 귀금속은 庚辛에서 비롯된다. 庚금은 원석이고 辛금은 가공된 보석이다. 그러므로 금이 희용신이면 금은보과 인연 있다.

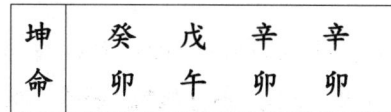
<금은보석 업자의 사주>

위 사주의 주인공은 보석가공기능자와 재혼 현재 보석가계를 운영하는 여성의 사주이다. 辛금일주에 재관이 많아 비겁인 金이 용신인 팔자이다.

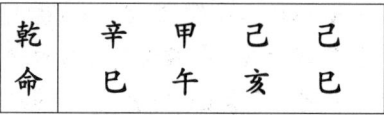
<보석 가공기능자의 사주>

위 사주의 주인공은 보석가공기능자인데 평생을 보석가공업을 하며 살아간다. 甲己合化土格에 인성이 많아 조열하므로 金水가 희용신인 팔자로 보석가공기술자로 살아간다.

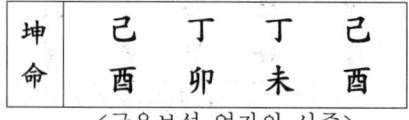
<금은보석 업자의 사주>

위 사주의 주인공은 조로4가에서 보석가계를 하는 女命의 팔자이다. 卯月丁火일간이 木火가 유기하니 土金이 희용신인 팔자로 금은보석 업이 천직인 팔자이다.

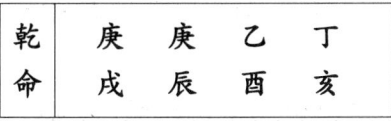

<금은보석 중간도매업자의 사주>

위 사주의 주인공은 보석가계에 금을 대주는 도매업자의 사주이다. 乙庚合化金格에 土金이 희용신인 命으로 금은보석 중간 도매업을 하는 사람이다.

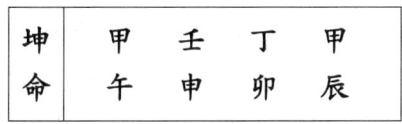

<금은방 주인의 사주>

위 사주는 3木이 상생하니 비록 실령은 했어도 신강사주다. 그러므로 金水가 용신인 팔자인데 酉금 보석이 일지 卯木을 충 거시키면서 다시 辰酉合金으로 용신을 도우니 이사람 금은방주인으로 잘나가는 사람이다.

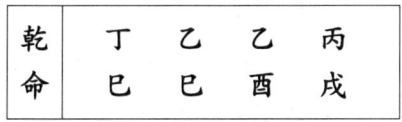

<금은세공기술자의 사주>

위 사주는 상관성이 강하여 기능공이 제격인데 酉금보석이 巳酉合金으로 보석을 만들어 丙화로 빛나게 하니 금은세공기술자이다.

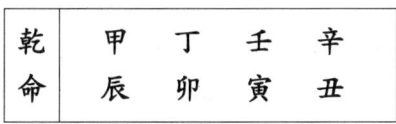

<금은세공기술자의 사주>

위 사주는 寅卯辰木方局을 이루어 상관성이 강해져 기능공이 천직인 사주다. 신허(身虛)하여 辛금이 용신이고 辛금은 예리한 칼날이므로 금은보석을 다듬는 세공기술자가 된 것이다.

어찌 알리오? -<082>

사금융업(私金融業)인 것을 어찌 알 수 있었나요?

金인 庚申 辛酉가 용신 또는 용신과 합됨을 보고 안다.

辛酉금을 화폐로 보기 때문에 辛酉금이 용신이거나 용신과 합 또는 동주하고 식상과 합 또는 동주하는 것은 재물을 활용 이익 창출하는 것이기에 사금융 금융유통업으로 본다.

乾	己	癸	辛	辛
命	未	酉	丑	卯

<사채업자의 사주>

위 사주는 酉월辛금이 지지에서 丑未와 천간에 己辛이 나타나서 매우 신왕한 명조이다. 용신을 식신 癸수로 써야하고 지지에서 酉금이 生水하므로 용신이 유력하고 卯목 財가 辛금과 동주하고 인수 未토와 卯未합을 한다. 그러므로 사채업자의 사주이고 실제 사채업을 한다.

乾	戊	癸	壬	辛
命	戌	亥	寅	丑

<과거 사채업자의 사주>

위 사주는 無財사주지만 戊癸合火로 재성을 이루고 식신 寅목이 유력하며 시간에 화폐를 의미하는 辛금이나타나고 대운이 청년기 20년간 丙寅 丁卯 木火 財運으로 운행되어 재물과 인연이 있어 사채업을 했었는데 戊戌대운에 왕창 깨져 사채업을 손 떼고 운수업으로 살아간다. 무재사주는 재물을 다루는 일은 삼가는 것이 좋다. 운이 좋을 때는 잘 되지만 불리해지만 나락으로 떨어질 수도 있게 된다.

| 乾命 | 壬辰 | 癸丑 | 甲申 | 己巳 |

<과거 사채업자의 사주>

위 사주의 주인공은 재성이 매우강하고 재물과 인연 있는 팔자여서인지 과거 신탁은행입사시험에 낙방하고 한국투자신탁에 공채1기로 입사하여 20여년간 근무하다가 명퇴하고 辛巳년에 사채업으로 승승장구하다가 癸未년에 파산하고 말았다. 위 사주는 丑월 甲木이라서 火운에 발복하는데 청년기 남방火운에 성취하다가 己未운에 추락했다. 이사주가 사채업에 손을 대었던 것은 식신이 재성과 동주하고 식신생재로 이어졌음이고 관재로 망한 것은 이 사주는 위법적인 일을 하면 관재에 몰리게 되는 팔자라서 정상적인 일을 해야 한다. 그 이유는 조후용신 식신 巳화가 巳申 형을 함이고 관살이 癸丑 백호에 앉아서 불법적인일은 용서 받지 못하게 된다. 현재하는일은 대리운전이라는데 이 사주를 보면서 팔자는 못 속이는구나 하고 생각했다 말년에 용신역마 巳화가 申과 함께 바쁘게 움직이는 형상이어서 이다.

| 乾命 | 癸卯 | 乙丑 | 甲子 | 己巳 |

위 사주의 주인공도 상기 甲申일주와 비슷한 경우이다. 丑월 甲목이라서 신강 하여 巳화가 조후와 억부 용신이고 식신생재로 이어져서 젊어서 사채업에 종사하였으나 접고 현재는 건축 설비 업에 종사한다. 청년기운은 서방金운이라 사업보다는 직장생활이 좋은데 역행하여 망한 것이고 현재 운은 남방火운이라 용신길운이어서 잘 되고 있다. 이사주의 성향은 甲목이 卯목양인을 놓고 있어 건축업이 적성에 맞다.

어찌 알리오? -<083>

신발업(구두 운동화)인 것을 어찌 알 수 있었나요?

金 역마가 財 또는 용신과 합됨을 보고 안다.

역마는 이동이고 인간의 이동에는 신발이 있어야한다.
申은 화(靴-신화)로 가죽인 庚辛이나 申酉인데 金역마인 申이거나 금이 용신인자 또는 財와 합이 되면 신발과 인연이 있다.

乾命	甲	乙	癸	乙
	午	亥	未	卯

<신발 제조업자의 사주>

위 사주는 식상관이 많아 기능인기술자의 팔자인데 신발을 만드는 기술자로 살아간다. 亥卯未 삼합으로 식상관이 유기하고 아울러 財인 午화와 관살인 未토가 합을 한다.
재가 합이 되면 신발과 인연이 있는 것은 財는 배우자로 내가 독점해야 하듯이 신 또한 내 것이어야 하기에 한 말이다.

坤命	己	戊	庚	辛
	亥	辰	申	巳

<신발상회 주인의 사주>

위 사주는 3土 3金으로 신강하여 亥수 식신이용신이다. 申 역마에 庚辛가죽이니 신발장사가 맞다.
이 사주에서 金이 강하므로 巳화를 용신해야 한다고 하는 이들도 있으나 巳화는 합去로 식신 亥수를 써야 맞고 아울러 강자에게는 억제보다는 설기하는 것이 더 효과적이다.

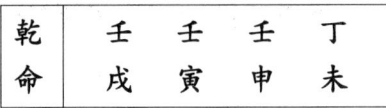

<에스콰이어 전대표의 사주>

위 사주는 신발계의 대부 격인 에스콰이어 전 대표의 사주이다. 일지와 월지에 寅申 역마가 있고 申역마가 신발이고 丁壬합 寅戌로 合이 된다. 그러므로 신발과 인연 있는 팔자이다.

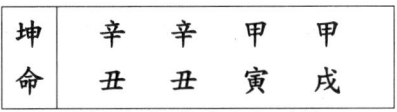

<구두 상회 전대표의 사주>

위 사주는 부부가 오랫동안 구두 가게를 운영했던 여주인의 사주이다. 가죽인 辛금이 관성이므로 가죽과 인연 있는 구두 가게를 했을 것이고 관고를 깔아 결국 망하고 말았다고 보아야 한다. 官庫 직업도 보지만 여명에서는 夫星으로 보기 때문에 남편과 이혼하고 독신으로 살아간다.

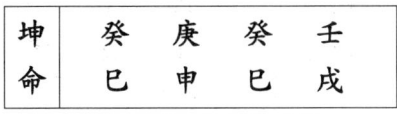

<구두 상회 전대표의 사주>

위 사주는 申월 甲목이 申시를 만났으니 구두와 인연이 있는 팔자로 살왕신약(殺旺身弱)으로 보이지만 관인상생(官印相生)으로 보아 결코 약하지 않고 인수가 申금 역마위에 있고 상관 午화로 생생불식(生生不熄)으로 잘 살아갈 것이다.

<구두 상회 대표의 사주>

위 사주는 申월의 癸수가 신왕하므로 巳火財가 申구두와 합을 한다. 그러므로 이 사주는 재성이 용신이 된다.

어찌 알리오? -<084>

목재업(가구 목공 목수)인 것을 어찌
알 수 있었나요?
木 용신에 丁壬合木 化出 됨을 보고 안다.

木이 사주에 필요하면 목재업이다. 干合으로 化出 된 木이 財가 되던 아니면 財가 간합 하여 木이 되면 목재업을 하게 된다.

| 乾命 | 甲申 | 壬申 | 庚申 | 丁亥 |

<목재소 대표의 사주>

위 사주는 丁壬合木으로 化出 財가 되고 신금 톱날이 3개 나있고 수목이 용신이 되어 목재소 사장이 천직인 팔자이다.

<목재상 대표의 사주>

위 사주는 乙木이 亥卯未 木局을 이루고 3丁火가 洩氣 하니 木火通明이다. 亥中甲木과 未中丁火가 丁壬合木을 化出시켜 목재상이 되었다.

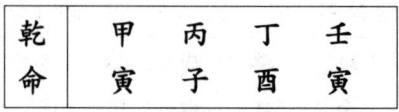

<가구상회 대표의 사주>

위 사주는 子月 丁화가 일지에 酉금을 놓아 신약한데 丁壬합목이 化出 되고 木이 용신되어 백화점에서 가구상을 경영한다.

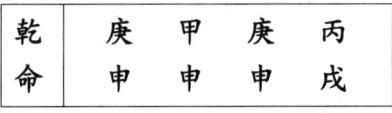
<목수의 사주>

위 사주는 庚申 톱날이 3개나 되고 財官인 木火가 용신 되어 목수가 된다.

<목수로 인테리어업자의 사주>

위 사주는 木이 官印相生하고 寅巳申 三刑殺로 잘라내고 만드는 기술자가 천직인데 어려서부터 목공으로 출발 목수로 인테리어 업을 한다.

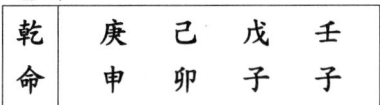
<인테리어회사직원의 사주>

위 사주는 庚申 톱날이 있고 子卯 刑을하니 나무를 잘라 만드는 인테리어에 소질이 있는 팔자로 인테리어 회사에 근무한다.

<인테리어 기능공의 사주>

위 사주는 상관성이 강해 기능공이 천직이고 丁壬合木이 火出 되어 신약사주에 용신 木역할을 하니 인테리어 기능공이 적합하다. 이 사주의 주인공 청년은 목공을 하면서 방통대재학중이며 戌亥 천문성이 있어서 역술공부도 하고 있다. 사주 상으로 보아 신약한 정화가 식상이 발달되고 괴강살이 3주에 있고 상관생재 하는 것으로 보아 목공업을 하는 것이 좋을 것이다.

어찌 알리오? -<085>

| 화원업(화원 꽃집)인 것을 어찌 |
| 알 수 있었나요? |
| 木 火 식상 또는 식상이 합됨을 보고 안다. |

　木火 식상은 나무가 꽃을 피움을 의미하는 것이고 화초를 화분이나 화병에 담으려면 그릇이 되는 酉가 있으면 바로 꽃집이다.

坤命	乙	乙	癸	甲
	未	酉	酉	寅

<꽃집 대표의 사주>

　위 사주는 酉金화병이 두 개나 되고 水生木 해서 木生火 하고싶다. 그러므로 이 사주는 木火가 희용신이고 그러므로 꽃가게 한다.

坤命	壬	丙	壬	庚
	寅	午	寅	戌

<꽃집 여대표의 사주>

　위 사주는 水生木 木生火로 이어지면서 寅午戌 火局으로 꽃이 활짝 피는 형상이다.

坤命	丁	癸	癸	戊
	巳	卯	亥	午

<꽃집 여대표의 사주>

　위 사주는 水生木 木生火로 연결 되는 사주이다. 戊癸 합 火로 꽃이 만발한 사주이다. 이와 같이 꽃과 인연 있는 팔자 들은 木火가 희용신인 사주들이 대부분이다. 그렇지 않은 사람들도 꽃집을 하는 이 들도 보았으나 잘 안 된다는 것이다.

어찌 알리오? -<086>

목욕업(목욕 사우나)인 것을 어찌 알 수 있었나요?

水월 水왕에 火용신을 보고 안다.

　물과 인연 있는 일이므로 水왕절인 亥子丑 월생에 화용신이면 차가운 물을 데워주는 형상으로 사우나 목욕업이다. 단 外格인 윤하격(潤下格)은 제외된다.

乾命	丙	庚	乙	丁
	戌	子	丑	亥

<사우나 대표의 사주>

　위 사주는 亥子丑 월생으로 丙丁火가 용신이 팔자이다. 그러므로 사우나로 돈을 많이 벌었으나 부동산에 무리하게 손을 대다가 망했다고 한다. 甲辰 대운은 木이 용신을 생하므로 재물을 많이 모았는데 乙巳대운에 망함은 乙木은 乙庚합으로 生火를 못하고 巳亥충 함으로서 왕신충발(旺神冲發) 됨이 큰 원인이다. 왕신을 충하면 왕신이 대노(大怒)하여 생사를 넘나드는 큰 일이 벌어지게 된다.

乾命	辛	辛	癸	壬
	卯	丑	亥	戌

<찜질방 대표의 사주>

　위 사주는 水왕절에 金水가 태왕하여 凍水로 解凍이 급선무이기에 火가 필요한데 다행이 卯戌合化火로 火가 化出되어 찜질방을 하게 되었다. 이런 사주를 만나면 불과 인연 있는 일을 하라고 하는 것이 철학원 원장들의 하나같은 말인데 이 사람도 철학원장의 조언으로 찜질방을 하고 있다.

어찌 알리오? -<087>

> ### 숙박업(宿泊 業)인 것을 어찌 알 수 있었나요?
> 역마 칠살 제살에 천의성을 보고 안다.

 숙박업은 여행자들의 쉼터로 여행은 역마를 의미하고 천의성은 보살핌을 의미하는 것이다.

坤命	己	壬	乙	丙
	亥	申	丑	子

<팬 편 업 대표의 사주>

 위 사주는 봉평에서 팬 션 업을 하는 여인의 팔자인데 일지 본 역마인 亥水가 있고 亥子丑 北方 水方局을 이룬다. 이런 밤기운이 강한 사람들은 밤과 인연 있는 일을 하는 것을 많이 봤다.

坤命	辛	庚	乙	丙
	卯	寅	酉	戌

<모텔 숙박업주의 사주>

 위 사주는 庚금 정관이 寅역마에 동주하고 식상이(丙辛合)合殺하며 인역마가 천의성이다.

乾命	甲	乙	乙	甲
	寅	亥	卯	申

<스페인 민박집경영주의 사주>

 위 사주는 역마성이 강하고(寅申亥)천의성인 寅목이 역마이므로 스페인에서 한국 사람들을 상대로 민박집을 경영한다. 여행가이드로 활동도하며 한인들에게 인기가 많다고 하는데 꿈이 호텔경영 이라고 한다.

<스페인 민박집주인 처 사주>

위 사주는 스페인에서 민박집하는 상기 乙卯일주의 처의 사주인데 이 역시 역마가 둘이나 있고 상관 합살(卯未)로 숙박업이 천직인 팔자이다.

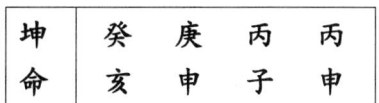
<관광경영학 전공 한 사주>

위 사주는 3역마가 있고 亥수 역마가 천의성이고 申금역마는 천희성 이다. 이와 같이 역마성과 천의성이 있어 관광과 인연이 많은 파라자로서 관광경영학을 전공하고 호텔에 근무한다.

| 坤 | 辛 | 庚 | 癸 | 癸 |
| 命 | 丑 | 寅 | 巳 | 丑 |

<관광가이드의 사주>

위 사주는 寅巳역마가 있고 丑土 칠살이 巳丑合殺 되고 식상 寅木이 偶合制殺하며 丑토가 천의성이다. 관광호텔 경영주가 꿈인데 현재 관광업에 종사하고 있다.

이상과 같이 관광이나 숙박 등 여행과 인연 있는 팔자들은 반드시 역마성이 강해야한다. 칠살이 제살되어야함은 평안함을 의미하고 천의나 천희성은 보살핌을 뜻하는 것이다.

어찌 알리오? -<088>

승려(절, 중)인 것을 어찌
알 수 있었나요?

庚辛금과 丁壬합에 天門 刑 沖과 火용신을 보고 안다.

庚辛은 敬神으로 경신중하만 있어도 神의진리를 존중하게 되고 戌亥는 天門인데 하늘의 문을 통하려면 戌亥 중 하나라도 형 충이 되어야 하늘의 문이 열리는 것이고 丁壬을 말함은 丁은 초불로 정신세계를 말함이고 亥中에 壬水가천문의 정기가 됨이다. 火용신을 말함은 불교는 상향식교리 이니 炎上은 上向의 오행이기 때문이다.

| 乾 | 甲 | 戊 | 戊 | 癸 |
| 命 | 午 | 辰 | 戌 | 亥 |

<극락암 일환스님사주>

위 사주는 화토중탁(火土重濁)으로 土가 병이고 甲목이 약신 이며 癸亥水가 조후용신인사주로 戌亥 천문이 辰戌 충으로 하늘의 문이 열렸다 戌中丁화 초불이 甲목의 기름단지를 만나 활활 잘 탄다. 꺼지지 않는 촛불이다. 스님이 되어야 하는 팔자인데 목재가구점을 하여 망했다. 대운이 남방 火운으로 흘러 고생을 했고 癸酉대운에 태고종 선암사 강원에서 5년 동안 학승으로 수도하고 현재 극락암주지로 절을 운영하는 스님이다.

<문수암 문수보살의 사주>

| 坤 | 丁 | 庚 | 戊 | 癸 |
| 命 | 酉 | 戌 | 午 | 亥 |

위 사주도 丁화와 庚금이 나타나고 戌亥 천문성이 있고 酉금까지 놓았으니 보살의 팔자이다.

| 乾命 | 壬寅 | 癸丑 | 癸亥 | 辛酉 |

<성주사 묘안스님의 사주>

위 사주는 시주에 辛酉금이 나타나고 戌土 천문성이 있고 丑월 동수(凍水)가 金水만 태왕하고 해동(解凍)시켜야할 丙丁火가 없으니 천상 스님의 팔자이다. 다행이 대운이 동남방 木火 운으로 흘러 성주사란 큰 절을 운영하는데 신도회장이 중소기업 사장 사모님으로 잘나가는 중소기업 사주부인들이 주축이 되어 절운영이 잘 된다.

| 乾命 | 壬戌 | 丁未 | 辛巳 | 庚寅 |

<승려의 사주>

위 사주는 庚辛이 나타나고 丁壬이 合木하고 천문성인 戌土가 戌未형살을 한다. 사주가 조열하기도하지만 종살(從殺)에 가까운 사주이긴 하나 좋은 안 된다. 庚金 겁재가 巳화생지의 힘을 받음이지요, 종살을 했다면 스님은 안 되었을 것이다.

| 乾命 | 甲辰 | 甲戌 | 戊戌 | 癸亥 |

<승려의 사주>

위 사주는 戌亥 천문성이 辰戌충 함으로 하늘의 문이 열려 戌中丁화와 亥中壬수가 丁壬으로 暗合하고 있어 승려의 팔자다. 戊토가 비견이 많아 신강 하므로 甲목으로 소토해야 하기에 木이용신이다. 식상이 없어 답답한 命으로 자신이 사찰을 운영하기 보다는 월급 받는 스님이 제격인 팔자이다.

어찌 알리오? -<089>

신부 수녀 목사(종교인)인 것을 어찌 알 수 있었나요?

庚辛금과 丁壬합에 天門 刑 沖과 金水 희용신을 보고 안다.

신부나 수녀 목사도 승려와 같은 원리이지만 불교와는 달리 기독교는 서양에서 발상한 종교이고 하향식 종교라서 金水 희 용신이어야 한다.

| 乾命 | 辛亥 | 己亥 | 壬戌 | 丙午 |

<목사의 사주>

위 사주는 亥月壬水라도 火土의 기운이 강해 金水가 희용신이 된다. 戌亥 천문성이고 戌中辛금이 年干에 나타나고 午中丁火와 暗合하여 군목으로 활동했고 현재도 목사다.

<수녀의 사주>

| 坤命 | 戊戌 | 壬戌 | 庚寅 | 丙戌 |

위 사주는 양팔통사주에 庚금이 일간이고 4戊戌토가 있어 정상적인 삶을 살아가기는 어려운 팔자이다. 火土로 조열하여 金水가 용신이다.

| 乾命 | 壬戌 | 乙巳 | 壬寅 | 庚戌 |

위 사주는 壬수가 신약하니 金水용신이다. 戌토가 있고 戌中丁火와 암합을 한다. 본명은 김수한 수기경의 사주이다.

어찌 알리오? -<090>

> **윤락여(淪落女 娼女)인 것을 어찌 알 수 있었나요?**
> 식신 도화가 역마 관살 生合 또는 일주에
> 財 生合을 보고 안다.

윤락여도 직업이다. 식신 도화란 색스인 식신과 도화가 합 또는 동주하고 財가 생합 함은 매춘을 의미한다. 역마관살은 本夫가 아닌 나그네를 의미하고 식신도화가 생합 또는 재합 함은 성을 매개체로 財를 불러 모음을 의미한다.

| 坤命 | 壬寅 | 壬子 | 乙卯 | 甲申 |

<창녀의 사주>

위 사주는 子도화가 식신 卯도화와 형을 하고 申관살과 生合을 한다. 음습한 사주라서 음탕하여 소실이나 창녀로 살아가야 할 팔자이다.

| 坤命 | 壬子 | 癸丑 | 壬戌 | 甲辰 |

<일본인 현지처의 사주>

위 사주는 좀 특별한 경우로 관살 혼잡에 사주 즉 네 기둥이 괴강, 백호, 양인, 등 살성이 강한사주로 구성 된 여명이라서 팔자가 드세다 말할 수 있다. 그렇다고 다 음탕하거나 창녀 같은 형상은 아니지만 이 사주에서의 핵심은 관살이 혼잡 되고 형 충을 한다는 것이다. 형 충 할 수 있데 이 팔자는 癸丑 백호와 壬戌 괴강이 관살로 형을 하고 甲辰 백호가 壬戌 괴강과 충살을 먹어서 반드시 夫星에 문제 있다.

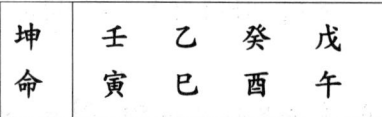

<창녀의 사주>

　위 사주는 午도화가 상관 寅목에 합하고(寅午) 巳화 재성이 일지로 합하며(巳酉) 시간 戌토 관살은 일간과 합한다(戊癸) 이와 같이 합 충이 많은 사주는 지조 즉 정조관념이 약하여 여러 번 시집간다. 이 여인은 가정주부가 바람나서 정부와 도망쳐 한 때 무당이 되기도 하였으나 결국 생활고로 창녀 생활을 했다.

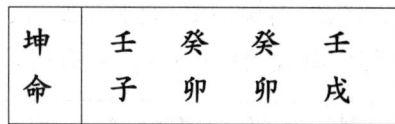

<창녀의 사주>

　위 사주는 식신 卯도화가 관살인 戌토와 官合을 하고 卯戌 合化火로 재를 戌中丁火를 化出시켜 丁壬합을 한다. 음기인 水가 강하고 식상이 합 형을 하므로 창녀가 되었다.

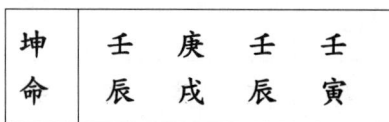

<술집 작부의 사주>

　위 사주는 괴강살이 3주에 있고 양 팔 통 사주에 壬수가 3개나 뜨고 칠살이 3개가 연좌하고 초년 대운이 西方金운이라 처녀 때 술집작부로 일하다가 사생아를 낳고 남방火운에 남자를 만나 결혼하여 자녀들도 낳고 살더니 바람나서 다시 이혼하고 독신으로 보험영업 등 활동하는데 다행히 동방 木 운 이어서 그런대로 잘 살아간다. 木운은 약신이고 (3土가 忌神임에 寅木이 약신)木은 설기신도 되어 용신이 바로 木이 된다. 그러나 卯목 상관 운은 건강이 불리하다.

어찌 알리오? -<091~098>

> **여명귀천팔법**(女命貴賤八法)**이란 무엇인가요?**
> 여자의 팔자에서 귀천을 크게 여덟 가지로
> 나누어 본다는 뜻이다.

여명(女命)을 간명(看命)할 때는 제일먼저 官을 보고 官이 이로우면 그 여인은 반드시 부귀(富貴)하고 官이 불리(不利)하면 반드시 빈천(貧賤)하다고 보면 된다. 官이 利하다함은 官星이 財를 만나 生을 받거나 또는 地에 분야록(分野祿)을 이루거나 아니면 득장생 양근(得長生 養根)하거나 官의 食神을 득(得)하였음을 말하는 것이고, 官이 불리하다 함은 위와 같지 못하고 官星이 食傷官을 많이 만나서 剋을 받음이 있거나, 또는 生月에 失時(실령함을말함)하였거나(甲乙官이 申酉月 丙丁官이 亥子月) 아니면 사절묘(死絶墓)에 들어 官이 실기(失氣)하였음을 말한다.(無根하였을때) 또한 官星을 작용하는데 編官이 혼합(混合)되지 말아야 하고, 그리고 殺作用 하는 데는 官이 혼합되지 말아야 양부지명(良婦之命)이 되는데 반하여 用官에 殺이 혼잡 되어오거나 용순살(用純殺)에 官이 혼합되어 있으면 어진 여명이 되기 어려운 것이다.

다음으로 자손궁을 살펴 만년지영욕(晩年之榮辱)을 알아야 하는데 자손은 식신으로써 食神星이 得時 (甲乙 日生이면 丙丁이 식신이요. 그 득시는 巳午月이 된다) 하거나 또한 식신성이 득장생분야록(得長生分野祿)을 이루면 자연히 그 자손은 이롭게 되는 것이니 식신이 실시(失時)하거나 또는 食神星이 병사입묘무구조(病死入墓 無救助)면 그 자손은 반드시 불리하게 되는 것이다. 물론 부성(夫星)이 이롭고 자성(子星)이 이로우면 부영자

귀(夫榮子貴)로 출신부귀(出身富貴)하여 만년행복하게 되는 것이지만 반대로 夫星子星이 모두 불리하면 부자무덕(夫子無德)으로 곤욕하게 되는 것이고, 부리자리(夫利子利)면 부영자부덕 출어부귀(夫榮子不德 出於富貴)하게 되고, 부불리 자리면 출어곤욕(夫不利 子利면 出於困辱)이나 만영지화(晩榮之華)로 살게 되는 것이다. 대체로 관성의 혼합(관살혼잡)을 꺼리나 身主가(일주) 旺하였을 경우는 官殺이 두세 개 중첩되어도 부귀할 수 있는 것이며 아무리 순정관(純正官)이라도 몰(沒)하였으면 무귀(無貴)한 것은 말 할 것도 없거니와 부리자리(夫利子利)에 이덕(二德)이 부신(扶身)이면 부귀자영지명(夫貴子榮之命)이 되므로 위경론(謂經論)이라는 글에서 말하기를 이덕귀환(二德歸桓)하니 귀자구추보월(貴子九秋步月)이라고 하였다. 命에 꺼리는 것(忌함)은 신왕관쇠(身旺官衰)와 명관암관(明官暗官)을 많이 만나며(多逢) 명암부집(明暗夫集) 또는 상관칠살귀성(傷官七殺鬼星) 壬辰 壬戌 庚辰 庚戌 相刑 羊刃 太重 姉妹 剛强 合多 合情을 모두 불미(不美)로 본다. 이상과 같이 女命은 夫宮과 子孫宮으로 길흉(吉凶)이 좌우되기 때문에 더 이상 거론하지 않고 다음에는 純和 淸貴 濁濫 娼淫의 八法을 八格으로 구분하여 자세히 예문을 들어가며 설명하기로 한다. (純 순할순 和 화목할화 淸 맑을청 貴 귀할귀 濁 탁할탁 濫 넘칠람 娼 창녀창 淫 음란할음)

(1) 純格: 순격의 의의 및 구성에 대하여

순(純)은 단순(單純)하다 즉 하나라는 뜻이니 단(單) 하나의 순일관성(官星 純一官星) 혹은 단 하나의 관성에 유재유인(有財有印)하고 刑 冲을 만나지 않아야만 관살이 중첩되어 있어도 순수하게 이루어져 있고 身旺하여 官을 능히 감당할 수 있다면 이 또한 순이 되는 것이다.

예문(1)1953년5월9일申시			
坤命	癸巳	戊午	辛丑	丙申

이 사주는 午月 辛金이 丙申시에 태어나서 年月支의 巳午火와 時干 丙火가 있고 년월간 戊癸合化 火로 시간 때문에 從殺할듯 하지만 일지 丑土와 시지 申金이 扶助하여 不從한다. 丙火 正官은 절지에 앉아 있다 하여도 巳午火에 得令하니 火旺하여 夫星이 건재하다.(戊癸合化 火되어 夫星을 보호하고 丙辛合 水化되어 丙 辛 剋이 生관계로 변하여 子星이 有利함) 이와 같이 夫 星官이 강하고 火金이 적절한 制剋 관계가 이루어지기 때문에 관살혼잡으로 보지 않고 순격(純格)으로 본다. 그러나 合多하여 주관이 뚜렷하지 못함이 단점이다.

예문(2)1983년1월15 午시			
坤命	癸亥	甲寅	丙戌	甲午

이 사주는 寅月의 丙火가 甲午시를 만나고 일지에 戌土를 놓아 寅午戌 三合火局되고 月干 甲木이 寅목에 록근(祿根)으로 旺하니 純一 不雜으로 귀인의 명조이다. 특히 官星 癸水가 亥水에 着根 官旺으로 기쁘고 丙火의 자녀 己土가 午시(午中己土)에 祿을 얻어 午中 己土의 生을 받고 甲木과 己土는 자녀의 궁으로 나타나 자녀가 官을 얻어 출세의 象이다.

(2) 和格: 화격의 의미 및 구성에 대하여

　和라는 뜻은 화목하다는 의미로 다시 말하자면 평안하고 고요하다는 의미이다. 예를 들어 身主가 유약(柔弱)하였을 때 부성일위(夫星一位)만 있고 사주에 무충무파(無冲無破) 무공격하며 관살이 혼잡이라면 합거살(合去殺)하거나 합거관(合去官)하여 중화지기(中和之氣)를 얻으면 和하게 되는 것이다.

(예1) 壬辰 辛亥 己卯 己巳 라면 亥月 己土가 己巳시를 만나고 일지에 卯를 놓아 亥卯 木成局하고 官星이 亥中甲木으로 암장되어 있으면서 亥水의 生을 받고 있어 기쁘고 亥中甲木 官은 辛金이 자손인데 巳時에 태어나서 官印相生으로 벼슬한 자녀를 얻은 상이 되기 때문에 旺夫旺子로 매우 기쁘다. 더욱이 卯中乙木 편관이 있어 관살혼잡 되는 형상인데 巳中 庚金이 乙庚合去殺하여 正官 甲木만 남게 되어 여명지구(女命之貴)가 되었다.

예문(2)1997년1월17일酉시			
坤命	丁丑	壬寅	丁酉	己酉

이 사주는 寅月의 丁火가 己酉시를 만나서 身虛해 보이지만 年月干의 丁壬이 合木되어 일간 火를 도우니 기쁘고 壬水 正官이 寅木 위에 앉자 무력해 보이지만 丑中癸水에 뿌리내려 官이 旺하다. 시간 己土 자손은 夫星壬水의 官으로 丑土에 착근하고 寅中甲木 관을 얻어 甲己合으로 부영자귀(夫榮子貴)한 사주로 구성되었다.

(3) 淸格: 청격의 의의 및 구성에 대하여

淸이라는 뜻은 맑다 즉 청결하다 깨끗하다 뜻인데 女命에 一官一殺이 서로혼잡하지 않은 것을 不相混雜 이라고 한다. 夫 星이 得地하여야 하고 四柱에 財가있어 官을 生하고 印綬가 있어 일주를 生助하고 일점의 혼탁도 없을 때 청귀 한 부인이 된다고 전해지고 있다.

예문(1)1919년7월16일申시				
坤命	己未	壬申	乙未	甲申

이 사주는 申月 乙木이 甲申시를 만나서 申金 正官이 月時支에 있고 년월지에 未土가 土生金으로 생조하여 왕하고 未土 財 또한 未中 丁火가 있어 生土하며 壬水 인수는 申金官위에 앉아 관인상생으로 생조 하고 무형무충(無刑無冲)으로 사주가 맑아 청귀(淸貴)한 명조이다.

예문(2)1974년8월7일조자시				
坤命	甲寅	癸酉	丙寅	戊子

이 사주는 酉月의 丙火가 戊子시를 만나고 일지에 寅木을 놓고 年柱 甲寅이 생조 하니 身弱하지 않다 관성인 癸水가 酉金위에 앉아 生을 받고 있으면서 남편 癸水의 官인 戊土가 시간에 나타남과 동시에 지지에 子水를 얻어 癸水의 록지로 根이되어 관록을 얻었다. 丙火는 戊土를 얻어 등용(登龍)으로 용이 승천한 연못이라 하여 부귀자귀로 양대관문(夫貴子貴로 兩代貴門)을 이루었다.

(4) 貴格: 귀격의 의의 및 구성에 대하여

귀격이라 함은 높음과 평화를 뜻함인데 다시 말하자면 사주중에 관성이 있고 재성의 기운을 얻어 財生官하고 사주 귀신병(魂病)을 만나지 않아야 현처지부(賢妻之婦)가 된다. 女命에 殺이 없으면서 財官食이 있으면 貴하다.(貴는 尊榮을 뜻한다).

예문(1)1954년4월1일寅시				
坤命	甲	丙	丁	壬
	午	寅	未	寅

이 사주는 寅月의 丁火가 壬寅시를 만나니 시상 壬水 正官이 寅木을 깔고 앉자있으나 丁火의 인수로 일간을 돕고 官壬水의 財는 丙火가 되는데 寅木위에 있어 生火하니 吉命으로 변했다. 비록 壬水 正官이 실령 하였더라도 壬水가 用神 이므로 夫旺之運인 서북운(金水運) 大貴하게 되는 명조이다.

예문(2)1995년9월4일巳시				
坤命	乙	丙	辛	癸
	亥	戌	卯	巳

이 사주는 亥水로부터 水生木 木生火로 丙火관성이 有力하고 夫之官星인 癸水가 일간 辛金의 生을 받고 있어 大貴命이다. 특히 이 사주의 丙火官은 巳火가 있어 록궁 이고 辛金의 子女星인 癸水가 巳火위에 앉아있어 그 癸水는 丙火관성의 벼슬(官)로 모두 다 모여 있는 격이 되어 貴하게 구성되어있다.

(5) 濁格:탁격의 의의 및 구성

　탁격 이라함은 혼합 즉 섞이었다는 의미이다. 오행이 서로 극하고 水 土가 싸우고 있어 서로 몸이 상하면서 正夫가 나타나지 않고 偏夫가 잡다하게 있거나 無財 無印 無官 無食神이면 下賤한 탁격 사주로 이렇게 되면 창기(娼妓-창녀나 기생) 비첩(婢妾) 음공지부(淫功之婦)의 사주이다.

예문(1)1959년10월27일未			
坤命	己亥	乙亥	癸丑	己未

이 사주는 亥月癸水가 己未시를 만났으나 일지에 丑土를 놓고 年支 亥水까지 합세 하니 물이 넘친다. 正夫 戊土는 나타나지 않고 시간 己土로 夫星을 삼지만 관살이 혼잡 되고 無財四柱로 官을 生할 수 없고 乙木식상이 甚旺하여 偏官土를 강하게 극하므로 매우 탁한 명조로 구성되어있다. (丑中己土 未中己土등 殺多함)

예문(2)1943년1월28일未시			
坤命	癸未	甲寅	辛酉	乙未

이 사주는 辛酉日主로 身旺하지만 寅中丙 火가 木의 生을 받아 夫旺 貴命이 될 듯하나 일주 辛金이 乙木財가 탐이나서 木의 庫인 未中乙木을 상기(想起)시키니 그 未中丁火 暗夫(暗藏干 丁火)가 일어나며 歲時(년지시지) 未中 丁火가 暗夫중첩으로 명암교침집(明暗交斟集)되어 비록 正夫가 있었으나 남몰래 임자 있는 남자를 빼앗아 그 財로 인하여 濁亂(탁하고 어지러움) 하게 되었으므로 돈도 모으지 못하면서 돈이라면 염치불사(염치불구)하고 쫓아다니는 연인이 되고 말았다. 女命에 財多면 불귀라 하였고 財生殺하면 내돈주고 편부에게 구타당하는 경우와 같아 이런 경우를 我財生夫하여 反星其辱(욕될욕)이라 하였다.

(6) 濫格: 람격의 의의 및 구성

람(濫) 이라는 뜻은 넘치다, 지나치다, 의뜻을 가지고 있으나 본뜻은 婪(탐할람)으로 성욕이 탐이 나서 넘쳐흐른다는 뜻이다. 이격은 柱中에 관이 많이 나타나고 또 暗中 財旺하고 다시 干支에 많은 살을 띠고 있음을 말함인데 그렇게 되면 반드시 酒色 私通으로 인하여 暗得財(남몰래 몸을 팔아 돈을 얻는 것) 된다는 것인데 이런 사주는 첩살이 극부재가(剋夫再嫁)하는 등의 일이 많게 된다.

예문(1) 2010년 10월 1일 亥시

坤命	庚寅	丙戌	庚申	丁亥

이 사주는 戌月 庚申일주로 身旺하다. 夫星丙火가 寅木의 생을 받고 寅戌會局에 丁火까지 透出되어 있어 官星이 애정을 품게 된 경우이다. 庚金의 財가 寅亥中에 암장된 甲木인데 그 亥中壬水는 庚金의 식신이 되어 식신生甲木 財하여 有財福하고 미모 또한 대단하다.(金水者美貌) 그런데 婪濫한것은 면치 못하는 사주 이다.<婪:탐할란.남. 濫:넘칠람.퍼질람.>

예문(2) 1948년 1월 15일 未시

坤命	戊子	甲寅	己卯	辛未

이 사주는 己土일주가 正月 寅木 官을 만나고 다시 卯未 木局을 이루어 正偏官이 많고 다시 子水 財가 財生官하여 아름답지 못한 사주이다. 己土가 甲木을 만나 드는 것은 밝고 뛰어나지만 성욕이 넘쳐 탐하는 것은 면하기 어렵고 또한 子卯 도화가 있어 어진주부의 사주는 못된다. 관살혼잡. 寅卯와 甲木 正官外 암장된 寅中甲木 卯中乙木등 官殺多에 官이 合이 많다. 甲己 卯未 寅卯로 官合이고 暗合 甲己로 합이 된다.

예문(3) 1964년8월19일卯시
坤 甲 癸 丙 辛
命 辰 酉 子 卯

이 사주는 丙子 일주로 丙火가 子水 정관을 깔고 앉으면서 子卯 刑하고 월간의 辰中 癸水와 子中 壬癸등 夫多하고 또한 丙辛合 되는 등 음란한 기가 많은데 곤랑도화 되어 주색으로 혼미 하였고 酉中辛金이 旺한곳에 癸水 官이 앉자 넘치는 격이 되어 간사함을 팔아 재물을 얻는 매간여(賣姦女)의 사주로 보 면 된다.

滾浪桃花殺이란 무엇인가? (滾: 물흐를곤, 浪: 물결랑)

곤랑도화살은 물 흐르는 대로 물결치는 대로 흘러 다닌다 는 의미로서 주관이 없이 이사람 저사람 품에 안긴다는 뜻 으로 이 살이 있으면 주색으로 패가망신 하게 되며 또 이 살이 있는 자는 원만한 결혼생활 유지가 어렵고 경우에 따 라서는 성병도 얻는다고 한다. 곤랑도화 는 四柱中에 天干은 合이되고 지지는 刑하는 것을 말하는데 甲子와 己卯가 만나 거나 乙卯와 庚子가 만나고 또는 丙寅과 辛巳가 만나게 되 면 天合地刑이 되는데 이런 경우를 곤랑도화 라고 한다.

(7) 娼格: 창격의 의의 및 구성

娼은 창녀창자로 妓 기생기자를 붙여 娼妓라 부르는데 창 기는 노래와 춤으로 주석(酒席-술자리)의 흥을 돕는 일로 업 을 삼는 여자라는 의미이다. 다시 말하면 몸을 파는 기생을 말한다. 쉽게 놀아나는 여자로서 이격은 身은 旺한데 官은 絶하였거나 또는 관이 쇠약하고 식상이 왕 하였거나 또 사주 중에 관살이 없거나 관살혼잡에 식상이 왕한 여명은 필히 창기의 命이되기 쉽다. 만약 그렇지 않으면 여승이 되거나 첩살이 형부지명(刑夫之命)으로 음란한 여자가 되기 쉽다.

예문(1)고전에기록된사주
坤命 壬 庚 戊 庚
戌 戌 戌 申

이 사주는 乙木이 正官이요 夫星이 되는데 戌月生으로 木이 失時되고 또한 木이 나타나지 않은 상태에서 庚申金에 의하여 꺾어져(金剋木)있는 상태이라 戌月生이 식신 庚申金이 旺하여 官을 강하게 극하고 있으나 壬水 財는 (生財받아) 旺하여 돈도 많고 이목구비가 수려하지만 창기의 몸이 될 가능성이 많게 된다.

예문(2)1935년9월18일寅시
坤命 乙 丙 甲 丙
亥 戌 子 寅

이 사주는 甲木이 戌월생인데 柱中에官이 나타나지 않고 戌中辛金이 암장되어 있기는 하지만 강한 쌍丙火에 극 당하고 있어 官이 손상된다. 그러나 식신 丙火가 木의生을 받아 有力하므로 의식은 풍부했으나 (生財의원리) 창기의 명은 면치 못했다.(官이無力)

예문(3)1973년8월3일申시
坤命 癸 庚 戊 庚
丑 申 戌 申

이 사주는 申月의 戊土가 月時柱의 庚申金이 왕하고 三土가 있기는 하나 夫星은나타나지 않고 食旺夫絶格 으로 창녀의명이 된다.

<참고> 娼은 매음 즉 몸을 팔음을 뜻하고 妓는 노래하는 기생으로 구분하는데 陽日干은 식신이 많으면 창녀가 되고 陰日干은 식신이 많으면 기생이 된다.

(8) 淫格: 음격의 의의 및 구성

淫이란 일(泆: 음탕할일)과 같은 뜻으로 음탕함을 의미한다. 이격은 體身이 得支하고 明官 暗官 交集 (명관 암관 교집)되 것이니 身旺에 多逢 官殺을 말한다. 交集이란 一丁에 三壬水이거나 申子辰水局을 이루어 官星이 太旺함을 말한다.

예문(1)1931년9월25일辰시				
坤命	辛	戊	癸	丙
	未	戌	亥	辰

이 사주는 戌月의 癸水가 일지에 亥水를놓아 득지로 身旺하고 戊辰 戌未 四土가있어 明暗交集된 명조로 음탕한 사주로 구성 되어있다. 이런 경우 음 일간에 多逢 官殺하니 기생팔자다.

예문(2)1970년12월4일申시				
坤命	庚	戊	乙	甲
	戌	子	酉	申

이 사주는 乙木일간이 庚金은 明夫요, 申酉金과 암장된 夫星이明暗交集에 합이되고 대운까지申酉戌인 夫星金운으로 흘러 음탕하기 짝이 없는 명조가 되겠다. 관살혼잡에 申中 庚金과 乙庚 暗合하는 등 사주가 탁하여 일부종사 어렵고 특히 乙木 음일간이라 창기의 팔자다.

예문(3)1983년11월12일寅시				
坤命	癸	甲	丁	壬
	亥	子	丑	寅

이 사주는 子月의 丁火가 壬寅시를 만나 丁壬합하니 음란지합에 지지에 亥子丑 水局까지 이루면서 癸水 관살까지 합세 하니 命暗交集이라 이런 경우 음란 무취한 사주로 본다.

예문(4)1927년11월26일寅				
坤命	丁卯	壬子	丁亥	壬寅

이 사주는 丁火가 月時의 양 壬水가 明 官이고 地支의 亥子 暗官이明暗交集된상태이다.丁壬合이 쌍합으로 이루어져있고(過於有情)이혼이나 재가 하는 등의 천한 명으로 살았다고 한다.

예문(5)1983년11월14일亥				
坤命	癸亥	甲子	己卯	乙亥

이사주의 경우 己土가 甲木이 正夫인데子宮이 패지(敗地-목욕을 패지라함)에 임하였고 日坐 卯木 暗夫가 亥卯合하고 시상 乙木까지 얻어 편부득세 하였다. 그러므로 正夫는 무능하니 암부가 入房하면 正夫가 자리를 피하는 형상의 관살혼잡에 음란한격의 사주라고 한다.

<참고>여명 귀 팔법은 여산서숙 간 별난 사람들의 별나난사주이야기 중에서 발췌하였다.

어찌 알리오? -<099-100>

합격과 승진 취업 관운 바로보기

간명에서 많은 비중을 차지하는 것이 합격 승진 취업 운을 묻는 고객이 많으므로 확실히 알고가야 한다.

이장에서는 이 분야에 대하여 집중적으로 다루어보려고 하는데 운뿐이 아니라 사주에 관운이 있는지 없는지와 진로 분야까지도 심도 있고 광범위하게 짚어 보도록 하겠다.

	1995년02월29일辰시생			
乾命	乙	己	己	戊
	亥	卯	未	辰
수	8	18	28	38	48	58	68
대운	戊寅	己卯	庚辰	辛巳	壬午	癸未	甲申

2	木	2
0	火	0
5	土	4
0	金	0
1	水	2

	1994년10월02일寅시생			
坤命	甲	甲	甲	丙
	戌	戌	午	寅
수	9	19	29	39	49	59	69
대운	癸酉	壬申	辛未	庚午	己巳	戊辰	乙卯

사례<099>양신의 명조 운보기   사례<100>양신의 명조 운보기

사례<1> 양신으로 구성된 사주 운 바로보기

이 사주를 원국부터 살펴보자면 土 木 水 삼신으로 구성 되었으나 亥卯未 三合 木局을 형형하고 있어 결국 양신이 된 셈이다. 그렇다면 三合木局이 잘 성국(成局)된 것인가? 그렇다 생월이 목왕절(木旺節)인 卯월 이라서 강하게 이루어진 결과이다. 그런데 양신이 서로 극을 하고 있어 어떨까? 별 문제 없다고 생각한다. 왜냐하면 본명은 5土로 木으로 소토 (疎土-막힌 것을 뚫어줌)되지 않으면 별 볼 일없는 사주이다. 土 가 편고 되어 木이 약신(藥神)인 것이다. 그래서 양신이 서로 극하는 관계라도 木이 약신 이기 때문에 좋다고 한 것이다.

- 317 -

그런데 운 또한 동방 木운 이라서 아주 좋은 용신 운이다. 이사주가 木운이 아니고 金운이었다면 아마 공부하고 진로를 결정할 적기에 잘 못 될 수도 있었을 것이다.
특히 운이 잘 못 흘렀다면 건강운도 대단히 불리하여 몸에 이상이 발생하는 등 문제가 됐을 것이다.

[궁금한] 이 학생의 진로에 대하여 자세히 알고 싶습니다.
〈참고〉의뢰인은 주인공의 모친이었는데 다른 철학원에서 사주가 좋지 않다고 하여 걱정이라며 필자에게 의뢰한 명조입니다.
[훈장님] 물론 좋지 않다고 말 할 수도 있겠으나 진로 결정만 잘 해주면 자신의 역할을 충분히 잘 할 수 있습니다.

[궁금한] 우리아이 진로는 어느 분야가 좋은가요?
[훈장님] 명조 설명에서 밝혔듯이 나무인 木과 인연 있는 분야지요, 예를 든다면 조경학과가 제일 적합합니다.
왜 나무와 인연 있는 분야가 좋다고 했을까요, 5土로 편고 된 사주라서 소토해주어야 좋기 때문에 이런 명조들을 만나면 조경업, 산림업, 꽃 장사 등을 권합니다.

[궁금한] 어느 학교가 우리아이에게 잘 맞는 학교인지요?
[훈장님] ㄱ, ㄴ, ㄷ, 자가 들어가는 학교가 제일 좋습니다. 예를 들자면 경희대 동국대 단국대 국민대학 등을 말합니다.
이런 명조는 木 火가 희용신이기 때문에 하는 말인데요, 이의를 제기하는 학인들이 있을 것 같아 보충설명을 할까 합니다. 木은 소토(疎土)의 원리로 한 말한 것이고 火는 신강사주에 火를 쓰면 불리해질 것 같은데 왜? 火를 희신 으로 보는지 에는 의문이 갈 수도 있습니다. 그러나 이와 같

이 양신(兩神)이 싸우는 경우 이 싸움을 말려주고 화해시키는 별을 통관지신이라 말하는데 이 사주가 木과土가 대치하는 상태에서 火가 들어가면 木生火로 아주 친해집니다.

[궁금한] 경주에 동국대학교 조경학과는 어떨까요?
[훈장님] 최고로 좋습니다. 그쪽으로 지원할 것을 권합니다.

[궁금한] 동대 조경학과에 원서 넣어는 데요, 3명 뽑는답니다. 면접날은 10월19일인데 합격할 수 있을까요?
[훈장님] 戊午 날로 이 학생에게 아주 좋은 날입니다. 癸巳년운도 壬戌월운도 아주 좋아 합격을 자신하지만 1%가부족하니 면접 가는 날 꼭 지켜야할 것이 있습니다. 아침에 청색 녹즙 한잔 마시게 하고 빨간 속 팬티 입히고 면접관이 남자면 왼쪽으로 약간 눈을 돌려 바라보고, 여자면 오른쪽으로 표시 안 날정도로 바라보면서 성실히 답변해야 좋습니다.

　戊午는 火가 통관시켜 좋은 것이고, 癸巳년은 계수는 시간 戊土와 合火하고, 巳화는 통관시키고, 壬戌 월은 辰戌 충으로 변화를 만들고, 壬수는 財生官으로 명예를 만들어내어 좋다고 한 것입니다. 녹즙은 목을 상징하고 빨간 팬티는 화를 상징하기 때문이고, 남자는 홀수로 왼쪽이고 여자는 짝수로 오른 쪽을 보라고 한 것인데 세상이치가 음양으로 이루어지지 않는 것이 없으므로 항상 음양의 이치를 사주속에 집어넣으면 됩니다.

　본 명조의 주인공은 동대 경주캠퍼스 조경학과에 당당히 합격하여 온 집안이 축제분위기라는 말을 전해왔을 때 필자도 가슴이 뿌듯해왔습니다. 합격을 더 자신 있게 강조할 수 있었던 것은 운도 좋지만 가정환경도 중요해서한 말입니다.

부모님이 현재 밀양에서 조경업(화원농장)을 하고 있어 반드시 합격할 것이다, 라는 확신이 설수 있었습니다.

사례<2> 목화통명의 사주 운 바로보기

어느날 모녀로 보이는 두 여인이 찾아왔습니다. 딸은 학생복을 입은 것으로 보아 분명히 진로문제로 왔을 것 같아 어찌 왔느냐고 물었더니 우리 애가 고3인데 공부를 안해서요, 라고 말끝을 흐리면서 이름이 나빠서 그런가 하고 이름도 물어볼 겸 해서 왔습니다.
사주를 뽑아 적어 놓으면서 이 학생 공부취미 없는데요, 그런데 딸과 함께 잘 오셨습니다. 라고 첫말을 아주 좋은 사주라고 치켜세우면서 엄마보다 딸을 바라보고 이야기를 하기 시작했습니다. 학생의 이름은 무엇인가요? 金耕希입니다. 라고 말하기에 이름이 나쁜 이름은 아닌데 경희 학생에게 맞는 좋은 이름은 아니고, 그리고 지금부터 이 선생님 말씀 잘 들어야 해요, 경희학생은 최고가 되어야 직성이 풀려요, 이등은 내 사전에 없다, 그런 생각을 가진 사람이고 그렇게 될 것입니다. 다만 앞으로 그렇게 살아가려면 최소한의 기본 공부는 해야 하는데 금년같이 중요한 해에 공부하기 싫어진 운이라서 나 자신도 힘겨워 하겠어요, 하기는 해야 겠는데요, 집중도 안 되고 그렇지요, 금년은 공부가 안되니 멀리 여행이라도 다녀오고 바다건너 해외에 나가 넓은 세계를 바라보고 들어오면 좋을 듯하고 대학은 甲午년인 내년에 가면 어떨까요, 이 말이 떨어지자마자 맞아요, 선생님 말씀이 어쩜 제 생각과 같으냐며 손뼉을 쳐 주더군요, 해외 어학연수 갈 생각인데 가도 되겠네요, 물론이죠, 그런데 조건이 있어요, 놀러간다 생각하면 안 되고 목표와 목적을 분명히 해야 합니다. 경희학생은 말과 행동이 다를 수 있어요, 지구력인

끈기가 부족한 것이 흠이요 결점일 수 있습니다. 말했더니 이제는 엄마가 손뼉을 칩니다. 쟤는 말은 근사한데 용두사미에요, 그래서 하는 말인데요, 경희학생은 전체적인 공부를 잘하라고 하면 절대안 됩니다. 다른 공부는 기본적으로 대학입학할 정도만 하고 전문성을 키워 자기 전문분야만 집중적으로 공부해야 하는데 인기를 먹고 사는 직업, 멋을 부리는 업종이 좋습니다. 무슨 일을 하고 살아가겠다는 계획이 있느냐고 물었더니 의상, 패션디자이너가 될 것이 꿈이랍니다. 이번에 필자가 손뼉을 치면서 진로선택 끝내준다고 치켜세웠습니다. 그리고 어머니 들으라고 한마디 더 말을 해주었습니다. 경희학생에게 여자는 다소곳이 얌전하게 여성스럽게 현모양처의 길로 가라고 한다면 실망하실 것입니다. 세계를 무대로 비록여자지만 남자같이 활동하는 최고의 패션디자이너로, 패션사업가로, 왕성한 활동으로, 크게 성공하여, 큰 재물도 모으고, 성공할 것입니다. 그러려면 공부에 집중해서 대학진학은 반드시 해야 한다는 말을 강조해 주었습니다.

   지금부터 명조해설부터시작해서 지금까지 상담해준 내용들을 정리해 보려고 합니다.
4甲寅 巨木이 지지에는 寅午戌 火局을 이루어 木火로 양신성상격(兩神成象格)에 목화통명(木火通明)된 좋은 조입니다.
다만 여성의명으로 양팔통(陽八通)사주에 조열한데 현제 官운으로 흘러 불리합니다. 목화통명사주에 관인 金을 일찍 만나면 거목이 상하여 제 길로 들어설 수가 없게 됩니다.
이런 사주를 가진 사람은 전문성을 살려야하고 직장인보다는 자영업이나 사업가로 일하면 식상생재(食傷生財)로 거부요, 대성하게도 됩니다. 밝고 환하고 예쁘게 인기업종을 강조한 것은 午도화가 삼합국과 생재를 하는 연유입니다. 지금 현제는 힘들지만 신고의 날을 잘 버티고 견뎌내면 29세 대운인 辛未운부터 승승장구 할 것인데 워낙 지구력이 약해서 부족한 것들을 스스로 보충해 주어야만 할 것 같습니다.
木火通明사주는 木火 운에 발복하는데 대운이 29세부터 60년동안 木 火운으로 흘러 매우 좋습니다.

경희학생은 아주 뛰어난 미모에 생기가 발랄해서 어머니와 부닥침이 있을 것 같아 세대 차이를 강조하면서 서로 사랑하며 상부상조해야 하는 팔자들이라고 말해주었고 이름까지 바꾸기로 결정했는데 이 학생이 이런 말을 하더라고요, 앞으로 패션사업을 하는 것이 꿈인데 제 이름을 걸고 할 수 있는 브랜드 형 이름을 선호하며 글로벌시대에 세계무대를 주름잡을 수 있는 이름이라나요, 그렇게 작명해 주기로 했습니다.

어찌 알리오? -<101-102>

합격과 승진 취업 관운 바로보기

아래의 두 사주는 관운이 좋은 사람들로 현직
5급사무관들로 행시합격자들의 사주입니다.

사례<101>관공서 현직 사무관   사례<102>서울시청 현직사무관

1980년09월23일辰시생
乾命	庚申	丙戌	丁丑	甲辰
수	2	12	22	32	42	52	62
대운	丁亥	戊子	己丑	庚寅	辛卯	壬辰	癸巳

1	木	3
2	火	3
3	土	2
2	金	0
0	水	0

1974년05월03일午시생
乾命	甲寅	庚午	甲午	庚午
수	5	15	25	35	45	55	65
대운	辛未	壬申	癸酉	甲戌	乙亥	丙子	丁丑

사례<1> 대기업 직원에서 행시 합격한 명조

이 사주는 상관성이 강한 명조지만 인수가 큰 역할을 하는 군요, 팔자에는 무관사주지만 운에서 만난 官運으로 행시에 합격하여 입신양명하는 사람입니다.
본 명조는 삼주(三柱-세 기둥)가 백호살로 구성된 백호격으로 대발(大發)하는 사주이지요, 식상관(食傷官)이 강해도 인겁(印劫)이 좌우에서 부조(扶助)하고 생생불식(生生不熄)으로 이어지고 식상이 발달 되서 머리 또한 비상하니 시험 승진 재물운 좋을 것이고 막힘없이 잘 살 것이니 흠잡을 데 없는 사주지만 이 사주도 단점을 들춰내자면 배우자궁에 丑토 금재고(金財庫)를 차고 있으면서 丑戌 형살 하므로 조강지처와 해로하기 어려울 것이고 무관사주(無官四柱)에 관성이 미약하여 정년을 할 수 있을지 의문이다. 그러나 지금 잘나가는 사람

에게 헛소리 같은 말은 삼가 하는 것이 도리일 것이다.
대운이 북방水운에서 동방木운으로 운행되기에 운 또한 한 없이 좋다 할 것이다.

사례<2> 시청 현직 사무관의 명조
　이 사주는 3神의 명조로 출세는 하겠으나, 너무 조열하여 건강에 문제 될 수 있는 팔자입니다.
대운이 壬申 癸酉 金水 운으로 20년 동안 운행 되어 아주 좋았으나 甲戌 운은 약간 다르게 보아야 합니다. 寅午戌 삼합 火局을 이루므로 세운이 불리한 해에 건강에 문제발생 할 수 있습니다. 壬辰년에 심장에 이상이 발생하여 휴가를 내어 1년 동안 쉬고 癸巳년에 복직했습니다.
지금부터 명조해설을 하자면 午월 午일 午시로 매우 조열한 사주에 3午火가 庚금을 달련하여 甲목을 다듬어 쓰니 관록을 먹고사는 팔자임엔 틀림없지만 이런 편고 된 사주는 건강에 대한 염려를 꼭 해야 한다. 44세까지 조심하면 45세부터 북방水운으로 운행하면 水火가 균형을 이루므로 매우 좋습니다. 癸巳 운은 癸수가 무력하지만 인수역할 을 하여 무난할 것이다. 巳화가 寅巳형살을 하므로 막히고 답답한 일이 있을 것이며 甲午년 비견이 午화를 달고 오므로 조열 하야 불리합니다. 이런 해에는 특히 건강조심 해야 합니다, 잘못하면 큰 문제가 발생할 수 있습니다. 午午가 자형인데 쌍으로 4午화가 자형을 합니다. 불바다가 되면 庚金 官도 본인 甲 木도 견뎌낼 재간이 없는 것입니다.

어찌 알리오? -<103-104>

합격과 승진 취업 관운 바로보기

아래 두 사주들은 최고학부를 졸업한 수재들이다. 그런데 건명은 서울법대출신으로 고시를 몇 번 실패하고 일반직장인으로 살아가고 있으며 곤명은 조형미술학을 전공하고 해외유학도 했고 좋은 직장을 가지고는 있는데 결혼 할 수 있는가? 물어온 사주이다.

 그냥 결혼하지 말고 살았으면 어떨는지요, 라는 대답과 자신의 영달은 좋으나 아기자기한 가정을 꾸미고 자식 낳고 남편 받들고 알 콩 달 콩 살아가는 팔자는 아니다 라는 말을 전해주었다.

사례<103>서울대 고시 낙방생

1970년01월05일酉시생				
乾命	庚戌	戊寅	辛酉	丁酉
수대운	8 己卯	18 庚辰	28 辛巳	38 壬午	48 癸未	58 甲申	68 乙酉

1	木	1
1	火	2
2	土	0
4	金	0
0	水	5

사례<104>조형미술학과 졸업

1977년11월11일寅시생				
坤命	丁巳	壬子	壬子	癸卯
수대운	5 癸丑	15 甲寅	25 乙卯	35 丙辰	45 丁巳	55 戊午	65 己未

사주와 운세이야기-<건명>

 비겁이 중중한데 戊戌토가 生金하니 태강한 명조이다. 식신으로 설기(泄氣)하고 관살로 제금(制金)했으면 좋겠는데 식신 水는 전무하고 시간丁火는 금다화식(金多火熄)으로 맥을 못 추고 있으니 칠살이 칠살 역할이 잘 안 되는 형국이다. 일찍이 南方 火官운으로 운행되어 백수팔자는 아니지만 고

시패스로 官을 쓰기는 어려운 팔자이다. 현재 일반회사직원으로 일하고 있다고 하는데 결혼이나 잘 했으면 싶단다. 지금부터 명조에 대한 구체적인 공부를 해 보려고 한다. 그러나 財도 官도 유력하지 못하니 허울 좋은 서울 법대생이다. 이 사주는 차라리 교육계로 진출했으면 좋았을 텐데 하는 아쉬움을 가진다. 年月의 戊戌土가 있어 공부는 잘 했을 것이고(공부 잘 했으니 서울대 갔을 것이다)그런데 官을 쓰려면 재생관(財生官)으로 官星이 有力해야하는데 財官이 무기력하고, 고립된 상태이며, 각자 놀고 있다. 검판사가 되려면 財官도 유력해야 되지만 刑沖이 있어야 발전이 있는데 全無하고 비겁과다로 강한직업을 가질 사주가 못된다. 물론 대운에서 남방火官運을 만나지만 巳화는 寅巳 刑으로 별 힘 못쓰고 午火는 寅午戌 三合局을 형성하여 官이 묶이는 고로 관살의 역할이 잘 안 된다. 건강관리 잘하면서 보통사람으로 살아갈 팔자이지 "별난사람"으로 살아갈 팔자는 아니다.

곤명의 팔자와 운세이야기

水木火 三神으로 연결 된 사주로서 월일지에 子수겹재 양인을 놓고 있어 예사롭지 않은 사주로 이 사람이야 말로 보통 평범하게 살아갈 여자의 팔자는 아니다. 다만 상관 卯木 水路가 약하기는 해도 의지할 수밖에 별 도리가 없다. 식상생재로 어려운 삶은 절대 안살 사람이다. 다만 무관사주에 비겁이 태왕 하여 결혼생활이 잘 안 된다. 寅卯辰 동방 木運이 44세까지 오게 되는데 이운은 왕성한 활동의 운이고 결혼을 거부하는 운이다.<木克土의 형상> 45세 이후는 財生官하는 운으로 결혼 운이 들어오기는 하지만 아뿔싸 결혼적령기는 지나고 돈인 재물과 결혼하여 살 팔자이다. 두 양인이 子卯 형까지 하고 있어 조형미술전공은 잘 한 것 같다.

어찌 알리오? -<105-106>

> **합격과 승진 취업 관운 바로보기**
>
> 아래의 두 사주는 월운에서 만난 문서 운으로
> 문서를 잡은 자들의 사주입니다.

사례<105>월운에 문서 잡은 자   사례<106>월운에 문서 잡은 자

1946년11월06일戌시생					
乾命	丙戌	己亥	丁未	庚戌	
수	3	13	23	33	43	53	63
대운	庚子	辛丑	壬寅	癸卯	甲辰	乙巳	丙午

0	木	3
2	火	3
4	土	1
1	金	1
1	水	1

194년11월17일寅시생				
坤命	甲申	丙子	己巳	丙寅
수	8	18	28	38	48	58	68
대운	乙亥	甲戌	癸酉	壬申	辛未	庚午	己巳

사례<105> 월운에 문서 잡은 명조

이 사주는 상관성이 강한 명조지만 인수가 없어 문서 운이 약한데 癸巳년 甲寅월에 문서를 잡게 된다. 그런데 癸巳년운세가 흔들리는 운이다. 관재구설 등으로 불안 초조한 해인데 문서 운이 강한 달에 밀고 들어온 문서로 인해 수개월 동안 불안 하게 세월을 보냈으나 癸亥월에 모든 일이 매듭지어진다. 丁癸 충 巳亥 충으로 강하게 상충됨은 부닥쳐 결과를 만들어 내는 운이라고 보면 된다.

사례<106> 년운에 문서 잡은 명조

이 사주 癸巳년 巳화정인 문서 운으로 생각지 안던 문서를 취득하게 되었다. 癸수는 편재 목돈으로 財生官하여 남편의 도움으로 문서를 만난 것이니 官生印 印生我로 나 자신에게 연결 된 것이다.

어찌 알리오? -<107-108>

합격과 승진 취업 관운과 문서 운 바로보기

아래의 두 사주는 癸巳년 행시(행정고시5급)응시자들로
한사람은 3차까지 최종합격했고 한사람은
중도 탈락한 사주들입니다.

아래의 두 사주는 癸巳년 행시(행정고시5급)응시자들로 한 사람은 3차까지 최종합격했고 한사람은 중도 탈락한 사주들입니다. 운이 좋다 해도 너무 어렵고 힘든 시험이라 근본적인 사주가 관운이 좋아야 하고 그 해와 달 등의 시험 운이 좌우하게 된다. 癸巳년 총 응시자가 9,268명이었는데 최종합격자는 272명이었다니 경쟁 율도 율이거니와 1-2차합격하고 3차에서 떨어진 응시자들의 마음은 아마도 많이 아팠을 것이다. 희비가 엇갈린 두 사람의 명조를 세밀하게 분석해 보겠습니다.

1980년11월26일20/30분생				
乾命	庚申	戊子	己卯	甲戌
수	1	11	21	31	41	51	61
대운	己丑	庚寅	辛卯	壬辰	癸巳	甲午	乙未

	木	
2	木	1
0	火	0
3	土	4
2	金	1
1	水	2

1979년7월28일子시생				
乾命	己未	癸酉	己丑	甲子
수	4	14	24	34	44	54	64
대운	壬申	辛未	庚午	己巳	戊辰	丁卯	丙寅

사례<107>행시최종합격자   사례<108>행시중도탈락한자

사례<107> 세운과 월운이 합격을 좌우한 명조입니다.

이 사주는 己卯일주가 년 월 일 시를 잘 만나서 식상이 생재하고 재성은 관성을 생하는 상태에서 관성은 인성이 없어 생인 할 수 없어 답답한 상태였는데, 다행인 것은 卯戌이 합하여 火를 만들 긴해도 유약한 형편이어 성취하기 힘겨운

상태에서 癸巳년을 맞이하여 癸水는 官인 卯木을 생하고 巳火는 인수로 己土를 생하는 해로서 금상첨화의 해입니다. 그래서 사주에서 약간 부족한 것을 조화롭게 연결시키고 도와주는 해에 발복하게 되는 것입니다. 己卯일주는 시간에 정관인 甲木을 투출시키고 卯木에 뿌리내려 하늘이 정한(天定) 행정관의 팔자이지만 그동안 운이 나빠서 낙방한 것이다.

사례<108> 년운에서 조화롭지 못해 낙방한 명조이다.

이 사주는 己丑일주로 시간에 甲木 정관을 투출 시켰음에도 뿌리가 없고, 오히려 凍水 凍土에 木이 상하는 상태이고, 癸巳년이 되면 癸水는 生官하지만 巳화가 巳酉丑 三合金局을 형성하여 관성인 甲木을 쳐내는 형상으로 매우 불리한 해였다. 앞으로 맞이할 己巳대운이 예사롭지 않아 합격하기 어려울 것이 눈에 보인다. 그러나 열심히 최선을 다하는 수험생들에게 고추 가루를 뿌릴 수 없어 甲午년의 운이 좋으니 요행을 바라는 마음으로 격려한 것이다.

결론적으로 위의 두 사주를 깊이 분석하면서 역시 타고난 사주와 대 세운이 조화롭게 중화 된 자만이 성공할 수 있다는 것을 확연히 볼 수 있었습니다. 앞에서 본 사례<108>의 서울법대 출신의 사주도 참고하기 바랍니다.

김 동 환 표 역리서 시리즈

<1> 사주의 정석 1. 4/6 배판 372쪽 내외 값20,000원
<2> 사주의 정석 2. 4/6 배판 352쪽 내외 값20,000원
<3> 사주의 정석 1. 4/6 배판 362쪽 내외 값20,000원
<4> 실전사주 간명사례 모음집 1. 200쪽 값20,000원
<5> 실전사주 간명사례 모음집 2. 230쪽 값20,000원
<6> 이름도 명품이 있습니다. 272쪽 내외값20,000원
<7> 관상의 정석 1. 신국판 240쪽 내외 값20,000원
<8> 명리의 정석 1. 신국판 292쪽 내외 값20,000원
<9> 실전사주간명사례 108제. 282쪽 내외 값20,000원
<10>고수들의 숨은 기술 비밀과외. 368쪽 값20,000원
<11>별난 사람들의 별난 사주이야기 108제. 값20,000원
<12>숫자를 알면 운명을 바꿀 수 있다,384쪽값20,000원
<13>천간지지활용 통변 비해108제. 370쪽 값 20,000원
<14>어찌 알리오, 신의한 수 108제. 352쪽 값 20,000원
<15>통변대학 통변활용사주 108제. 352쪽 값 20,000원

김 동 환 표 역리서 시리즈는 앞으로 계속출간 됩니다.

김 동 환 표 역리서 시리즈는 저자인 김 동 환 원장의
명예를 걸고 편집 제작 된 도서로서 학인들이 공부하는
도중 문제점이나 의문점은 전화 통하나 또는 방문하여
질의응답을 친절하게 받으실 수 있으며 가족처럼 함께
이 길을 갈 수 있도록 모든 것을 안내 해드립니다.

저자 김동환 합장

新四柱講義錄 全3卷 完刊
독학으로 공부하는 강의록

 역술계의 巨星 변만리 선생님의 力作인 新四柱 강의록은 필경사를 동원하여 직접 手記로 쓴 책으로 후학지도 용 교재로만 오랫동안 사용 되었으나 선생님께서 타계하신 후 학인들의 열화와 같은 요청에의해 서점판매를 결정하게 되었으며 초등반 고등반 대학반 전3권으로 완성되었습니다. 지금부터 전국대형서점에서 만나보실 수 있습니다. 신사주학강의록 전3권만 정독하시면 최고의 도사요 달변술사로 성장 할 것입니다.

이 책의 4대 장점
1. 이론이 간단해서 쉽게 배울 수 있다.
2. 개성 적성 지능을 척척 알 수 있다.
3. 누구나 쉽게 이해 할 수 있도록 엮었다.
4. 실례 위주로 흥미진진하게 풀이하였다.

본 강의록으로 공부하시는 학인들은 학습지도교수가 궁금증이나 의문사항을 문의하시면 직접지도 해드립니다.
지도교수 김동환 070-4103-2367(변만리역리연구회장)
4/6배판 540쪽 내외 값 38,000원 변 만 리 저 **자문각**

通變大學

통변은 사주의 꽃이다.

　역술계의 巨星 변만리 선생님께서 수년간에 걸쳐서 독자적으로 개발한 감정의 最高書인 통변대학은 수십 번을 재발간해서 문하생들의 절찬을 받았던 책으로 후학지도용 교재로 만 오랫동안 사용되었으나 선생님께서 他界하신후 學人들의 열화와 같은 요청에 의해 서점판매를 결정하게 되었습니다. 사주는 감정이 기본이고 감정은 통변이 으뜸입니다.

五行을 正五行 化五行 納音五行別로 나누고 운명과 인간만사를 세 가지 오행별로 판단하는 원리와 요령을 상세히 밝힌 통변대학(백과사전)에서는 무엇이 正五行이고 化五行이며 納音 五行인지를 구체적으로 설명하였습니다.

통변대학은 동양고전점술의 금자탑이요 溫故知新으로서 만리天命과 더불어 동양점술의 쌍벽을 이루며 陰陽五行의 眞理를 연구하는데 金科玉條가 될 것입니다.

통변대학은 사주의 백과사전으로서 사주와 운세의 분석과 감정에 만능교사가 될 것이라고 확신합니다.

본 通變大學으로 공부하시는 학인들은 학습지도교수가 궁금증이나 의문사항을 문의하시면 직접지도 해드립니다.

지도교수 김동환 070-4103-2367 (변만리역리연구회장)

　通變大學 : 4 / 6배판 390쪽 내외 정가 25,000원

전화02)926-3248 도서출판 **資 文 閣** 팩스02)928-8122

六 神 大 典
육신은 사주의 꽃이다.

역술계의 巨星 변만리 선생님께서 수년간에 걸쳐서 독자적으로 개발한 감정의 최고 原理書인 六神大典은 수십번을 재발간해서 문하생들의 절찬을 받았던 책으로 후학지도용 교재로만 오랫동안 사용되었으나 선생님께서 他界하신후 學人들의 열화와 같은 요청에 의해 서점판매를 결정하게 되었습니다. 사주는 六神으로서 인간만사를 판단하게 되는데 財星이 用이고 喜神이면 得財 致富하고 출세하듯이 六神의 喜神과 忌神은 운명을 판단하는 열쇠가 됩니다. 운명과 인간만사는 陰陽五行의 相生相剋으로 판단하지만 父母 兄弟 妻 夫 子孫의 富貴貧賤과 興亡盛衰는 하나같이 육신위주로 판단합니다. 변만리 선생님은 육신대전이야말로 사주의 꽃이라 했습니다. 육신대전은 사주의 백과사전으로서 사주와 운세의 분석과 감정에 만능교사가 될 것입니다. 본 六神大典으로 공부하시는 학인들은 학습지도교수가 궁금증이나 의문사항을 문의하시면 직접 지도 해드립니다.

지도교수 김동환 070-4103-2367(변만리역리연구회장)

六神大典 : 4 / 6배판 356쪽 내외 정가 25,000원
전화02)926-3248도서출판資 文 閣 팩스02)928-8122

萬 里 醫 學
만병을 뿌리채 뽑을 수 있다

　만성병은 난치 불치병일까? 天命으로 體質을 분석하고 체질로서 병의 원인을 밝혀내며 만병을 뿌리채 다스리는 새로운 病理와 藥理와 診斷과 治病을 상세히 밝힌 治病의百科事典입니다. 환자를 상대로 병을 진단하는 東西醫學과는 달리 天命을 상대로 인체를 해부하고 오장육부의 旺衰强弱을 분석해서 어느 장부가 虛하고 病이며 藥이고 處方인지를 논리적이고 상식적으로 알기 쉽게 구체적으로 풀이함으로서 실감있게 무난히 공부함과 동시에 내 자신의병을 정확히 판단 할 수 있습니다. 역술계의 巨星 변만리 선생님께서 수년간에 걸쳐서 독자적으로 개발한 萬里醫學은 수십 번을 재발간해서 문하생들의 절찬을 받았던 책으로 후학지도용 교재로만 오랫동안 사용되었으나 선생님께서 타계 하신 후 학인들의 열화와 같은 요청에 의해 서점판매를 결정하게 되었습니다. 만리 의학은 천명과 체질위주로 진단하고 처방함으로서 간단명료하고 공식적이며 오진과 약사고가 전혀 없음으로서 누구나 쉽게 배우고 활용할 수 있는 만능교사가 될 것입니다.

萬里醫學 : 4 / 6배판 416쪽 내외 정가 50,000원
전화02)926-3248 도서출판 **資 文 閣** 팩스02)928-8122

萬 里 天 命

天命은 四柱八字를 말한다.

　역술계의 巨星 변만리 선생님께서 20여년동안에 열심히 연구하고 개발한 만리천명은 음양오행설을 비롯하여 중국의 점성술을 뿌리채 파헤치고 새로운 오행과 법도를 독창적으로 개발하고 정립한 명실상부한 독창이요 혁명이며 신기원의 역술서적입니다. 수십 번을 재발간해서 문하생들의 절찬을 받았던 萬里天命은 변만리 선생님께서 후학지도용 교재로만 오랫동안 사용되었으나 선생님께서 타계하신 후 학인들의 열화와 같은 요청에의해 서점판매를 결정하게 되었습니다. 지금까지의 음양오행은 강자가 약자를 지배하는 상극위주의 자연오행을 신주처럼 섬기는 동시에 格局用神과 神殺을 감정의 대법으로 삼아왔지만 지금부터는 金剋木 木극土 土극水 水극火 火극金의 相剋을 절대화해서 金은木을 이기고 지배하며 水는火를 이기고 지배하는 것을 법도화해서 태양오행과 體와 用의 감정원리를 확실히 밝힌 역술혁명서적입니다. 본 萬里天命으로 공부하시는 학인들은 학습지도교수가 궁금증이나 의문사항을 문의하시면 직접지도 해드립니다.
지도교수 김동환 070-4103-2367 (변만리역리연구회장)

만리천명 : 4 / 6배판 520쪽 내외 정가 50,000원

전화02)926-3248 도서출판 **資 文 閣** 팩스02)928-8122

五 象 醫 學

오상의학은 불문진(不問診)이다.

　병진에는 환자가 절대적이다. 대화를 하고 진맥을 하며 검사를 해야만 비로소 윤곽을 짐작할 수 있다. 그러나 오상의학은 환자가 필요 없다. 대화나 진맥 없이 타고난 사주팔자로서 체질과 질병을 한 눈으로 관찰 할 수 있는 것이 오상의학이다. 타고난 체질이 강하냐, 약하냐, 木體냐 土체냐 金체냐 水체냐를 가려내어 지금 앓고 있는 장부가 肝이냐 肺냐 脾냐 心이냐 腎이냐를 똑바로 밝혀내고 그 원인이 虛냐 實이냐를 구체적으로 분간할 수 있다. 허와 실이 정립되면 補와 瀉의 처방은 자동적이다. 환자 없이 일언반구의 대화도 없이 보지도 묻지도 따지지도 않고 병의 원인과 증상을 청사진처럼 분석하고 진단하며 자유자재로 처방할 수 있는 완전무결한 不問診은 동서고금을 통하여 전무후무한 사상초유의 신기원이자 의학의 일대혁명이다.

　역술계의 巨星 변만리 선생님께서 수년간에 걸쳐서 독자적으로 개발한 五象醫學은 수십 번을 재발간해서 문하생들의 절찬을 받았던 책으로 후학지도용 교재로만 오랫동안 사용되었으나 선생님께서 타계하신 후 많은 사람들의 입소문으로 열화와 같은 요청에 의해 서점판매를 결정하게 되었습니다. 이제는 번거로운 진찰이나 따분한 입원을 하지 않고서도 내 집에서 편안하게 만병을 진단하고 처방하여 다스릴 수 있다. 간단명료하고 공식적이며 오진과 약사고가 전혀 없음으로서 누구나 쉽게 배우고 활용할 수 있는 만능교사가 될 것입니다.

　　五象醫學 : 4 / 6배판 572쪽 내외 정가 58,000원
　전화02)926-3248 도서출판 資文閣 팩스02)928-8122

陰陽五行의 眞理
음양오행의 진리는 우주와 인생의 진리이다.
새로운 占術과 醫術

음양오행과 상생상극의 진리를 알기 쉽게 상세히 풀이함으로서 글자대로 풀이하는 중국의 음양오행의 상생상극이 터무니없는 가짜임을 논리적으로 파헤침과 동시에 중국 사주와 의학이 왜 오판과 오진투성이고 세인의 불신과 외면을 당하고 있는 이유를 철저히 밝혀냈다. 진리위주의 만리천명과 만리의학을 상세히 소개함으로서 무엇이 참다운 사주요 의술인가를 생생하게 정설했다. 만리천명과 만리의학에 입문하는 초보자에게 이책은 필수적이다. 이 책은 음양오행의 상생상극의 진리와 십간십이지와 십이운성 등 한국사주의 기초가 되는 여러 가지 원리를 다양하고 알기 쉽게 풀이한 한국사주 입문과 연구의 틀이 되는 서적이다. 역술계의 巨星 변만리 선생님께서 수년간에 걸쳐서 독자적으로 개발한 음양오행의 진리는 수십 번을 재발간해서 문하생들의 절찬을 받았던 책으로 후학지도용 교재로만 오랫동안 사용되었으나 선생님께서 타계하신 후 많은 사람들의 입소문으로 열화와 같은 독자와 학인들의 요청에 의해 서점판매를 결정하게 되었다. 누구나 쉽게 배우고 활용할 수 있는 만능교사가 될 것이다.

신국판 324쪽 내외 정가 15,000원

전화02)926-3248 도서출판 資文閣 팩스02)928-8122

氣質學의 眞理
내 병은 내가 고친다.

성인병과 암은 왜 난치 불치병인가?
병의 근본원인을 알지 못하기 때문이다. 그 원인을 뚜렷이 밝혀낸 기질학이 탄생했다. 병을 고치려면 병원에 가야하고 의사의 진단을 받아야한다. 기질학은 진단 없이 무엇이 병이고 원인인지를 척척 판단한다. 의학이 진단할 수 있는 것은 나타난 병의 양상인 증(證)이 기본이요 전부다. 병의 원인은 전혀 알 수 없다. 기질학은 나타나지 않은 병의 원인을 소상히 밝혀준다. 병에는 두 가지가있다. 갑자기 발생한 급성병과 장기적으로 발생한 만성병이다. 급성은 나타난 병증이 기본이요 전부이지만 만성병은 나타난 병증과 더불어 나타나지 않은 원인이 있다.

나타난 병증은 지엽이요 나타나지 않은 병은 뿌리다 뿌리가 있는 지엽은 아무리 다스려도 재생하듯이 원인이 있는 병증은 아무리 다스려도 재발한다. 만성병을 성인병이라 하는데 성인병은 하나같이 뿌리인 원인을 가지고 있다. 그 원인을 발견하지 않는 한 뿌리는 다스릴 수 없으며 뿌리가 살아있는 한 완치는 불가능하다. 기질학은 간단명료해서 누구나 쉽게 실용할 수 있다 어느 장부가 허약하고 병인지 원인을 밝혀내고 뿌리채 뽑아야만 성인병과 암을 다스릴 수 있다.

전화02)926-3248 도서출판 資文閣 팩스02)928-8122

慢性病의 眞理

만성병은 난치 불치병이 아니다.

　현대병은 만성병이 압도적이다.
현대의학은 성인병과 암을 비롯한 만성병을 다스릴 수 없어 하나 같이 난치 불치로 생각하는데 그 이유는 무엇이 만성병의 원인인가를 알지 못 하기 때문이다. 의학이 진단할 수 있는 것은 나타난 병의 양상인 증(證)이 기본이요 전부다. 나타나지 않은 병의 근본인 원인에 대해선 진단이 전혀 불가능하다. 나타난 병증은 지엽이요 나타나지 않은 병은 뿌리다 뿌리가 있는 지엽은 아무리 다스려도 재생하듯이 원인이 있는 병증은 아무리 다스려도 재발한다. 만성병은 뿌리를 가지고 있다.
만성병을 완치하려면 뿌리를 발견하고 발본색원해야 한다.
　가장 바람직하고 행복한 장수는 정상적으로 오래 사는 것이다. 그러기 위해서는 평소에 장수 공부를 열심히 해야 하고 능소능대하며 달관해야한다. 산다는 의욕은 완성하되 .물질적인 부귀영화는 가능한 한 탐하지 말라 조물주의 낚시밥을 저승사자처럼 두려워하고 살아야만 한다.
천명(사주팔자)을 알고 순리대로 살아야 평생 적이 없고 천수를 누릴 것이다.

신국판 200쪽 내외 정가 10,000원

전화02)926-3248 도서출판 資 文 閣 팩스02)928-8122

한국사주 입문

한국 사주는 개성지능 적성을 척척 알 수 있다

한국 사주는 간단명료하며 논리가 정연하다.
한국 사주는 인간해부학인 동시에 운명의 분석철학이다.
만인의타고난 천성과 지능과 적성을 비롯해서 인간의 모든 것을 송두리째 낱낱이 파헤치고 밝혀준다. 중국 사주는 10년을 공부해도 끝이 없고 미완성이며 애매모호하지만 한국 사주는 누구나 쉽게 입문하고 완성할 수 있다.
한국 사주는 이론이 간단해서 쉽게 배운다.
음양오행과 상생상극의 진리를 비롯하여 인체설계도를 최초로 발견한 변만리선생님이 진리위주로 개발한 한국 사주와 의학은 글자그대로 풀이하고 통용하는 중국 사주와는 판이한 동시에 운명과 질병의 분석과 판단이 간단명료하고 정확정밀하다.
격국과 신살을 쓰지 않고도 운명을 정확하게 판단한다.
혹세무민 귀신타령 없는 동시에 눈치코치로 이랬다저랬다 횡설수설하는 오판과오진이 없다. 사주는 음양오행의 운기로 형성된 인체의 설계도이다. 사주를 구성한 음양오행의운기와 원리를 분석하면 타고난 운명과 질병을 한눈으로 관찰하고 판단 할 수 있다.

신국판 200쪽 내외 정가 10,000원

전화02)926-3248 도서출판 **資文閣** 팩스02)928-8122

여산서숙 역술도서

손금의 정석 1, 2.
손금을 보면 인생이 보인다.
손금은 두뇌사전 이라고 한다. 손금의 이해를 통해 인생길의 방향을 정하고 숨은 재능을 찾아내어 인생길의 역경을 이겨내야 한다. 손금닷컴 유종오 원장이 심혈을 기우려 풀어놓은 손금해석의 정석이다. 손금닷컴 유종오 원장이 심혈을 기우린 역작으로 손금 최고의과정이다.
손금으로 자신의 운명을 개척할 수 있다.
 손금의정석 1권 신국판 270쪽 내외 컬러판 값 20,000원
 손금의정석 2권 신국판 320쪽 내외 컬러판 값 20,000원

작명대사전 1. 2. 3.
글로벌 작명대사전 전 3권의 책속에 272 성씨의 모든 이름이 적나라하게 담겨졌습니다.
 성씨별 가나다순으로 모든 이름이 지어져 있습니다.
 사주팔자에 맞는 이름만 찾으시면 작명 끝입니다.
4/6배판 800쪽 내외 각권 값 50,000원 여산서숙 펴냄

관상학 시리즈 전 5권
 1, 마의상법. 2,유장상법. 3, 상법정화. 4, 신상전편.
 5, 신상 후편. 각권 350쪽 내외 값 20,000원

여산서숙은 역술도서만을 정성껏 출판합니다.
전화02)926-3248 도서출판 **여산서숙** 팩스02)928-8122

<김 동 환 표 역리서 014>

어찌 알리오,
신의 한 수 108제

2016년 12월10일 1쇄 1판 인쇄
2016년 12월15일 1쇄 1판 발행
지은이 / 김동환
발행인 / 김동환
발행처 / **여산서숙**
주 소 / 서울특별시 종로구 종로346
(숭인동304)욱영빌딩 301호
전화/02)928-2393,8123 팩스/ 02)928-8122
등록/ 1999년12월17일
신고번호제 300-1999-192

값 20,000원

무단복제불허
잘못된 책은 구입처에서 교환해 드립니다.